基于 PBL 构建面向未来的学校
青岛超银小学的探索与实践

戚燕冰　主编

中国海洋大学出版社

· 青岛 ·

图书在版编目(CIP)数据

基于 PBL 构建面向未来的学校:青岛超银小学的探索
与实践 / 戚燕冰主编 . -- 青岛:中国海洋大学出版社,
2022. 11

ISBN 978-7-5670-3298-9

Ⅰ. ①基… Ⅱ. ①戚… Ⅲ. ①小学教育－教育研究
Ⅳ. ① G622. 0

中国版本图书馆 CIP 数据核字(2022)第 186765 号

出版发行	中国海洋大学出版社		
社　　址	青岛市香港东路 23 号	邮政编码	266071
出 版 人	刘文菁		
网　　址	http://pub.ouc.edu.cn		
订购电话	0532－82032573(传真)		
责任编辑	林婷婷	电　　话	0532－85902533
印　　制	青岛国彩印刷股份有限公司		
版　　次	2022 年 11 月第 1 版		
印　　次	2022 年 11 月第 1 次印刷		
成品尺寸	170 mm ×240 mm		
印　　张	18. 5		
字　　数	293 千		
印　　数	1 ～ 1 500		
定　　价	58. 00 元		

编 委 会

　　青岛超银小学自 2015 年至今，在项目式学习小学教学应用研究方面开展了卓有成效的探索，显著提升了学校的教学质量。戚燕冰校长教学科研功底深厚，在教学管理上独具匠心，具备卓越的校长领导力，带领团队精耕细作，研发形成项目式学习的"541"模式。谋划、实施、复盘的三阶段项目化推进模式使教学工作开展的阶段性得以明晰，使教师工作的开展具备更清晰的抓手和思路，使学生开展研学、自主学习更具可操作性。"541"模式不仅应用于学科教学，还构建起短周期项目、课程周项目、德育课程项目、研学实践项目和节日项目，在超学科主题式教学中把项目式学习的应用范围进一步拓宽，与我国今年四月份颁布的最新课程方案、课程标准高度契合。

　　更难能可贵的是，青岛超银小学在学校的整体管理中也贯彻项目式学习的理念，使学校的教学管理工作迈上新台阶，形成新样态。青岛超银小学整合形成教学管理项目、家校社共育项目和教师培训项目。教学管理项目的规划过程关注教师备课的统筹管理与学生预习指导，项目化实施重点放在课堂教学中的师生行为分析，项目复盘旨在根据学情做出反馈，促进师生反思。家校社共育项目凸显学生全面发展的"十个一"行动策略，推进构建书香家庭和健康亲子运动场、培养学生的劳动技能和挖掘汇集家庭教育资源。在教师培训项目中，根据教师岗位所需开展能力分析，设计学习目标，依照培训目标匹配并整合学习主题、内容、方式、资源，确定培训评估的标准和评估方式，大幅度提升了教师培训的效果。青岛超银小学的项目式学习为学校教学与真实世界的联结提供了

青岛超银教育集团代表全省民办教育"发声"

质量立校，超银荣获第四届
中国质量奖提名奖

为党育人　为国育才　不忘初心　牢记使命

不忘初心·筑梦理想，建党百年美术学科活动

备受认可,超银教育集团总揽教育总评榜四项大奖

战略合作,我校成为山东省
首批人工智能教育试点学校

青岛市质促会教育质量专业
委员会成立,超银被推举为
首任主任单位

合作共赢，加拿大超银学校
领导来我校考察交流

交流互促，浙江省
杭州市天成教育集团
参观访问我校

共谋发展，东莞市
民办教育协会来我校
考察交流

情系中华文字·弘扬传统文化,书法家进校园

树立文化自信,做有根的中国人

学先锋·见行动,我校承办青岛市青少年争做雷锋式好队员专场活动

校家委会常务委员会受聘，发挥桥梁纽带作用

家校共育，超银学校第四届家庭教育论坛隆重举行

家长的信赖与认可，促进学校持续发展

科研引领再上新台阶

首届学术节,深度学习主题论坛

立足学生成长,
推进减负增效
主题论坛

团队协作,名师工作室大讲堂

做终身成长的学习者,永远为浪漫的教育而感动

如何让学生感受到师爱，教师工作坊开讲啦

打开脑、打开心，才能
吸收更多、输出更多

参与、互动，
别开生面的教师培训

我是你可以永远依靠的妈妈,也是学生
可以永远相信的超银老师

强身健体,只为更好地再出发

师生共成长,
教师团队参与
艺术节

教师迎新,凝心
聚力共提升

　　青岛超银小学在项目式学习领域不断进行教育实践,探索出了项目式学习"541"模式,在分学科和超学科的体系下,构建了包含学科内项目、课程周项目、短周期项目、场馆项目、研学项目、德育项目等在内的多元项目体系。目前,青岛超银小学形成了"事事皆项目,人人有项目"的全员项目式学习样态。项目式学习通过改变传统的教与学的方式,唤醒并激发教师和学生的内驱力,使学生变被动学习为主动学习,最终学会学习。

入学第一课,我收获了14条微习惯

编程本领哪家强？每周一课重培养

杯子舞跃然桌上,简单的律动是教室里最动人的交响

彩虹的颜色有多少,我笔下的世界就有多奇妙

条条大路通罗马,
罗马槽的诞生我知道

我和我的祖国唱成歌，把对祖国的爱融进项目式学习

太阳系的秘密我知道，太阳系的家谱我制作

我的作品里有我的创意，
我的房子里住着梦想的精灵

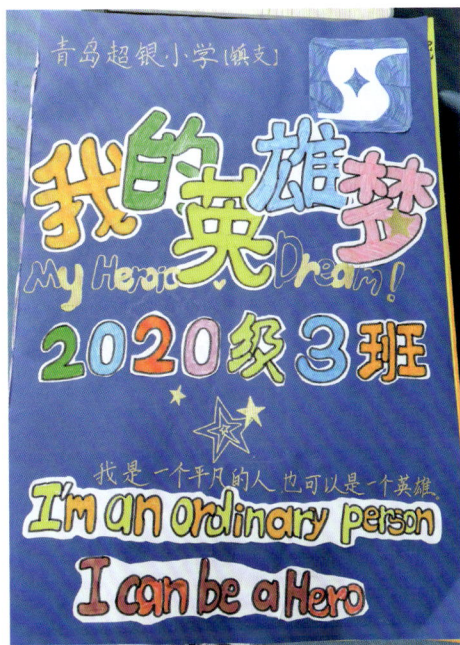

小学生的英雄梦想，值得用手册记录

中队风采印成报，成长的每一步都踩牢

用项目墙记录 X 行星计划

红星闪闪伴成长，红色艺术节致敬党

整班戏剧展示，见证我们的精彩表演

小小少年管弦乐团，为新年奏响最动人的乐章

东篱围天然成趣,爱生命感恩四季

端午习俗包粽子,动手实践传承美德

体悟海洋文化的魅力,见证海防建设的征程

书法作品观摩，取百家之长

笔墨纵横，传统美学传承

纸桥承重几何，科创节的比赛挑战多

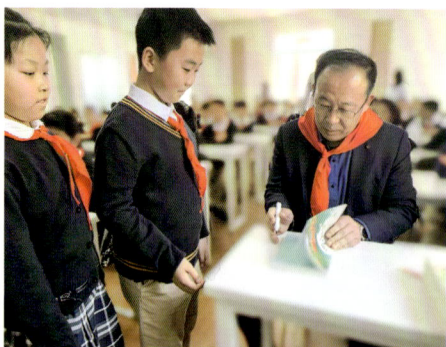

与专家面对面，阅读即悦读的里程

为你戴上红领巾，党的光芒照我心

少先队梯队培养,直属学长结对伴成长

垃圾分类新时尚,
共享地球我们在行动

人人都是防线,
战"疫"有你有我

情境导学真参与,任务驱动巧练兵

战术策略共研,赛场拼搏争得分

足篮排的球操展示,拓展课的精彩一瞥

让梦成真,成就最"棒"少年

"校长杯"足球联赛之我的队旗我做主

功夫少年功夫梦,跆拳道强身长精神

旋转跳跃，我对生活的热爱用啦啦操跳出来

小学生怀揣大梦想，
给外交部的信里把报国之志蕴藏

此间少年未来可期，韶华永熠筑梦启航

　　学习在窗外,世界是教材,生活即教育。青岛超银小学将知识与生活有机整合,开发了以项目式学习为依托的场馆课程、研学课程等课程类型。学生走出扁平的课本,走进真实的世界,在观察中学,在参与中学,在行动中学,在反思中学,让学习在真实生活中发生,不断提高学生在真实生活中的思辨能力、独立自主能力、解决问题能力、团队协作能力等高阶技能。

赴美参加第39届头脑奥赛世界赛,成绩全球前10

精益求精、分毫不差，树屋模型即将登场

入木三分造物予人，木刻人生岂止工艺

精细的手部动作，成就了精美的掐丝珐琅

销售策略运筹中，追风少年开启创业计划

街头义卖，经营一个成功的小生意

商业小领袖，新生代、新视野、新未来

看我们自己设计的环保袋，自己造，正当潮！

为美而来，艺游未尽

搭建城市模型，为我的城市代言

充满好奇保持专注，持续探究永葆童心

一花一世界，
万物皆课程

搭建树屋,追寻刻在 DNA 里的记忆

学好传统文化,讲好中国故事

海外研学,与世界对话

一砖一瓦皆有情,一草一木皆育人。校园环境不仅是师生在校生活的物质场所,更是师生共同营造的精神载体、精神氛围和精神力量。青岛超银小学营造了优雅洁净、充满文化气息和儿童趣味的校园环境,使学生在美中生活,在乐中求知,在愉悦中实现身心的健康发展,以达到培育学生生命成长的力量的教育目标。

绿草如茵的操场时刻等待着朝气蓬勃的少年

雪后初晴的校园,红花点缀了校园的明艳

东篱圃菜园,校园里的那抹绿色

阳光下的新绿,为校园再添生机

春色满园，绽放的鲜花迎风吐艳

温馨的环境，让校园生活更加舒心

墙壁会说话，共筑育人新舞台

大师画我也画，对美的追求从此启航

艺术创作角落，充满了孩子们的欢声笑语

个性化展台，为每个学生搭建展示自我的天地

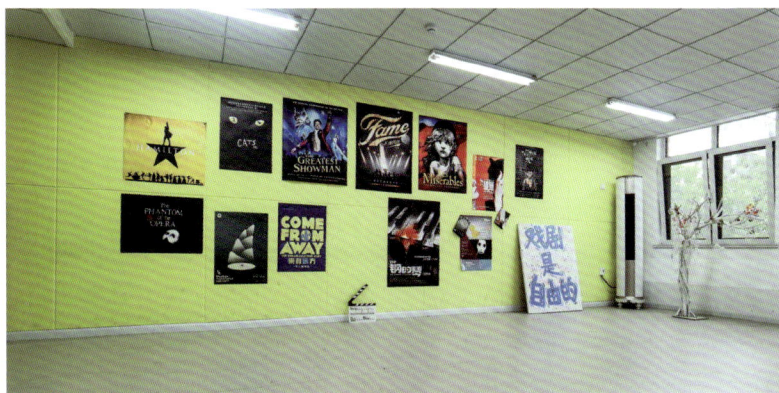

校园小剧场，生活的欢笑喜乐从这里放飞

书香温暖心灵，文化浸润校园

手中找寻的不只是书本，还是对于未知世界的探索

腹有诗书气自华，教室的书香气让人沉醉

一边工作一边美，教师办公室里亦有诗和远方

目录
CONTENTS

PBL

·理念篇·

第一章
青岛超银小学教学变革发展历程

2015 年 8 月 19 日,青岛超银小学引进全球最成熟的素质教育课程——IB(International Baccalaureate)课程,成为 IB 组织预授权学校。

国际文凭组织的目标是培养勤学好问、知识渊博、富有爱心的年轻人,让他们通过对多元文化的理解和尊重,为建设更美好、更和平的世界贡献力量。为应对迅速变化着的复杂世界所带来的各种挑战和机遇,并与培养终身学习者的全球教育动向保持一致,着眼于未来的小学项目已经发展壮大。国际文凭小学项目体系框架强调能动性这一中心原则,它贯穿课程的三大支柱:学习者、学习与教学以及学习社区。将"书面、教学和评估"课程的重点放在学习者和学习社区等人文因素上的目的是强调与学校社区相关的每一个人在学习和教学方面都拥有发言权、选择权和主导权。这些整体化元素相辅相成并相互加强,从而构成一个和谐的整体。其中的学习者是描述学生个人的学习成果和学生自己寻求的成果,即学习是什么。学习与教学是要阐明学习与教学的鲜明特点,即如何最有效地支持学习者。学习社区则强调学习的社会成果以及国际文凭社区在实现这些成果方面的作用,即由谁促进学习与教学。

为了让 IB 课程在超银"落地生根"并与我国国家课程有机融合,学校成立了课程改革领导小组,安排干部和骨干教师先后赴加拿大、美国等国家,我国香港、澳门、深圳、苏州等地区参加 IB 组织的官方培训并取得了相关任职资格；组织骨干教师赴北京、广州、深圳等地的知名 IB 学校参观学习，深入学习 IB 课程的教学精髓。外出学习的干部和骨干教师回校后结合 IB 理念对全校教师进行多轮二次培训，全员接受 IB 培训已经成为常态化学习模式。学校定期邀请 IB 组织外派专家进驻青岛超银小学开展培训并与专家保持密切联系，这也为 IB 课程在青岛超银小学的成功实践打下了坚实基础。

2016 年 8 月，学校开设国际教育课改班，将普通班升级为新课程班。学校根据 IB 概念驱动的要求，在各学科领域引导学生进行探究学习，运用跨学科课程的理念，对各学科相关内容进行整合，既保证学生毫无遗漏地学习到我国国家基础课程，又使学生在探究学习中得到发展。

青岛超银小学一直对教育教学改革保持着浓厚的兴趣和热情。为实现所有学生都能成为终身学习者的目标，我们的研究聚焦学生的学习状态和成果，并深刻探寻、剖析教育的真谛和改进的有效方法，让青岛超银小学的教育教学充满生机、创意和乐趣。

一、中小学生核心素养的培养成为教学改革的重点指向

2016 年 9 月，我国的核心素养总体框架由北京师范大学研制形成。该核心素养框架主要凸显了中国立场与主体意识，强调人文底蕴、科学精神等六大核心素养。高品质的教是为了不教，高品质的学是为了会学。具备自主学习力、灵活迁移力和高阶思维力的终身学习者方能应对瞬息万变的世界。青岛超银小学一直在努力探寻一种链接真实世界、面向未来，以培养学生核心素养与关键能力为宗旨的学习方式。项目式学习是一种有效培养学生学习能力、解决问题能力以及交流合作能力的课程组织方式，通过项目式学习培养学生的核心素养是一条行之有效的途径。对项目式学习的研究，特别是依托国家课程的项目式学习的研究是基础教育领域中一个重要的研究趋势。

二、"融创"——"融合"与"创新"是课程体系的核心关键词

项目式学习以构建面向未来的课程体系为核心，以培养学生批判性思维与创新实践能力为宗旨，以提升教师专业素养为目标，探索并实践跨学科的学习方式，对接学科课程标准，整合学科核心素养。"融"是对课程目标的设定，

是对学生发展的追求，即在课程学习中，帮助学生融入集体、融入生活、融入社会，成为有责任、有爱心、有担当的公民；"创"是对课程实践教师的专业成长规划，即在"融创"课程的探索中，创新自我的理念与认知、创新课堂教与学的方式、创新开发有助于学生成长的主题课程。"融创"课程不仅是师生发展的目标，也是教师设计开发课程的原则与学生的主要实践方式。

从教师开发课程的角度看，"融"是一种方式：融合多个学科，包括科学、数学、美术、信息科技、英语、健康、音乐、体育、国学、品德等；融合多种学习方式，包括阅读、讲座、实地调查、游戏、课堂教学、视频赏析等；融合多种教育渠道，包括教师、家长、社区、企业等，可提供丰富的教育资源(如师资、材料)。

从学生学习实践的方式看，"创"是一种活动形态。在交流讨论解决问题的思路与方案时可采用创意表达，如图文混合说、声情并茂说、结合多媒体手段说，能使沟通更高效；在方案设计环节可鼓励学生用三维设计图、模型、动画、文章等多种方式呈现创作，用作品来表达，让思维可视化；在主题学习的拓展阶段，可引导学生回归生活，并用创意点亮生活。学生的想法不一定都能实现，但当他们开始关爱身边的人时，课程将为他们创造更美好世界的愿望赋能。融与创、师与生、教与学，以多重维度构建起来的学校跨学科主题课程的建设理念，蕴含着师生对课程的规划与期待。

每个人如何学习？如何让每一个人都有机会体会学习的快乐和幸福？青岛超银小学在教学改革的探索中要做的不是推广一种方法，而是召唤每一个人参与到教育生态的重构中来。

第二节　蓄力发展期(2018—2020 年)

引入 IB 课程后，经过近两年的发展，青岛超银小学已经在 IB 课程的建构上取得了一定的成果，但根据当时的课程体系，距面向未来的育人目标仍存在一定距离。学校内课程种类虽丰富多样，但仍然存在学科壁垒，多数课程仍然强调分科教学，缺少跨学科教学实践，学科整合程度不够，学生的学习体验还不够深。为此，学校在原课程框架的基础上，继续深化课程体系建设，将学生的个性化发展真正落到实处,构建了思道 FD 课程体系。

一、为什么是思道 FD 课程体系

青岛超银小学思道 FD 课程体系与学校教育思想、办学特色、育人目标高度匹配。它是以育人目标为导向,以课程整合为思想,以探究学习为方法整体构建课程的顶层设计。思道 FD 课程体系以国家课程校本化实施为基本思路,借鉴和吸取 IB 课程中的 PYP（Primary Years Program）课程理念,整体构建体现了国际化。

"FD"为未来需求（Future Demands）的缩写,也是基础课程（Development Course）、发现课程（Discovery Course）、特色课程（Diversity Course）和研学课程（Destination Course）这四类课程（Four D-Courses）的缩写。

思道 FD 课程建设指导思想聚焦学习方式变革,以"学道、论道、习道、行道"为驱动,整体构建课程的顶层设计。思道 FD 课程以项目式学习为引领,强调学生的深度学习体验,关注学生高阶技能,共同支撑学生关键能力、核心态度的培育。同时,四类课程各有侧重,从不同维度培养学生的关键能力、核心态度。

思道 FD 课程体系的建设基于以下三大原则。

1. 突出育人导向

学校坚持儿童立场,践行国际理解,提升生命质量,以培养具有中国灵魂、国际视野的超银学子为目标。这样的学生应该具备青岛超银小学五大关键能力（思考能力、社交能力、沟通能力、自我管理能力、研究能力）和十二种主要态度（欣赏、投入、合作、创意、热诚、正直、尊重、宽容、自信、好奇心、同理心、独立性）。课程构建以育人目标为导向,整体研究课程设置,坚持儿童立场,强特色,铸品质,通过回归生活,扩展视野,夯实学生的知识基础、能力基础,切实通过课程实施达到育人目的。青岛超银小学持续探索并思考其与核心能力培养的关系,在课程、教学、评价等方面找寻其中的平衡点及交融点。"超越自我,人尽其才",学校希望每一个孩子都能得到适合自己的教育,每一个孩子的特长都能得到充分的发挥及施展,每一个孩子都能成才。通过这样的教育行为及状态,最终目的是培养学生的核心能力,教会学生如何应对未来高度不确定的世界。学校新的课程建设要尽可能地做到尊重每一个孩子的自然性、个性以及社会性,让每一个孩子的核心能力都能得到有效的培育。

2. 突出整合思想

整合是课程建设的重要指导思想。课程体系的整合及优化,使各类课程、各科课程形成有机的整体,相互交融及渗透,形成一个高效运作、"节能"的课程体系。首先是学科整合及优化,打破学科壁垒,让学生了解知识与真实生活相连的真相,体验更完整的教育场景。将八大学科整合到六大超学科主题中,即将语文、数学、英语、科学、信息科技、音乐、美术、体育整合到我们是谁、我们身处什么时空、我们如何表达自己、世界如何运作、我们如何组织自己、共享地球这些问题中。其次是整合资源,突出学科关联,以主题方式,开展跨学科学习。学校打造一系列能够培养学生核心能力及品格的课程,提升学校课程的内涵及未来竞争力。课程资源的整合及优化,主要是打破课堂与校园的界限,实现课内课外、校内校外、线上线下等资源的良性互动,为学生的核心素养的培育打造良好的教育生态。整合学校、社区、社会资源,实现社区、社会资源教学化;整合人力资源,使学校或教师不再是独立的工作者,学生、家长、学科专家等将组成学习者社区;整合学习方式,根据特定的学习内容、学生特点来设计适合学生发展的学习方式。根据整合思想,实现 IB 课程与国家课程、地方课程、校本课程的有机融合,构建起可操作的、能体现学校发展特色的青岛超银小学思道FD 课程体系。

3. 突出自主能动

青岛超银小学着力培养学生的能动性。自主能动课堂突出学生主动参与、主动探究和实践的能力,让学生在自主实践中变被动为主动,自主获得知识经验,提高学习能力和思维水平。学校要努力拓展学生自主学习时空,根据主题探究的需要,开发和利用家长和社区资源,让学生有更多的实践机会。深度学习是新时代学生核心素养培育的有效载体。所谓的深度学习就是把知识能力指向最核心的素养,基于此来开展教学,这充分体现了超学科的思想。在实际的课程开发及教学开展上,教师要注重教育内容与生活结合,教学中能够将知识转化为真实问题,引导学生在"做中学"、在"真实场景中学"、在"合作中学",培养学生更高层次的认知,而不仅仅是记忆和理解。同时学生学习的良好体验,是激发学习兴趣及积极性以及保持良好的持久性学习状态的基础。尤其对于小学阶段的学生,通过改善学生的学习体验,可以保护学生的好奇心,激发学生的想象力及创造力。

二、思道 FD 课程体系如何实施

在思道 FD 课程理念下,学校的基础课程、发现课程、特色课程和研学课程四类课程体系有了新的内涵及功能。首先,四类课程不是相互独立的,而是围绕学生核心素养培养的有机整体。四类课程共同支撑学生核心素养的培养,将学生培养成完整且具有个性的人。各类课程也有不同的功能侧重,在育人中扮演不同的角色。其次,国家课程的校本化、发现课程的开发、特色课程的开设、研学课程的开展都要渗透"整合"的教育思想,强调学生的深度体验,关注学生高阶认知的培养。

(一)基础课程

学习国家课程,打牢基础。

我国扎实的基础教育在国际教育领域赢得了认可与称赞,而超银学校二十年来,教学成绩优异,德育管理先进,基础教育的扎实度也是社会各界人士有目共睹的。青岛超银小学以国家八大基础学科为课程基础,选派优秀教师执教,严抓教学质量,保证学生毫无遗漏地学习我国国家基础课程知识。学生除了考试成绩优异,在各项活动中展示出的优秀学科素养也收到了诸如"汉语百科全书""行走的计算器"这样的赞誉。青岛超银小学一直以来治学严谨,无论是学业上的高要求还是积极的学习环境,都为学生取得学术成功提供了最佳条件。

(二)发现课程

发现课程,训练思维。

发现课程是青岛超银小学思道 FD 课程体系中的核心课程,也是最能彰显项目式学习特点的课程,包括超学科主题课程、场馆课程、节日课程,旨在培养学生在实际中解决问题的能力。

学校以六大超学科主题作为显性的课程框架,选派经过专业 IB 培训、具有丰富经验的中外教师执教。探究课程评价模式多样,作品展、演讲、舞台剧等都是学习成果展示的途径,摆脱了唯分数论的狭隘评价模式。在探究课程中,学生超越了传统学科的界限,在教师的引导下为自己的学习负责,逐渐找到整合学习的方法,实现学以致用,知行合一。

1. 超学科主题课程

2018 年，青岛超银小学超学科主题课程在全校开展实施，学校借助 IB 理念，以十大培养目标为指导，构建真正的"自主能动型课堂"，将课堂还给学生，让学生成为学习的主人。在谋划阶段，教师确定超学科主题、确定中心思想大概念、创设真实情境、将学科知识目标与任务目标相结合。在实施阶段，教师设置了开题、拓展延伸、结题展示三个主要环节。这些超学科主题学习的初尝试，为后期青岛超银小学项目式学习"541"模式奠定了实践基础。

2. 场馆课程新体验

青岛超银小学除校内教学，还会根据主题学习需求把课堂搬到动物园、博物馆等研学空间。通过给学生提供身临其境的学习环境，青岛超银小学致力于打造有生命力的 PBL（Project-Based Learning）项目式学习。这样的学习突破了从书本上获取知识的传统方式，让学生在实践中收获知识、获得感悟。这种体验形式既平衡教学内容和教学乐趣，还帮助学生建立起知识与情感上的直接联系，点燃学习的热情，更有利于学生的整体发展。

在动物园课程中，学生走进室内动物园，教师根据本年段学生的知识结构和学习特点，引导和鼓励学生观察动物、查找资料，了解常见动物基本特征，把学生带入学习任务情境中，让学生在交流讨论中燃起探究兴趣。学生通过拼图游戏自主分组进行团队建设，在实景中自己去探索、体验、记录。学生积极思考、小组合作，总结归纳动物特征并将动物归类，完成阶段性报告。学生作品一展出就吸引了众人的关注，教师纷纷发出感慨："要充分相信学生发现、探索的能力，他们在探索实践的过程中汲取到的往往会比课堂上学到的多得多。"

在植物园课程中，依托植物园这一天然的"多媒体"环境，三年级的学生充分探寻美丽的植物世界。身处青岛市西海岸新区的淘花园科普示范基地，学生根据教师精心设计的《植物园·场馆课程学生手册》开启植物园探索之旅。此次课程通过让学生亲身体验来进行自然教学，采用现场实践教学与现代信息技术相结合的方法，很大程度上提高了学生的学习效率和质量，使学习随时随地发生。

在赞一美术馆开展的主题为"油画探宝奇兵"的艺术馆课程共计八课时，涵盖五年级体育（韵律活动、穿梭配对）、音乐（古典时期与现代时期）、语文（作文的写作与抽象画之间的联系）、科学（形状与结构搭建）、美术（绘画中的透视现象、肖像艺术、色彩的色相、色彩的明度、认识抽象画)等学科,进行项目式大融合。"你们笑着上课、认真探索的样子真美。"在赞一美术馆场馆课程中,学生学习了丰富而又全面的知识内容。

在青岛科技馆展开的木艺科技馆课程共计八课时,涵盖语文(识字、拓展阅读《鲁班造锯》)、数学(角、加减乘除运算)、英语(形状、英语数学、现在进行时)、科学(形状与结构搭建)等学科。课程开始,学生在教师的引导下,对椅子的发展过程和榫卯结构进行了初步探索。最终,一个个成品摆在眼前时,大家互相击掌、共同欢呼。

场馆课程的最大意义就在于让学生走向社会,教师指导学生开展实地参观、研学,学生合作自主探究,让学生成为学习的主人,让教育更加自然而深刻地发生。课程负责老师说:"这样的教学课堂学生十分喜爱,学生的学习效率提高,学习能力增强,帮助学生建立起知识与情感上的直接联系,点燃了他们学习的热情,更有利于学生的全面发展。"

(三) 特色课程

特色课程,丰富修养。

青岛超银小学一直以来致力于为学生量身打造能够帮助其全面提升素养的特色课程,为学生的全面发展保驾护航。

例如棒球和防身术课程,给学生提供真实体验西方体育运动的机会,学生在学习中丰富自己的体育技能,提高身体素质。例如特色编程课程,学生可以切实地在科技领域领跑同龄人。2019年年初,青岛超银小学在国家智能产业峰会上与青岛智能产业技术研究中心智慧教育研究所正式签订战略合作协议,成为"智航 iSTREAM 智能科技教育示范校";立项中国教育技术协会"十三五"规划重点课题之子课题"中小学人工智能与编程教育的课程建设研究";获选山东省首批人工智能教育试点学校。学校将编程课程纳入全校学生的必修课,依托自身资源优势,构筑学校、教育研究院"两位一体"教育平台。学校购买科技设备赋能教育,由教育研究院为学校提供课程研发指导、师资培训,采用专家引领的形式推进课程建设,并按年龄分层构建个性化教学模式。例如丰富的选修社团课,给每一个学生不一样的展示平台,大大丰富了学生的学习和生活,课改部的学生得益于此,表现出优异的、全面发展的素养。

（四）研学课程

研学课程，感受世界。

生活即教育，研学旅行作为素质教育的重要载体，就是将课堂所学、生活所观进行有机整合。青岛超银小学打破传统的填鸭式教育、死记硬背式学习，使学生在做中学，在观察中学，在参与中学，在行动中学，在反思中学，让学习在真实生活中发生，提高学生在真实生活中的思辨能力、独立精神、解决问题能力、团队协作能力。读万卷书，也要行万里路。青岛超银小学的学生是幸福的，他们对世界的认识和理解不仅仅是靠课本上文字和图画的缩影，他们有更多的机会用自己的眼睛去观察人生，用自己的脚步去丈量世界，他们有机会亲自去探索未知的一切。

不同于普通的寒暑假游学，青岛超银小学的研学项目是在学期中进行的。学生真正地走进了海外课堂，与当地学生同班学习，与当地社区成员实际交流，真正地感受到不同文化间的碰撞与融合，学生的国际视野、全球意识和宽容心态不断形成与强化。做一个有中国心的世界人，对青岛超银小学的学生来说，这不再是一句空话。

青岛超银小学师生在温馨的教室里畅游书海，在精彩的课程中提升能力，在丰富的实践中找寻快乐，在多元的情境中感受文化，在精彩的研学中见证成长，在趣味的作业中总结反思。远方很美，道路很长。但我们始终相信，我们终将到达最美的远方，成为最好的我们！

第三节　内涵深化期（2020—2022 年）

2020 年 1 月 17 日，青岛超银小学全体教师在项目式学习课程设计导师——蒲公英教育智库 PBL 课程导师邓豪、21 世纪教育研究院 PBL 课程导师郭颖的带领下，变身沉迷学习、无法自拔的学生，在 PBL 项目式学习工作坊中切身体验项目式学习的魅力。

学校开启新一期项目式学习工作坊的主题是"提取大概念"。教师通过小项目深学习，从真实生活中建立模型，在"疑—看—想—做—说—议"中掌握了项目式学习落地实施的方法。2020 年 2 月 21 日，教师趁热打铁，在居家线上教学的尝试中再次体验了项目式学习的魅力，共创了一份基于大概念提取的教学任务单。

一、生本体验

青岛超银小学经过对国际上经典项目式学习案例进行分析后发现，这些案例往往带有强烈的社会关怀，指向人类普遍关注的重大社会性、科学性议题，如生态环保、太空探索、文化保护。

如何在项目式学习中对学生的价值观进行引导？这并不是停留于空洞的口号或说教，而是要让学生对人类面临的真实问题有"切肤之痛"，产生"关联之感"，使学生主动地、持续地投入项目探索。在大多数疫情主题的项目中，很多学校对疫情主题的学习是一次性的，知识的介入是一次性的，完成的成果也是一次性的。比如做一个口罩，完成消毒剂的制作，根据各地疫情数据绘制曲线图，将疫情作为项目背景。但是我们是否反思过，做这样的项目的目的是什么？为什么要做口罩？对学生的价值在哪里？

2020 年春天，一个特殊的时段，医生、警察、解放军及其他各行各业奋斗在抗疫一线的人扛起他们的责任，完成他们的使命。在青岛超银小学学生的心中，他们都是英雄！身处后方的少先队员们，虽不能直接参与，却也用足不出户的方式在自己的阵地上守住了责任。面对"战'疫'小英雄之旅"项目式学习，青岛超银小学的红领巾们能否变身小英雄呢？"战'疫'小英雄之旅"项目式学习的学习任务定位在大任务驱动、小任务群支撑上，以"独立学习＋小组线上协作学习"的学习方式，用 5～8 天的学习时长达到学习目标。

各年级确定了学习协作主题。

1. 低年级组——揭秘洗手，做守护自己的战"疫"小英雄

疫情之下学生被告知出门一定要佩戴口罩，一定要按照七步洗手法勤洗手。这都是为什么呢？少先队员们又做到了吗？一、二年级的少先队员和预备队员就为何要洗手，如何有效洗手展开了项目式学习。

2. 中年级组——配备物资，做守护家人的战"疫"小英雄

病毒来袭，要做好防护、准备好防疫物资。然而，口罩作为最重要的自我防护工具之一却出现了一"罩"难求的现象，为此该如何应对呢？三、四年级的少

先队员以制作一份《家庭防疫物资配备计划书》为任务开启了项目式学习。

3. 高年级组——推演开学，做守护同学的战"疫"小英雄

凡事预则立，不预则废。虽然为了保护自身安全，我们一直在进行居家学习，但我们始终相信，可踏歌而行的春日终将到来，战"疫"必将胜利，而我们也定会在校园再相见！做好迎接开学的准备，五、六年级的少先队员守护彼此，纷纷制作起开学计划书。

2020 年 4 月，为确保平安、顺利、有序开学，确保师生生命健康和教育教学质量，几乎每所学校都制定了复课方案，积极筹备开学。青岛超银小学五年级的部分少先队员变身为"校园规划师"，成了复课方案设计的主体，为自己设计出了一套复课方案。

项目式课程的实施，从开始到结束，学生在教师的指导下全程参与，包括如何计划项目、如何实施项目、在实施过程中如何获取知识、如何加强小组合作交流等。学生在真实而有意义的问题探讨中，将学习情境与生活世界统整起来，像专家一样思考，像认知学徒一样参与问题解决，最终实现学习方式的转变。

项目式学习强调要让学生关注真实的世界，不仅仅是为了让学生深度理解和掌握概念，或者锻炼思维能力，同时也是为了引导学生敬畏自然与生命，理解何为社会责任。

一个好的项目不仅需要还原真实世界的本质面貌，更应该具有开阔学生眼界、提升学生格局的立意。中国化的项目式学习的中国建构需要有深切的社会关怀，为学生打开面向世界和面向未来的窗口。我们需要抬起头来，仰望星空，从个人扩大到世界，以人类普遍面临的困境、机遇与挑战为项目契机，塑造有"质量"的灵魂。

二、师训引领

当一所学校决定实施全年级、全课程、跨学科项目式学习，疏通哪些关键节点能让变革顺利发生、让愿景真实落地呢？想要项目式学习课程顺利落地，更新教师的观念是根本。可以通过培训与阅读这两大途径进行校本研修，构建教师项目式学习研修共同体。学校在实施项目式课程前期，应在全体教师中先行开展项目式学习的培训活动，培训活动需要打破由培训者讲座、教师听记的传统方式，采取项目式学习的方式让全员投入，让教师身临其境地体验一把项

目式学习是怎么回事。

(一) 项目式师训, 从做一次课题开始

青岛超银小学历来重视科研工作, 用科研引领教学, 为教学工作注入源源不断的活水。2021 年 3 月, 青岛超银小学全体教师人人以项目式理念做科研, 积极申报微课题, 经过学校教科研领导小组研究讨论通过, 127 名教师同时立项。各学科教师在前期聚焦学科素养、全面开展学科活动的基础上, 通过课题研究, 积极打造"一师一品"、体系化、有深度的学科活动, 让学生通过多元活动不断提升自身素养。教师的课题研究取得了丰硕的成果, 真正做到了在行动中研究, 在研究中反思, 在反思中创新, 进而让学生也在学习路上收获花开的喜悦。

在项目式学习校本研修中, 只有当教师变身为"学生", 经历了项目式课程的诞生、设计、实施、总结反思, 研修才能起到模拟项目式学习全过程的作用, 让教师通过培训重申活动设计的意图, 梳理整个培训活动过程, 引导每个教师结合自己的课堂教学进行反思, 总结出项目式学习设计框架。如果全程投入的项目式学习培训模式让教师知其然, 那么阅读分享则让教师自主排除研发项目式学习课程的思想障碍, 达到知其所以然的目标。

(二) 项目式师训, 从读一本书开始

选定了共读书目后, 由学校教科研中心发起共读倡议, 由各学科组根据学科的特点, 提出若干个共读主题, 制订共读计划。每个教师先带着阅读主题, 进行为期 1 个月的自由独立阅读。随后进入共读分享阶段, 教师在年级组长的组织下, 进行 4 个层次的共读分享活动, 为期 1 个月。

第一层次:用自己的话复述书中观点。

第一个层次的共读分享是教师个人自由选择若干个共读主题中的一个, 在全科组教师的分享会中进行书中观点的提炼, 并用自己的话复述书中观点, 阐述自己的理解。个人分享完毕, 其他教师补充、质疑、讨论, 在全员互动中明晰书中观点, 并达成共识。

第二层次:给一个项目课例说明理论。

第二个层次的共读分享, 是以年级组教师为单位, 随机分成若干个小组, 每个小组现场抽取一个事先备好的有关项目式学习的课例, 然后小组合作交

流,用这个课例倒推说明用到了书中的哪些观点,是怎么用的,为什么这样用。

每个小组轮流分享汇报,每个小组分享结束后都随机向其他小组提出本组在交流中没有解决的疑惑,被提问到的小组需要现场解答。小组间展开头脑风暴,美美与共。

第三层次:基于理论设计项目课例。

第三个层次的共读分享是理论指导设计的阶段。学校事先拟定出若干个项目式学习的驱动性问题,年级组教师随机分成若干小组,每个小组抽取一个驱动性问题,小组合作完成此驱动性问题的项目式学习课例的设计。

第四层次:专家点评、反复修订。

这是共读分享的最高层次,小组设计好的项目课例,需要在专家诊断会上一一宣讲,由专家点评、学术委员提出建议。教师内化反思后反复修订,形成有理论支撑、有可行路径、包含评价、完整的项目式学习课例。

螺旋上升的四个共读分享活动,促使教师从理论走向设计,更是助力教师用理论指导设计,为下一步的教学实践做足功课。教师在接受 PBL 培训和指导时,一开始培训者会试图带给教师一些"模式化"的设计指南——从驱动问题、开题、学生自主探究、作品修改、反思等环节,到项目设计的学科标准、真实问题、驱动问题及子任务、作品预设、评价目标等一系列的既定结构。

这一系列脚手架的确让许多教师第一时间尽可能看清楚 PBL 的样貌,然而随着研究的成熟以及实践的累积,到 2020 年,学校发掘出真正激动人心的课程设计,可能是习得方法之后,再忘却所有方法之后的自由之舞。课程设计对教师来讲,不是简单地按标准化的流程进行没有感情的工作,每个人的输出都多少会被自身的输入影响。教师自己的价值观、信念、兴趣、擅长的内容都渗透在学校设计的每一个课例和教学活动之中。

三、渐进实践

项目式学习课程的实践是一个缓步渐进的过程,经历了微项目试水、全课程项目推进、大项目整合三个环节。

(一)微项目试水

项目式学习课程的实践一开始由各学科教师在各自的任教学科内尝试开展学科微项目学习。微项目学习只限于本班学生,实施范围小。项目设计过程是线性的,设计的任务内容较单一,教师比较容易找准项目的核心概念。微项目试水是学生转变学习方式的萌芽状态,也是教师梳理项目式学习要素、重塑课堂观的阶段。

"认识人民币"教学内容十分生活化,以模拟购物为任务驱动,利用设计"商业小领袖"微项目课程来实施教学是一个不错的学习途径。在实施前,数学教师合作研讨,确定微项目实施办法,研讨过程便是一个集体备课和项目研发的过程。"商业小领袖"微项目课程设置了疑趣结合的任务板块,每个板块都深藏着相应的数学知识,学生在完成任务中不断产生各种疑问,在解决疑问的过程中自觉学习数学知识,体验思维的挑战,获得思考的乐趣,体验了财商、领导力,更在做项目中学会了如何学习。

(二) 全课程项目推进

随着单学科微项目学习的量变,师生都积累了丰富的项目式学习的实战经验,学生对项目式学习充满兴趣,教师对项目式学习课程的研发充满信心。这时,在全年级内实施全课程的跨学科项目式学习便是水到渠成的事了。超银学校是雷锋特色教育基地,研发全课程项目"雷锋精神我传承",可以更好地把学生带入一个向英模学习的场景——此项目涉及班级的所有科任教师,各科任教师在班主任的组织下,围绕驱动性问题"如何成为班级小雷锋"开展"全教室教研",研发出跨学科的班级全课程项目实施计划。全课程项目在全教室里定期推进,将不同学科知识按项目主题进行逻辑结构化整合,并与学生的认知经验和外部世界进行关联,打破学科边界,以学生的探究为中心延展开来,学生更容易被激发起好奇心和求知欲,自觉构建不同学科的知识网,养成跨学科的思维品质。

(三) 大项目整合

大项目课程具有跨学科、跨年级的特点,适合在全校范围内开展。其难度在学术教研、整合设计、组织运营等方面都较全课程项目更大,需要良好的组织机制提供保障。于是,学校项目制组织机构应运而生。

项目制的特点是"组织围绕项目转",即因项目而设机构,人跟项目走。项目式学习经历发起项目、学术论证、成立项目组、学术研讨、级部运营等环节。根据学生阶段性学习的实际需求,任何一位教师都可以发起一个项目,并依据程序向学校进行申报。学校对项目进行论证，获批的项目成立项目组，项目发起人自动成为该项目的领导人来招募主要成员，按照项目主题范围，主要成员包括各学科教师、学生甚至社区专业人士。

项目组成立后，在各学科组学术支持下开展定期研讨，制订项目实施计划，设计项目流程，并在级部的有序组织下运营项目。例如，大项目"我家的年味"首先由学校发起倡议，每个年级、班级招募语文、数学、美术、科学、信息科技、心理等学科的骨干教师组成项目组。在课程的研发过程中，针对不同阶段组织相关学科的教师和家长给予技术支持。该项目组教师经过多次研讨，确定以"我家的年味"为主题制定课程活动的培养目标、探究步骤、评价体系，制订项目实施计划并在各级部协调下全校开展。项目结束后，项目组进入结项环节，各年级师生分年级召开总结大会，教师分享收获并反思需要改进的地方，学生分享参与项目的感受体验。

总之，项目式学习的校园建构，不是要发展单一样态，而是尊重现有实践，在各种可能的样态中使用项目式学习的要素，允许不同样态和阶段的项目成长。在教育的多样生态上，在分学科的情境中，在国家课程、地方课程、校本课程、研究性学习等多样的课程样态中，在德育、劳动教育、艺术教育、科学教育等多样的领域范围内，在学校原有的探究性作业、长周期作业、传统活动中，都可以生长并创造出丰富多样的项目式学习样态。

通过多种项目形态，学生拥有真实的问题解决经历，成为积极的行动者，调动已有的知识经验、能力基础，创造性地解决真实情境中的问题。在活动项目中，学生体会日常的、身边的、真实有效的问题解决过程；在学科项目中，学生形成对知识的新见解，创造性地用学科知识进行新实践；在跨学科项目中，学生关注更具有社会关怀导向的真实而复杂的问题，探索实践创造性解决问题的方式。当教师的脑海、案头、手边、心中熟悉并灵活运用这一系列教学策略与工具之后，创新不创新或许不再会是我们讨论的话题。当根本处开始茁壮，枝丫定当御风生长。

第二章
项目式学习是什么？

第一节　关于项目式学习的研究

项目式学习是从多个层面促进学生发展的学习方式，是创造性地解决实际问题的学习。目前，深入的项目式学习在我国基础教育领域已获得广泛应用，研究者与一线教师均能认识到项目式学习适用于课堂教学的变革，但是大多数的研究与实践均处于理论层面或尝试阶段，未形成具体的指导性理论依据与实施方法，尚有较大的研究空间。

项目式学习最早起源于 20 世纪 60 年代北美的医学教育，其最初含义是主张学习者通过主动探索现实世界的问题和挑战，在解决问题的过程中领会到更深刻的知识和技能。之后研究领域逐渐扩大至工程学领域、语言学领域、教育学领域等，研究对象也从成人、大学生扩大到中小学生，甚至幼儿。通过进一步分析国内外项目式学习研究的文献，笔者发现已有的研究可概括为以下三个主题。

一、项目式学习模式研究

项目式学习的模式研究主要从项目式学习的定义、构成要素、特征、理论基础和操作程序方面进行了阐述，并指出这种模式对于当前我国中小学研究性学习的开展有较大的借鉴意义。

华东师范大学出版社于 2014 年出版的《师范生教育技术》充分考虑教育改革对教师教育技术能力的要求,编写了"构思项目学习""项目学习及其设计模式"等知识内容,作为师范生的教育技术公共课程,这促进了项目式学习在我国基础教育层面的研究与发展。宋朝霞和俞启定(2014)对翻转课堂下的项目式教学模式进行研究,其主要目标是在网络环境的支持下缩短教师课堂教授时间、增加学生课堂项目实践时间。他们从课前、课堂和课后三个阶段分别提出了基于翻转课堂的项目式教学中教师教学过程结构和学生学习过程结构。彭伟国和杨好利(2013)研究了影视制作实训课项目学习的教学模式,以职业技能培养为导向,从教师与学生两个维度提出项目学习法教学模式。刘景福和钟志贤(2002)从定义、构成要素、特征和操作程序介绍了项目式学习的模式。张爽(2006)则从探究性学习切入,研究项目学习的模式,她认为基于项目的探究性学习模式为确定学习目标、分析学习者特征、教师讲授、设计项目、创设学习环境、探究学习、总结评价。

二、项目式学习实施研究

实施应用研究就是将项目式学习的主要理论应用在语文、数学、计算机应用等学科中,搜集典型的教学案例,探索如何把项目式学习应用在某一学科中。国内研究者在基于项目式学习模式的基础上相继开始结合语文、数学等学科的教学实践,说明项目式学习有利于培养学生的实践创新能力。王莉妍(2016)将项目式学习引入小学低年级识字教学中,通过重构某一册教材,选取主题来确定项目名称为"缤纷生活悦读识字",将课程划分为三个识字生活专题:"季节篇""关爱篇""环保篇",并以任务驱动自主合作探究来学习课标知识。王林发(2010)在《基于"项目学习"的语文综合性学习教学:内涵、实践与反思》中谈道,教学环节基于项目学习并结合综合性学习的一个主题"轻叩诗歌的大门"来进行实践,在此基础上构建"项目学习"的实施模式。侯肖和胡久华(2016)在《常规课堂教学中实施项目式学习—以化学教学为例》一文中,通过在不同年级中学化学课堂教学中实施项目式学习,归纳总结出了实施项目式学习的步骤和策略。虽然国内项目式学习提出的模式、策略、框架在一定程度上也能通过项目式学习改进教育教学,促进学生的发展,但是进行科学的实证分析的文章相对较少。杨莉萍和韩光（2012）"以项目式学习为框架，以读写各单元的主题为基本选题，学生自主选择与自己生活密切相关的真实性主题；教师主导，学生自主合作探究"。

三、项目式学习支持研究

项目式学习支持类的研究主要就如何通过网络、计算机、多媒体等信息技术工具支持和促进项目式学习展开研究，其中比较典型的案例有以下几个。任英杰和戴心来（2004）通过开展互联网的远距离校际协作学习，普及信息技术在学校教育中应用，促进综合学习的开展和深化，激励我国中小学教育教学改革的实践研究，开拓学校教育的新领域。彭陈和张圆圆（2016）从知识和技能、学习过程、情感态度三个方面研究了网络环境下项目式学习评价指标体系。杨林林和冯锐（2007）设计了网络环境下项目式学习支持平台，提出项目式学习支持系统应包含资源支持、共同体支持、协同支持、策略支持、工具支持、管理支持和成果支持七方面。武欣欣和董艳（2017）研究信息技术支持下项目学习在小学科学教学中的应用，她将信息技术以情境创设、认知工具、评价工具的形式加入项目式科学课教学。

第二节　青岛超银小学项目式学习概念界定

当今世界日新月异，变化迅猛，已远远超出我们的想象，不确定性才是这世界的真实本质。为应对时代变化与未来发展的多元需求，各国际组织与经济体纷纷构建了 21 世纪核心素养框架，以求培养能够适应未来社会的人才。人才的竞争归根结底是教育的竞争，教育是为未来服务的，培养能够适应多变世界及未来发展的学生是我们的教育使命与教育追求。高品质的教是为了不教，高品质的学是为了会学，具备自主学习力、灵活迁移力、高阶思维力的终身学习者方能应对瞬息万变的世界，而项目式学习正是一种链接真实世界，面向未来，培养学生核心素养与关键能力的学习方式。

我校一直秉承"发掘、激发每个孩子的潜能，使其致力于帮助每个孩子成为更好的自己"的教育理念，坚守"坚持儿童立场，强特色，铸品质"的核心工作思路，担负"培养适应未来社会的人"的使命，依托高质量、高品位的办学，架建了思道 FD 课程框架。尽管学校已经在思道 FD 课程的建构上取得了一定的成果，但仍然存在学科壁垒，学科整合程度不够，教学方式仍以授受式为主，学生的自主学习和深度学习还不够深入。为此，学校将深入探索项目式学习，并以此引领思道 FD 课程更高品质地落地与实施。2015 年，我校引进了全球最成熟的素质教育课程——IB 课程，成为 IB 组织预授权学校。IB 主张的超学科主题单元探究、概念驱动、探究学习与项目式学习主张的项目主题、追求理解的教学设计、主动学习不谋而合。

项目式学习已在全球引起广泛关注，其内涵也在不断优化。项目式学习（Project-Based Learning）与问题式学习（Problem-Based Learning）都简称为PBL，两者同宗同源，同中有异。相同之处在于，相较授受式的课程教学，两者都是以学习者为中心的主动学习模式，能更有效地发展学生的深层理解、高阶技能和关键能力。两者的不同在于问题式学习更侧重解决问题，项目式学习更侧重成果输出。本次小学项目式学习实践研究的研究对象为广义的项目式学习，兼顾问题式学习与项目式学习的优点，聚焦关键能力、核心态度的提升，实现学生的全面发展。PBL 发端于杜威等人的"做中学"理念，是以建构主义理论知识为基石，让学生在实际问题情境中进行探究性学习，从而提高多元能力的教学模式。以课程标准为核心的 PBL 被美国巴克教育研究所定义为一个"过程"，它不仅是一个探索现实问题的过程，更是一个项目计划和实践的过程。它也是一个完整的教学体系，在整个过程中，学习者能够熟练运用所需要的知识和技能。黎加厚将 PBL 界定为以了解探究课程的定义及基本原理为主要中心的学习模式，学习者需要积极参与项目探究、解答各类活动提问，进而建立符合自身的知识系统，并将其投放到实际社会生活中应用。刘景福和钟志贤（2002）把 PBL 界定为以学科概念和基本原理为主要中心，以制造作品并推销给顾客为目的，在现实社会生活中利用各种信息资源进行研究实践活动，并在规定时限内解答相关联提问的新兴探究性学习模式。

青岛超银小学的项目式学习的内涵更具时代性、丰富性。第一，学习场景真实化。与象牙塔式的学习环境不同，本研究中的学习场景力求真实，打破教室学习的桎梏，在真实环境中解决真实或真实化的问题。第二，学习成果任务化。本研究中的学习成果以解决问题、完成任务为主,关注学生的学习效果。第三,学习方式探究化。与传统授受式教学模式不同,本研究中的学习方式以自主探究为主,强调学生的深度学习和探究式学习。第四,学习内容整体化。与单学科知识传授不同,本研究中的学习内容将以学科内单元统整及跨学科单元统整的形式出现,培养学生整体解决问题的能力。第五,学习体系系统化。本研究中的学习体系按主题及年龄编纂,实现学习体系的螺旋式上升。第六,学习能力迁移化。本研究强调以关键能力、核心态度为锚点的学习力的培养,以实现学生学习能力可迁移为目标。第七,人人都有项目。学生、教师、教学管理者,人人有项目,事事皆项目。

第三节　项目式学习的意义

众所周知,发展学生的核心素养与高阶能力已成为 21 世纪国际教育改革的核心内容。自 21 世纪初开始,广大教育工作者及各个学校围绕这一命题已经进行了深入而广泛的探索,取得了丰富的研究与实践成果:针对学生核心素养的结构提出了 21 世纪技能框架、中国学生发展核心素养、21 世纪核心素养5C 模型等;针对学生能力和素养的测评开展探索了 PISA（The Programme for International Student Assessment）项目、PIRLS（Progress in International Reading Literacy Study）项目、NEPS（The National Educational Panel Study）项目等。已有诸多研究者指出,单元整体教学、项目式学习、问题式学习等教学模式是落实学生的核心素养与高阶能力培养的有效手段。其中,项目式学习尤为突出,并受到了广泛关注。另外,传统的以教为主的教学方式因具有灌输式教学、忽视学生主动性等弊端,已经无法满足素质教育的需求,这使得项目式学习的广泛应用成为必然。不仅如此,项目式学习在教学过程中能充分提高学生解决问题的能力,2001 年以后便在国内逐渐受到重视。美国巴克研究所提出的"21 世纪技能"对学生的批判性思考、创造与革新等能力均提出了相应的要求。而《义务教育课程方案和课程标准（2022 年版）》提出要把项目整合于课堂教学中,重构教学组织形式。因此,项目式学习在学校层面的开展与应用对于推进课程教学改革具有重要意义。

项目式学习源自美国教育家杜威倡导的"做中学"思想。杜威的学生克伯屈将该思想引入教学领域，形成一种可操作的教与学模式。项目式学习主张教师基于真实的问题或挑战设计一系列的体验和探究活动，让学生自己制订学习计划，运用多学科知识与经验，在具体的情境中通过合作、操作来解决实际问题，最终将学习成果表达、交流与展示。由此可知，项目式学习的核心在于突出学生的主体地位，强调学习过程和成果评价的多样性与个性化，旨在解决学科知识的传授与学生的兴趣、学习需要之间的矛盾，致力于实现学生学科知识和综合技能的双重提升，对于打破学科体系、实施跨学科的学习具有重要意义。项目式学习关注学科的核心概念和基本原理，其终极目标是使学生学会概念、知识、技能的迁移，使学生通过探究解决现实世界中的真实问题，在合作学习中完成有意义的知识建构。

项目式学习的核心环节包括明确问题、设计方案、协作探究、创作作品、展示作品以及评价与修改，具有问题性、合作性、探究性、真实性以及评价的过程性和结果性五个特征。实践证明，项目式学习有利于培养学生的动手能力、批判性思维、问题解决能力、团队协作能力，是一种培养学生核心素养的有效学习方式。项目式学习因打破传统教学方法的框架，注重对学生问题解决能力与创新思维的培养而被逐渐应用到课程教学之中。一方面，作为一种教学方法，它可以深化原有以教为主的教学方式，让学生在小组活动的过程中完成学习任务；另一方面，它可以作为跨学科的课程体系来构建。目前来看，项目式学习在一些中小学课程中，把科学、技术结合在学科课本知识的自主探究学习中，这样不仅能够培养学习者新的学习方式，同时能够培养学习者在现实生活中解决问题的能力。

现阶段，STEAM（Science，科学；Technology，技术；Engineering，工程；Art，艺术；Mathematics，数学）教育以项目式学习为主要学习方式，学习者通过项目式学习来完成学习任务，获得相应的知识与技能，同时获得创新能力。项目式学习在我国得到了很好的发展，基础教育主要集中在综合教学实践，并在语数英学科内进行小范围探讨。项目式学习既是一种教学的课程模式，又是一种教学模式。作为课程模式，项目式学习强调打破原有课程学科之间的逻辑，建立以项目为内在逻辑的课程内容体系；作为教学模式，项目式学习强调以学习者为中心,给予明确项目任务,赋予学生更多自主性,学生从现实生活中、解决学习问题中构建自己的知识体系结构,从而形成高阶学习能力。

作为一种为了适应新课程改革而产生的新型学习模式,项目式学习被认为是知识转化为能力的过程,是创造力迸发的过程。项目式学习以实践为基础,使教育回归教育本质,从而解决重理论轻实践、重知识轻能力的教育弊端。项目式学习中代表性的"做中学""以学生为主体""驱动性问题"等策略在小学教学中具有独特价值。对于教师而言,项目式学习的首要前提是根据学习者的特点以及教学目标,把学科知识进行项目式转化,即把原有以学科为逻辑的课程内容体系,改造成以项目式学习为内在逻辑的一套完整教学设计系统,从而展开合理的课程教学。

项目式学习是一种教育理念,所以在这个背景下,教师角色发生了转变。教师尊重学生,重视学生的问题和个体差异。它是一种教育模式,任何学习内容都可以打破学科逻辑,重组内部逻辑建构,以真实问题驱动,进行"做中学"的体验式学习;它是一种教育策略,提醒着教师在尊重学生自主性的前提下"领导"学习、"引导"兴趣、"指导"难点攻克、"编导"教学内容设计。当然,教师在项目式学习中承担着重要角色,不会一味尊重学生而忽略了课程进度或使课堂过于嘈杂,会把握好"学生主体"与"教师主导"之间的度。教师重视学生的体验,关注学生所遇到的困难。例如,在项目式教学过程中,小组合作是最常见的教学形式,教师会提前进行异质分组,保证各小组成员能够代表班级平均水平。教师会重视学生的兴趣,以学生为主体,关注到他们已有的学习经验和能力,针对班级两极分化严重的具体情况,会提前做好预案,做到即使在部分学生还未能跟上节奏时,依旧可以保证所有学生掌握基础类知识和技能。

基于这样的背景,项目式学习提高了教师的教学能力。教师在开展项目式学习时,不仅需要把握所教知识的教学本质,更需要创设合适的现实情境,提出驱动性问题,设计完整"故事线",充分体现知识的形成或运用过程,课堂上放手让学生进行充分的自主探究,激发学习兴趣,引发学生深入思考。通过全过程的教学设计、教学实施和教学反思,教师的教学能力、教研水平都得到提升。教师在理论学习之后,以学校为单位形成学习共同体,结合本校教师实际,通过任务驱动的方式进行项目式学习的资源开发、教学设计及教学实施,不断交流讨论并形成系列实践成果,提升校本教研能力。

从学生角度来讲,项目式学习的核心目标是促进学生发展。根据维果茨基的"最近发展区"理论,在学习活动开始前,教师需要了解学习者先前的基础,设计前测性评价来调研学生原有的知识和经验,了解可能阻碍和促进学生学习的因素,贴近学生的发展区,同时根据学生的不同需要和基础来设计分层目标和标准。项目式学习以学生探究为主,过程性评价应围绕学习活动来观察和收集学生信息,对学生的综合表现和学习状态予以关注,及时整理并反馈评价。在项目引入环节,评价内容的开放性强,项目分析阶段过程性评价,着重用定量方法对认知能力的养成进行测量和评价,认知与非认知、定性与定量相结合。在小组讨论和合作探究环节中,评价内容更是多角度,包括学生学习动机、学习兴趣、学习参与程度、思维与能力的发展等。项目式学习尤其注重是否引发了学生积极的情感体验。项目实现和总结阶段重视对思维进程的评价。在项目实现和总结阶段,评价角度不同于传统教学中的评价方式,它从当前活动的完成情况、项目整体的完成情况和自身学习进程的监控三个方面切入。当前活动的完成情况是帮助学生判断任务完成与否、任务完成的质量如何;项目整体的完成情况是培养学生的逻辑思维,让学生从全局的角度思考问题;自身学习进程的监控是从项目角度转移到自身学习思维的过程。

项目式学习过程性评价时间线作为信息可视化的方式,面向过程,以分析变化、关注发展为目的。通过时间线规划学习活动和过程性评价,可以很好地掌握学生知识、综合素养和能力提升程度的信息,促进学生的有效探究,让学生清晰了解每一步所需要达到的目标,及时反思和调整,达到优化项目式学习的成果。过程性评价时间线贯穿教学设计的始终,可以起到优化评价活动的作用,既为教师提供评价指导,又为学生提供自助式的评价功能选择,从而使其更清晰地完成自我评价,达到目标。例如,通过合作学习评价表、小组活动记录表等,学生可以对照和监控自己及小组的学习进展。同时,在项目式学习中设计过程性评价时间线有助于教师进行反思总结,决定是否还要在该项目上进行补充、是否需要尝试新的探究方法或是延续项目进一步的学习等。

在项目式学习中,学生的参与度更高,学习态度更积极,学习效果更佳。与传统教学中的学习任务相比,项目式学习的实践特征更明显,涉及的情境更具挑战性和真实性。学生作为实践主体,需要不断与其他师生及事物互动,才能实现最终的产品或成果,这都有助于激发学生学习的积极性和主动性。通过教学观察可见,在项目式学习中,学生愿意为项目付出更多的时间和精力。高质量的项目式学习和学生的学习质量之间存在积极正向的关系。

项目式学习有助于培养自主学习的能力。项目式学习中,教师作为活动的引导者一般只出现在关键时刻,整个项目的规划、设计、实施都要靠学生自行决策和安排,因而学生需要主动地不断深挖完成项目所需要的学习资源并自主消化吸收,通过有效的时间管理和决策等统筹安排整个项目的推进与落实。学生可以将在学校项目式学习中获得的学习、规划、探究能力,运用到生活中去,获得体验感和成就感。

项目式学习有助于培养高阶思维能力。项目式学习以解决问题为核心,学生在构思方案、自主探究、做出决策以及寻求问题解决的过程中,决策、创造、系统推理分析等高阶思维能力会得到充分锻炼;而且不同的学生对待同一问题会得到多种解决方案,这促使学生常常需要多角度思考、综合考量或逆向思考。项目式学习有助于培养团队协作能力和沟通能力。项目式学习往往以小组形式开展,在项目进行的过程中,学生需要与组员进行有效沟通、合理分工,以实现个人的观点或解决方案,推进项目的高质、高效完成;在成果展示环节,书面表达或口头表达能力也会得到锻炼。

项目式学习基于活动、情境,符合学生认知特点;基于开放性、合作性的项目式学习,促进核心素养发展;基于驱动性问题,促进思维与能力的发展;融合学科内的知识点、学科间的知识背景,打通知识与社会、与生活的联系;在浸润式、体验式、综合化学习中,为学生提供具有开放性、实践性、探究性、反思性、成长性的全新学习方式,培养学生探究世界的热情和能力,让学生在成长中看到的不仅仅是学科、题目、分数,还能体悟自然的神奇,能感受人类精神世界的绚丽和社会生活的美好。

总而言之,项目式学习使得学生、教师、学校焕发生机。学生学得鲜活、灵动、开放;教师活力四射,周身满满正能量;学校蹚出一条依托课程建设发展学校内涵的新路。在青岛超银小学,人人都是项目式学习的参与者。从学生社团的发展,到班级承办的一次升旗仪式、一次社会实践活动,班主任对一个班级的综合管理,教研组内发起一次教研乃至校长管理一个学校……都是一个个项目,师生都可以通过独立完成一个项目,获取相关知识,锻炼相关能力。青岛超银小学把项目的概念应用到了以下七个方面,并取得显著成果。

一、"小小讲师团"让学生成为项目式学习的组织者和主导者

在项目式学习中,学生可以通过独立完成一个项目,获取相关知识,锻炼自主能力。在项目式学习的主导下,学生能够构建完整的知识框架,对知识有一个系统的认知,发挥自身个性,根据自身情况进行学习。

"你知道如何有效地防御新冠病毒吗？""你知道野生动物身上携带的病毒与疾病之间的关联吗？""你知道怎样才能成为自主管理小达人吗？""你知道学校的 14 条微习惯吗？"……在青岛超银小学,一场场针对学生关心问题的"小讲座"在各个班级教室展开宣讲。这些"小讲师"都是青岛超银小学"小小讲师团"的成员,这些话题、宣讲班级、宣讲方式等的确定都是项目式学习小组成员集体智慧的结晶。

"小小讲师团"项目式学习小组聚焦学校生活热点,让学生在真实情境中思考。项目整合小学语文、数学、科学、信息科技的重要概念和能力要求,形成跨学科综合性学习。

学生在进行研究学习过程中,聚焦一个个当下最被关心的主题,在老师或家长的指导下,设计调查问卷;数学老师指导学生提取调查问卷数据,制作统计图;语文老师指导学生根据数据和图表,撰写宣讲内容和创编非连续性文本阅读;语文、英语、信息科技老师指导学生使用问卷星软件、设计海报、制作宣传手册和宣传片等。"小小讲师团"走进学校班级,对同学们进行宣讲。

一场场"小小讲师团"的宣讲,收获了老师和同学们的好评,也让"小讲师"在项目式学习中锻炼能力,提升素养。

二、我们的升旗仪式,在项目承办中自主成长

项目式学习是在真实世界中借助多种资源开展探究活动,并在一定时间内解决一系列相互关联问题的一种新型探究性学习模式。

学校每周举行升旗仪式,学生也可在 PBL 项目式学习中体验自主管理和能力提升的快乐。学校在确定本周升旗主题之后,学生作为主体,依据本周主题,完成后续的信息搜集、流程确定、展示环节安排并最终进行自我评价、反馈的全部过程。在项目实施的整个过程中充满了主动学习和研究性学习。研究性学习能够让学生在学校和社区范围内共同解决实际问题。同时,为了成功解

决问题,教师通常要求学生利用多个学科的课程,因此在这个过程中,学生会被引导积极主动地进行跨学科、跨领域的学习。在完成项目式学习解决问题的过程中,学生会学习使用多种信息工具去搜集材料、研究分析和协作通信。升旗仪式是一种全校师生全面视角关注的展示方式。在项目式学习的过程中,学生在短期内完成一个具有现实意义的跨学科、跨领域并且辅以一些现代科技手段的项目,需要团队的配合,这个过程也考验了学生的分工协作能力和团队凝聚力。项目式学习的最终作品或研究成果由教师给予专业的评价及意见,学生团队中的其他成员给出中肯的评价后,最终由学生进行自我评价,在反思中实现自我提升。

三、项目化的社会实践,趣味性与知识性的有机结合

社会实践活动的项目式学习是以学生为中心,通过提出实践主题,构建环境,组建团队和活动实施的学习方式,推进学生在实践活动过程中获取知识,提升能力,学会沟通与合作。社会实践活动强调超越教材、课堂和学校的局限,以主题的形式对课程资源进行整合,培养和发展学生解决问题的能力、探究精神和综合实践能力。从"班级、学科、学校"三个层面,以"生活化、社会化"资源为依托,各班级开展了各类项目式综合实践活动课程,培养学生面向未来挑战的综合实践能力。

创新班的学生曾经开展了一场富有挑战、收获满满的项目式学习社会实践活动。在美丽的百果山森林公园,学生不仅感受到了大自然的美,更从中深刻体会到人与自然和谐共生的智慧与奥秘。学生以"搭建木屋"为项目主题,自主学习、整合知识、探究学习、团队协作,用原始材料进行木屋的设计搭建。各个小组明确分工,紧密协作,通过创意设计、自由搭建,充分展现了项目式学习的无限乐趣。在专业老师的启发与指导下,学生利用画笔进行绘制,团队的创意设计跃然纸上。有了设计方案,搭建组的学生了解并使用木头材料,从基本的结构设计到整个木屋搭建成功,学生逻辑清晰、严谨。木屋装饰组成员修饰细节、彩绘门窗,只为了更完美地呈现团队作品。为了将自主设计的木屋呈现给大家,营销组成员合理考量、精心编写文案,并进行成果展示与汇报。短短几天,一幢幢充满创意的木屋成为一道亮丽的风景,为百果山森林公园增添了活力,为学生创造了多元的学习生态。学校还将更多学习的触角延展到户外,

以大自然为课堂,在项目式学习中发现更多无限可能,发掘超银学子的无限可能。

四、科学课利用项目式学习转变教学观念,突破教学重点

科学知识具有抽象性、复杂性等基本特点,如何突破教学难点、突出教学重点是每一位教师的重要任务,也是一道难题。因此,小学科学教师借助现代项目式学习来辅助教学,即通过多媒体的动态画面直观展示知识发展的全部过程,揭示思维过程、促进学生思考。同时,项目式学习的运用也能够将原本静态的知识动态化,将抽象的知识形象化,让科学教学变得更加生动和灵活,从而切实有效地突破教学的重点和难点。例如,在教授"蚕变了新模样"这部分知识时,对于本节课程的内容,学生很难理解蚕是如何变化的,为了让学生更容易理解蚕的变化,降低教学难度,我们转变教学观念,采用了项目式学习展开了教学。在上课前,教师通过互联网为学生收集下载了一些有关蚕化茧成蝶的视频。上课后,教师再利用项目式学习为学生进行展示。视频中,蚕吐出丝将自己一点一点地包裹起来,围成一个椭圆形的球状体,在蚕蛹里,蚕开始转变成另一种形态,逐渐长出翅膀。经过观看视频中蚕的变化并进行分析,学生渐渐地了解了蚕变化的过程。

科学探究是人们探索和了解自然,获得科学知识的主要方法。小学科学课程倡导以探究式学习为主的多样化学习方式,促进学生主动探究,创设学习环境,为学生提供更多自主选择的学习空间和充分探究式学习的机会。在科学学习中要注重学生对知识的探究过程,强调学生做中学和学中思,逐步培养学生提出科学问题的能力、收集和处理信息的能力、获取新知识的能力、分析问题和解决问题的能力。如讲授《油菜花开了》这一课时,教师课前让学生对油菜花进行观察记录,然后在小组内合作交流。在汇报时学生对花萼的认识较模糊,还有学生分辨不清雄蕊和雌蕊,这时教师用课件把油菜花的植株一一进行分解,针对这两个问题再次展开讨论,学生面对直观形象的图片,一下子就认清花瓣、花萼、雄蕊和雌蕊了。有了实物与图解的对照学习,形象直观,不仅突破了难点,提高了学生的认知水平,而且高效地完成了教学任务。

其实,在学校教学中,教师应有积极利用项目式学习手段辅助教学的意识和能力,要在教学实践中巧妙地借助项目式学习手段,不断丰富教学内容,优

化教学形式,激发学生的科学求知欲,培养学生的学科素养,构建高效的教学课堂。

五、班级管理项目化,人人都是班级"主人翁"

青岛超银小学在班级管理工作中推行项目化管理,形成从立项、落实到评价的科学体系。班主任作为项目化的负责人,一方面要统筹兼顾,发挥好指导监督作用,另一方面要尽可能地调动学生的主体参与性,培养学生的创造能力和实践能力。在项目化管理中,活动的策划、组织、实施主要由学生项目小组完成,班主任则更多地从"台前"走到了"幕后",侧重对项目整体方向的把握和点拨式的指导,这种新型的工作模式对班主任工作提出了更高的要求。

项目化管理的关键在于必须紧紧围绕学生成长成才这一中心,既要有令人眼前一亮的好创意,又要有较强的可行性。为了使学生能够更有效、更多地参与,班主任要在每学期初结合学校工作和班级实际发布本学期的重点工作,在主题性、创新性、可行性、影响力、活动成效等方面明确要求。

班级项目化管理的主要环节是项目运作。学生项目小组充分发挥主动性和创造性,按照项目计划自主地开展工作。班主任通过中期检查等方式对项目运作情况进行指导监督,帮助学生处理突发情况,引导学生在实践过程中对项目进行完善。

班级项目化管理公正、客观的评价,使学生在总结评比中得到更多的肯定和提高,为更加有效地开展班级项目化管理工作打下了坚实的基础。

六、以项目式学习推动深度教研

项目式学习是核心素养理念下的全新学习方式。它打破了传统课堂的时空界限,以"学习者、经历、活动"为核心,培养学习者对学习的兴趣,提高学习者的人文素养,增强学习过程中的团队精神,让学习者体验在真实问题情境下学科知识的应用和拓展。项目式教研是以教师为中心的教研活动,以解决教育教学中的问题为驱动,让教师通过自主学习或合作学习,对真实有意义的主题进行深入研究,在驱动性问题的指向下解决相关问题。项目式学习活化了教研形式,增强了教研时效,追求教师迅速、优化发展。

比如,在语文教研中,教师研究从项目式学习、核心素养、阅读素养等核心概念的界定出发，对项目式学习的理论基础进行分析，并结合课堂教学实践，提出基于项目式学习的小学语文教学课堂模式。针对项目式学习在小学语文教学过程中所体现的功能与运用方式，青岛超银小学提出知识重组、巧设驱动、头脑风暴、分工协作、实践创作、评价提升等教学策略。

项目式学习在解构、重构国家课程基础上，极大地丰富课程了资源；教师从教课文内容的圈子里跳出来，转向用课文教学生学语文，提高学生学习语文的兴趣；从单一的课堂走进真实生活情境，给学生提供了大量语言实践的机会；学生自主、合作、探究学习，培养了多元智能；从单一评价转向多元评价，深化了语言文字运用的能力。在学习活动中，学生在评价、修订与实施环节之间穿梭，直至形成小组观点，完成最终的项目作品。

"一个人的能力再强，终究也只是一颗璀璨的珍珠，如果能把众多的珍珠连接起来，那才是一条美丽无比的项链。"这句话在教师的项目式教研中体现得淋漓尽致。各教研组教师围绕中心任务展开激烈的讨论，在思维碰撞中逐步明确了教学方向和策略，也让教研更加有效、实用。

七、借力"项目式"，共建管理中的"合伙人"

之前，我们常常能看到这样一种工作"怪圈"：校长既要分管岗位设置，又要分管教学教务，还要承担后勤服务；副校长既要分管日常事务，还要督促常规评价；教师既要负责学科教学，又要当班主任，还要兼职社团活动，又要学科研讨。人人身兼数职，整天忙得团团转。而教师真正的工作，如授课、课前准备、教研活动、课程建设，却只占其中的一半。学校的工作分得越细，教师对于全校事务的责任感越是薄弱。开会时，大家只想到自己的任务，对他人的工作毫不关心。

认真分析学校的管理，会发现真正让我们忙得团团转的，并不是那些琐碎的事务，而是管理方式。传统学校管理依托以校长为核心的行政班子自上而下地开展，而新型的学校管理则已经以"项目式"工作方式在运转。

"项目式"管理是将管理的权力下移，让学校的管理从大量的临时性工作中抽身出来，建立若干项目组，由项目组负责人具体落实各个事务，聚集教师的个体智慧，实现管理的抱团发展。学校设置科教研创中心、教师成长中心、学生成长中心、教务管理中心、后勤保障中心。在教师管理中，学校则实行

"年级制"管理，按年级分为六个级部，由年级分管领导和年级组长协调管理。同时，语文、数学、英语、艺术、体育、科学与信息等教研组组成了学校的核心管理机构，实现了学校管理的扁平化，极大地提高了管理效能。

"扁平化"管理体系和"年级制"管理机制形成了"项目式"管理方法，铺开了学校工作的新局面，开创了"人人有事做，事事有人做"的工作新生态。

纳德说，领导的功能是创造更多的领导者，而不是更多的追随者。一个个领导者便是项目开展中的领头雁，他们都是学校发展中的主体，他们和校长（书记）是一种联盟关系，不是上下级，而是学校发展中的"合伙人"；他们具有了自我发展的动力，变成一个身份独立、思想独立、教学风格独立的生产力群体，服务于学校，服务于学生。

第四节　"541"项目式学习模式的确立

一、从八大黄金标准到"541"模式

美国巴克教育研究所将项目式学习定义为"一套系统的教学方法，它是对复杂、真实问题的探究过程，也是精心设计项目作品、规划和实施项目任务的过程，在这个过程中，学生能够掌握所学的知识和技能"。同时，巴克教育研究所认为一个有助于学生学习品质提升的有效项目，通常能够具备以下八个特点：第一，真实性；第二，有挑战性的问题驱动；第三，公开的产品展示；第四，持续的探究；第五，学生的声音和选择；第六，反思；第七，批评与修正；第八，关键知识的理解和成功技能的发展。

该标准发布后在美国课堂教学中引起了不错的反响。近年来，我国的一些教育工作者也实践了这一标准，尤其是在高职院校，通过黄金标准设计出的项目式学习活动充分地调动了学生的学习兴趣和主动性。但是，在小学进行实践时，我们发现这些准则似乎不适用于教授学科的基本技能，如阅读、写作、计算能力，而只适合作为有助于构建学习情境的教学元素。究其原因，或许是因为对于很多教师来说，该标准没有实施方式的指导，实施起来容易顾此失彼。此外，随着核心素养育人目标的提出，新课标也将应运而生，项目式学习在小学阶

段的开展也需要本土化的实施路径。因此，本研究在巴克教育八大黄金标准的基础上构建了"541"模式。该模式将为教育实践者提供有步骤的操作指导，并凸显各个环节的重要性程度以及它们之间的逻辑关系。同时，这一模式也可快速上手，广泛运用。

二、项目式学习"541"模式的内涵

项目式学习"541"教学模式是"预－立－思"的过程，也就是进行"项目筹划－项目执行－项目复盘"3个大环节，其中项目筹划有5个环节，项目执行有4个环节，项目复盘1个环节。成事10分，5分筹划，4分执行，1分复盘，最终从规范走向精细。

"5分项目筹划"，凡事预则立。未雨绸缪优于亡羊补牢。要强调事前筹备和规划、全盘思考和情况分析。要做到四个充分：充分保留提前量，充分考虑细节，充分进行沟通，充分进行批判预估。智者避险于无形，明者远见于未萌，用推演法考虑项目的流程，于痛点前止疼，于难点前除障，大处着眼，小处着手，做胸有成竹的有备无患者。

第一，确定知识、技能、素养目标。学习目标是教学活动的风向标和指挥棒，确定目标是进行项目设计的第一步，也是最重要的一步。教师以目标为导向，以始为终，运用逆向设计，设计任务时不偏离知识、技能、素养目标，旨在让学生通过理解基本知识，在项目中获得关键技能，发展核心素养。

第二，设计具有挑战性的驱动问题引领项目。基于学生的实际水平，设计一个有挑战性、有意义的问题是一个好项目的开端。这样的好问题能够激发学生的好奇心、求知欲，能促进学生深度思考，能统领整个项目的学习过程。

第三，设计真实任务。设计学生真实生活或未来生活中会遇到的任务，或解决学生实际生活中感兴趣的问题，结合真实世界的背景、工具、质量标准等，对任务进行分解，设计里程碑任务，细化每一个任务的实施方式。

第四，设计教学策略，给予学生支架式指导。预设项目式学习过程，为项目的顺利展开准备充足的材料、道具、认知工具、脚手架等，通过多种教学策略给予学生支架式的指导。

第五，设计评价标准。评价的标准和量规根据评价主体和评价内容量体裁

衣。在项目准备阶段,教师要制定合理可行的多元评价指标。在项目执行阶段,教师提前告知学生评价规则和标准,并将评价及时反馈给学生,以达到激励促进效果。

"4分项目执行",凡事贵有恒。持恒的执行力是项目成功的坚实保证。教师要在项目实施过程中投入当下,心怀全局,做如履薄冰的谨慎缓行者。

第一,鼓励学生进行持续探究。学生参与的是一个严格的科学探究过程,提出问题,寻找资源,并应用信息。探究是真实有意义的,而非虚假、低效、短暂的活动。

第二,做好任务观察记录。教师在学生进行任务的过程中,扮演观察员、引导员的角色,而非主讲者的角色。教师要认真观察并记录学生的探究过程和探究行为。

第三,尊重学生的选择和行动。在整个探究学习的过程中,学生有自己的思考和自发的探究行动,教师应尊重学生的自发行为。无论这些行为发生在课堂上还是非课堂上,都要被尊重、支持、保护。

第四,进行作品的公开展示。学生进行最后的成果展示,向课堂以外的人分享展示,如其他班级的学生、学校工作人员、家长。要将学生的作品进行全方位呈现。

"1分项目复盘",凡事思则进。学中思、做中思,以思导行,如切如磋,举一反三,以反思复盘积累优势经验,弥补短板漏洞。复盘四个出:跳出思维定式、找出可复制亮点、拿出可改进办法、指出思想症结。复盘即收尾,使失败成为成功之母,使成功亦成为成功之母,做以终为始的思想长者。学生和教师反思学习、探究和项目活动的有效性,学生工作的质量,出现的障碍和克服这些障碍的策略,并对反思结果进行反馈与应用,以改进研究过程和成果。
(图2-1)

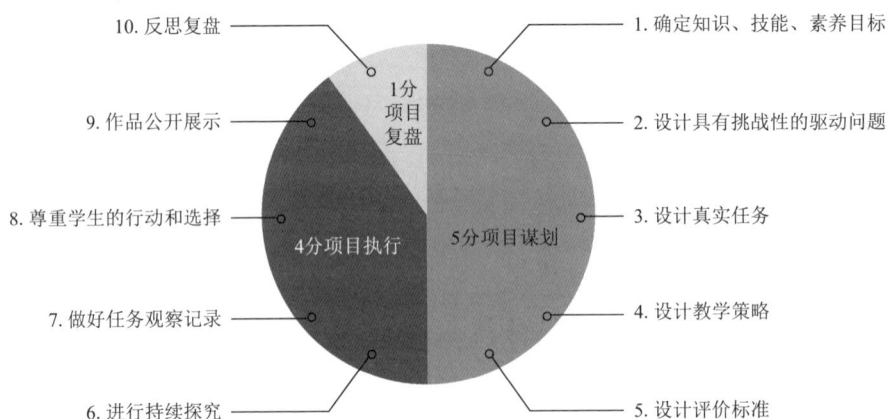

图 2-1　青岛超银小学项目式学习"541"模式图

　　"541"模式优化、细化了八大黄金标准，将项目标准与思维方式、工作模式相结合，在一定程度上为教师提供了清晰、明确的设计思路和实施思路。

PBL

·实践篇·

第三章
项目式学习在学科内的实施

第一节 概述

一、聚焦核心素养,实施单元统整

随着国家对学生核心素养关注度的提升,越来越多的教师开始更加注重学生综合能力方面的发展和培养。加之受到学生学科素养概念的影响,全国中小学开始统一使用部编版新教材,实现了中小学教育改革。在这一前提下,教师在实际的教学过程中要及时转变原来固有的教学观念,始终立足于立德树人这一任务,关注学生核心素养的培养,注重帮助学生重建知识体系,努力提高学生自身的思想道德水平,并帮助他们学会从容面对生活中所遇到的各种困难,促使他们充分发挥主观能动性,进而提升综合素质。

而这首先要求教师学会正确地解读部编版新教材,并创造性地使用这一新教材。教师可以在部编版新教材理念下展开课程统整教学,实现其课堂教学的创新发展。《义务教育语文课程标准(2022年版)》(以下简称"课标")明确指出:"教师应认真钻研教材,正确理解、把握教材内容,创造性地使用教材。"统整,正是教师基于教材,创造性地使用教材的一种策略。自新课程改革以来,作为主要课程资源的教材建设呈现出百花齐放的态势,多数学科教材都是以学科体系的年段序列、内容的逻辑层次和一定的单元主题要素为架构的。学科教学中的语文"主题单元教学"和"构建语文课程单元"、数学"单元模块教学"和英语"话题单元教学"等都是立足在学科单元课程视野下有效统整的教学模式建构的研究。

因为长期受到传统教学思想和教学模式的影响,人们已经越来越熟悉和适应这种逐课教学、一课一教的教学方式,再加上新课改的不断深入,教师也会尝试着通过这种逐课教学的方法来完成单元教学的目标。然而,教师在实际开展逐课教学的过程中,经常会忽视单元教学目标。系统论的观点认为,整体一般都是大于部分之和的。因此,通过逐课教学的方式来推进单元的教学,一般来说是很难实现单元整体教学价值的,并且这也会让教学时间无限加长,从而导致耗时长、效率低、重点不够突出等各种教学问题的出现。

而单元统整教学就是指教师开展单元集体备课与教学的一种新型教学方法,主要依托于主题性的教学内容来展开,体现了一种整体观的教学思想。一般而言,在单元统整教学中,教师需要对一组在题材、体裁、主题、语言表达等等方面存在连接点的教学资源进行统整,再对其进行整体的开发与运用。这种教学活动形式是比较新颖的。教师要提高教学水平,则应该将单元统整教学策略充分体现于课堂教学中,切实发挥其实际的教学作用,实现改进教学的目的。所以,实施单元统整教学必是大势所趋。

对小学的课堂教学而言,实施单元统整教学的意义尤为重要。就课程本身而言,单元统整教学强调围绕单元主题设计情境,以情境为载体,设计具有真实意义的任务,帮助学生建立学习内容与实际生活的联系,让学生在真实情境中以自主、合作、探究的方式创造性地学习,代替原有的灌输式学习。同时,单元统整教学以从整体考虑问题的视角,重新梳理单课知识之间的联系,有利于建立更系统的知识体系。

对教师而言,首先要从单元目标出发,从整体上把握整个单元的课堂教学。这样不仅有利于教师完成单元教学目标,同时还可以帮助学生从整体上掌握相关的知识内容,提高学生对知识的整体学习能力,全面有效提升学生的学科素养。更重要的是,在单元统整教学的思路下,教师应尽可能地从关注单元整体效益的角度出发,实现单元内容的整合。在这一过程中,教师可以通过增减、调序、拆分、融合等各种有效手段对教材内容进行重组,从而避免单元统整教学思路和内容被教材所束缚。这就要求教师必须从整体上了解教学内容,并不断对单元之间的教学内容和教学目标进行梳理，深入挖掘教材内容，提炼更加高效的教学方法。在这个过程中，教师的教学能力和资源整合能力都会得到很大的提升。除此之外，单元统整教学具有高效性，教师可以充分利用节省下来的时间，将课堂教学内容拓展和延伸到更大、更广阔的范围中去，从而实现开阔学生知识视野和眼界的教育目标。

对学生而言，统整课程有利于个性化的发展。统整课程从学生已有的知识经验出发，为学生提供共同的知识基础，同时尊重学生之间的差异。传统课程有时会出现"一刀切"，会限制个别学生的想象力和创造力，学生对知识不能深入地研究学习。统整课程有助于缩短课程与学生的距离，提高学生的人文素养，为学生的终身学习提供基础知识，并且有利于激发学生的创想潜能。同时，与单元统整教学相呼应的单元作业设计和多元化的评价方式，能够有效减轻学生作业负担和考试负担，有利于调动学生的学习积极性。

总的来说，开展单元统整教学的价值意义不仅在于通过单元教学，更为准确地把握学科的单元教学目标，更是为了从更大的范围体现出学科教学的育人价值。在实际的教学过程中，教师应该注重以学科的价值作为单元统整教学的统领，以学生学科素养的培养作为落实教学工作的重要目标，以此促进学生学科素养和综合能力的进一步提升，只有教师的教学视野足够开阔，才能开阔学生的视野。单元统整教学背景下，教师与学生都是课程资源开发的主体，在分析各学科的知识点，进行甄别、选择、转化和教学实施的过程中，应不断总结与实践反思，使统整课程不断得到发展与完善，实现师生共同发展。

二、科研教研引领教师专业成长

教育科研是推动教育改革和发展最积极的因素，是引领教师专业成长和走向职业幸福的重要途径。青岛超银小学依托项目式学习"541"模式积极进行探索变革，各科教师致力于建立好学科核心素养与学科核心内容之间的关系。他们依据课程标准，仔细研读教材，选择有利于培养学科核心素养的教学内容和情境素材，进行科学重组，制定学习目标、设计学习活动、开展课堂教学，在与时俱进更新教育评价观念的前提下，丰富评价形式，作业赋能教学，重视教学反思，环环紧扣，使学科核心素养具体化、可培养、可干预、可评价。

(一) 研读课程标准,领悟深刻内涵

学校定期开展与课程标准相关的教研活动,如针对课程标准的集体学习、论坛交流和知识竞答,提高教师对课程标准内容的把握。2022 年 4 月 21 日,教育部颁布了《义务教育课程方案和课程标准(2022 年版)》,学校第一时间组织全体教师进行深度研读。《义务教育课程方案和课程标准(2022 年版)》优化了课程内容结构,以习近平新时代中国特色社会主义思想为统领,基于核心素养发展要求,遴选重要观念、主题内容和基础知识,设计课程内容,增强内容与育人目标的联系,优化内容组织形式;设立跨学科主题学习活动,加强学科间相互关联,带动课程综合化实施,强化实践性要求。同时,还有一个重要原则:加强课程综合,注重关联。新的课标加强课程内容与学生经验、社会生活的联系,强化学科内知识整合,统筹设计综合课程和跨学科主题学习;加强综合课程建设,完善综合课程科目设置,注重培养学生在真实情境中综合运用知识解决问题的能力;开展跨学科主题教学,强化课程协同育人功能。这一系列变革,必将对深化教育教学改革、促进义务教育高质量发展产生重大而深远的影响。

(二) 研读教材,科学重组

开展单元整体教学对教师的资源整合能力提出了更高的要求。因此,学校加大了单元整体教学的集备教研力度,形成了以优秀教师为核心的各个学科的名师工作室。各工作室主持人牵头,从整体上把握单元教学内容,梳理单元知识点,理清课时教学目标与单元教学目标的联系,以增减、调序、拆分、融合等多种方式进行单元内教学内容的重组,从而切实保障单元整体教学工作的顺利进行,为培养学生学科素养做好充分准备。

(三) 提炼单元主题,依托情境教学

《义务教育课程方案和课程标准(2022 年版)》也提出强化学科实践,通过创设情境引导学生参与学科探究活动,经历发现问题、解决问题、建构知识、运用知识的过程,体会学科思想方法;加强知识学习与学生经验、现实生活、社会实践之间的联系,注重真实情境的创设,增强学生认识真实世界、解决真实问题的能力。因此,在每一个单元教学设计中,教师都会在对单元内容进行分析和整合之后,提炼出单元主题,并围绕这一主题,设计相关的教学情境和教学任务,将本单元的内容串联起来,帮助学生构建系统的知识体系。情境教学、探究

教学和启发式教学等多种教学策略可激发学生学习的积极性，培养学生对所学知识和技能的迁移运用能力。

（四）与时俱进，更新教育评价观念

单元统整教学的评价方式发生了根本性的改变，不再是单一地对知识的掌握进行考察，而是走向了知识、技能及素养的多维度评价，是融入大单元整个学习过程中的立体式评价。青岛超银小学紧跟义务教育课程改革方案要求，在单元统整教学设计中，更新教育评价观念，强化素养导向，注重对正确价值观、必备品格和关键能力的考查，开展综合素质评价；倡导评价促进学习的理念，注重提高学生自我评价、自我反思的能力，引导学生合理运用评价结果改进学习；注重动手操作、作品展示、口头报告等多种方式的综合运用；注重伴随教学过程开展评价，捕捉学生有价值的表现，因时、因事、因人选择评价方式和手段，增强评价的适宜性、有效性。

（五）聚焦核心素养，作业赋能教学品质提升

课堂是教学的主阵地，而作业又是教育教学中至关重要的一部分。为了提高作业设计质量，增强针对性，丰富类型，合理安排难度，有效减轻学生过重学业负担，实现减负提质目标，2021 年 11 月 27 日，青岛超银集团举行了"双减"背景下作业赋能教学品质提升的大教研活动。300 余位学科教师通过线下和线上方式参会，探索减负增效新举措。通过探索我们发现，以往我们关注更多的是巩固和诊断课堂知识掌握情况，实际上"小"作业蕴含着"大"育人观，作业本质上是全员育人的过程。青岛超银小学注重培养学生五大关键能力：思考能力、社交能力、沟通能力、自我管理能力、研究能力，而作业是锻造学生五大关键能力的重要抓手。在创新作业形式的过程中，青岛超银小学的教师立足于提供真实的情境进行单元整体设计，聚焦学科素养、着眼学生综合能力提升。

（六）重视教学反思，助力教师成长

教学反思是教师以自己的教学活动为思考对象，对自己所做出的行为、决策以及由此所产生的结果进行审视和研究的过程，是一种通过提高参与者的自我觉察水平来促进能力发展的途径。美国心理学家波斯纳提出了教师成长的公式：成长＝经验＋反思。他认为教师只有经过反思，经验才能上升到一定的高度，并对后继教学行为产生影响。因此，青岛超银小学高度重视教学反思

环节,小到课时教学,大到单元教学、学期教学,都会组织教师及时进行教学反思,以便更及时、更有效地完善教学。

三、教育教学实践,课堂发生改变

在各学科教师的不懈努力下,青岛超银小学单元统整教学设计取得了不小的进展。学校一直以来坚持带领各学科教师摸索独具特色的单元统整方法,语文、数学、英语、音乐、体育、美术、信息科技、科学八大学科教师利用组内教研针对单元统整教学内容、教学策略以及教学评价等进行讨论。众人拾柴火焰高,在开展组内教研活动时,大家献言献策,各抒己见,针对性强,有利于继续加强单元统整教学研究,积极探寻有效策略,教学因此变得高效。

语文、英语教师以教科书的主题单元为依托,围绕学科核心知识、课程资源、生活情境、学生实际等方面的情况,统整学科学习资源,设计练习和综合实践活动。每个年级确定本学期重点研究的单元教学主题,例如语文学科,三年级的"歌颂春天篇"、五年级的"带你领略世界各地篇"、六年级的"写景记叙文壮丽山河篇";英语学科,二年级的"Talking about activities"、三年级的"Changes around us"、五年级的"Making a plan for my trip"、六年级的"Wonderful holiday"。2021年11月,青岛超银小学的中国英语阅读教育研究院"十三五"规划专项课题"绘本阅读教学与主教材融合的教学研究"子课题"基于英语学习活动观的小学英语绘本阅读教学与主教材融合的课例研究"成功结题。该课题成功立项以来,在青岛超银小学校长戚燕冰的主持下,课题组成员严格遵守《全国教育科学规划课题管理办法》的有关规定,在青岛大学外语学院专家教授和教研员的大力指导和协助下,高标准、高质量地开展了为期两年的课题研究。总课题组的专家对我校子课题的研究给予了充分的肯定,颁发了课题结题证书。

数学教师按照各年级学生年龄的特点以及学科知识、结构的特点,将适合单元整体教学的内容进行统整,重点加大"100以内数的认识""万以内数的加减法""两、三位数除以一位数""小数加减法""分数加减法""比例尺"等主题的研究与实施。

音乐、美术教师围绕发现身边的美造型表现、让色彩动起来、打击乐器的应用、合唱歌曲赏析等主题进行单元统整教学,力求在实践中探索,在探索中提高，努力提升学校艺术教育教学质量，提高学生的艺术综合素养。

体育教师选取"五步拳"作为单元统整教学的重点研究内容，以直观教学为主，引导学生自主学习，为接下来的武术学习打下基础，让学生初步了解祖国的传统体育文化，培养了学生的爱国精神。

信息科技教师主要是以项目开展为单位进行单元统整，如四年级 LOGO 语言的学习，以项目"春天的图画"为主题进行单元统整。

科学教师主要是以主题形式将相关内容作为一个单元进行统整，如五年级第二单元以"我们怎么看到物体"为主题，引导学生借助已有的生活经验，进行科学探究，从中提升发现并解决问题的能力。

各学科的单元统整教学研究成果将通过校级公开课进行展示，通过展示、交流，各个学科实现互促、提升。例如，数学组通过公开课的形式进行例课展示，学校邀请青岛市市北区教育发展研究中心数学教研员丁老师莅临学校指导单元整体教学研究。丁老师、校领导和学校其他教师一起围绕"深耕单元整体教学扎实打造高效课堂"这一目标任务，展开了热烈的讨论。首先，在评课环节中，丁老师肯定了两位教师在教学过程中围绕学校的研究课题确定教学目标，能够抓住重难点知识，实施有效的教学策略，师生互动和谐有效，同时肯定了单元整体教学的高效性，了解了学校数学组在单元教学过程中的收获与实施情况。丁老师还指出，单元整体教学主要分为知识结构相同的统整和知识结构不同的统整，知识结构不同的学习内容主要是针对方法的统整，注重对学生数学素养和数学观念的培养。另外，丁老师建议应加强对学生数学阅读能力的培养，引导学生发现生活中的数学，从而构建良好的数学思维。通过研讨，围绕"深耕单元整体教学 扎实打造高效课堂"这一目标任务，教师进行了扎实深入的研磨，找差距，寻方法，定措施，打开思路，在不断改进中提升课堂教学效率。

除此之外，学校还立足单元统整教学，以"主体、协同、对话、让学习真实发生"为主题，开展教师论坛。各学科老师从不同学段、不同题材、不同角度出发，讨论单元统整教学下，如何让学生的课堂学习成为一个"审问、慎思、明辨、决断"的思维碰撞与发展的过程。例如六年级语文组老师围绕"双线融合"的单元语文教学思考展开研讨，聚焦人文主题与语用要素，阐述了教师引导与学生思考的协同关系。科学组老师以"单元统整教学"为主题，深入研究和理解教材,根据对教学内容的理解和学情的把握,对教学内容进行分析、整合和重组。教师在进行教学设计时,纵观全单元的教学内容的实质内涵,梳理知识体系,不断优化教学设计,更加有效地开展单元整体教学。

第二节 语文学科的项目式学习

语言文字是人类社会最重要的交际工具和信息载体,是人类文化的重要组成部分。语言文字的运用包括生活、工作和学习中的听说读写活动以及文学活动,存在于人类社会的各个领域。

语文学习既具有明显的学科性,又具有综合性和实践性。在部编版教材双线组元基础上,立足语文课程核心素养,以高阶思维整合语文大纲目标、任务、情境与内容,形成一个"大单元"教学,成为语文教学的发展趋势。语文课程结构应遵循学生身心发展规律和核心素养形成的内在逻辑,以生活为基础,以语文实践活动为主线,以学习主题为引领,以学习任务为载体,整合学习内容、情境、方法和资源等要素设计语文项目式学习。项目式学习的安排应注重整体规划,根据学段特征,突出不同学段学生核心素养发展的需求,体现连贯性和适应性。项目式教学改变了传统教学线性、规划、被动、肤浅的特征,让学生的语文学习具有一种开放、多元、主动、深度的特质。项目式教学是语文教学的新常态实践,是提升学生语文学习力的重要路径。

《义务教育语文课程标准(2022年版)》中提出,语文学习应从学生语文生活实际出发,创设丰富多样的学习情境,设计富有挑战性的学习任务,激发学生的好奇心、想象力、求知欲,促进学生自主、合作、探究学习;引导学生注重积累,勤于思考,乐于实践,勇于探索,养成良好的学习习惯;关注个体差异和不同的学习需求,鼓励自主阅读、自由表达;注重阅读引导,培养读书兴趣,提高读书品位,倡导少做题、多读书、好读书、读好书、读整本书;充分发挥现代信息技术的支持作用,拓展语文学习空间,提高语文学习能力。

基于以上要素,学校在语文学科学习中开展了"童年博物馆"和"美好的心愿"项目式学习,旨在通过项目式学习让学生不仅达成知识目标的掌握,而且在技能、态度以及行动力方面都得到锻炼与提升，不断提高自主学习的内驱力，从而提升语文学习力。

一、5分项目谋划

确定知识、技能、素养目标→设计驱动性问题→设计核心任务→设计教学策略→确定评价标准。教师把握学生核心素养发展的基本规律，根据课程目标、课程内容和学业质量的要求，创造性地开展语文教学，充分发挥语文学科独特的育人功能；理解核心素养的内涵，全面把握语文教学的育人价值，突出文以载道、以文化人；把立德树人作为语文教学的根本任务，清晰、明确地体现教学目标的育人立意；引导学生在学习语言文字运用的过程中，逐步树立正确的世界观、人生观、价值观，体认和传承中华优秀传统文化、革命文化，积淀深厚的文化底蕴，增强文化自信。在教育教学过程中，教师综合考虑教材内容和学生情况，设计不同类型的学习任务，依托学习任务整合学习情境、学习内容、学习方法和学习资源，安排连贯的语文实践活动；注重语文与生活的结合，注重听说读写的内在联系，追求语言、知识、技能和思想、情感、文化修养等多方面、多层次发展的综合效应。

二、4分项目实施

学生进行持续性探究→做好任务观察记录→尊重学生自发的探究行为→项目展示。项目的实施从学生语文生活实际出发，关注个体差异和不同的学习需求，注重学生语言文字运用能力、思维过程、审美情趣和价值立场，关注学生学习过程和学习进步，积极利用网络资源平台拓展学习空间，丰富学习资源，整合多种媒介的学习内容，提供多层面、多角度的阅读、表达和交流的机会，促进师生在语文学习中的多元互动；支持学生开展自主、合作、探究性学习，为学生的个性化、创造性学习提供条件；发挥大数据优势，分析和诊断学生学业表现，优化教学，提供及时、准确的反馈和个性化指导。

三、1分项目复盘

学中思、做中思，以思导行，如切如磋，举一反三，以反思复盘积累优势经验，弥补短板漏洞。学生和教师反思学习、探究和项目活动的有效性、学生工作的质量、出现的障碍和克服这些障碍的策略,并对反思结果进行反馈与应用,从而改进研究过程和成果。

项目实例
——美好的心愿

基本信息

▶ **项目由来**

语文学习任务群是语文课程改革的创新性理念,是突破学科育人困境的重要载体。任务群思想引领下的大单元教学设计要站在育人的高度,凝练单元主题,整合目标内容,解决"只见工具,不见人文"的问题;要设计具有真实意义的情境任务,建立学生、语文与生活的联系,解决"学用疏离"的问题;要设计以学习为主线的实践活动,支持学生创造性学习,解决"灌输式、模式化"等教学问题;要探索以具体情境为载体、以典型任务为内容的测评方式,解决"学科知识覆盖型"的评价问题。在这一思想的指导下,我们尝试以统编版小学语文教材一年级下册第二单元为例,设计单元统整教学。

▶ **项目名称**　美好的心愿

▶ **实施年级**　一年级

▶ **涉及学科**　语文、美术、音乐

▶ **项目描述**

本单元围绕"心愿"这一主题编排了《吃水不忘挖井人》《我多想去看看》《一个接一个》《四个太阳》四篇课文。这些课文题材丰富、语言浅显、节奏明快,所描述的内容能唤起学生情感上的共鸣,激发学生对外面世界的向往,培养积极向上的生活态度。语文园地二中设计了"识字加油站"(关于数量词的学习)、"字词句运用"(独体字加部件构成新字)、"展示台"(从其他学科中学到的生字)、"日积月累"(古诗《春晓》)以及"和大人一起读"《阳光》等教学环节。依据"大单元"教学理念,结合本单元语文要素,我们将原有单元主题"心愿",迭代为"美好的心愿"。相比原来的主题,"美好的心愿"能更好地引导学生树立正确的价值观,培养积极向上的生活态度。

在明晰单元主题之后,教师对本单元学习内容进行了如下调整:将学习内容置于以"心愿"为线索的不同情境中进行,设计了心愿交流台、心愿故事屋、心愿画室、心愿展览会等环节;基于内容间的衔接关系(课文1、课文2、课文4都旨在表达美好的心愿,而课文3内容则是在短暂的心愿无法实现时,应保持乐观心态,在现实中寻找快乐),将学习顺序调整为课文1、课文2、课文4、"和大人一起读"、课文3;同时,将语文园地二的学习内容分解到不同的学习任务中。如将"识字加油站"中对数量词的学习,与课文《吃水不忘挖井人》里的数量词学习相结合;将"字词句运用"中的独体字加部件构成新字,与课文《我多想去看看》中的生字学习相结合;将"展示台"中对学科生字词语的认识,与课文《一个接一个》结合;将"和大人一起读"《阳光》与课文《四个太阳》的学习相结合。同时,教师根据单元主题适当拓展与本单元主题和学习内容相关的民谣、歌曲、诗歌等,实现跨学科融合。

▶ **学习情境创设**

在心愿交流台这一情境下,让学生基于原有认知,自由交流分享自己的心愿,并记录下来。在心愿故事屋这一情境下,让学生通过多种方式收集革命年代的故事,通过交流分享,了解时代背景,从而理解"吃水不忘挖井人,时刻想念毛主席"这句话所蕴含的深刻情感,体会幸福生活的来之不易,学会珍惜当下,时刻怀有感恩之心。将课文《吃水不忘挖井人》《我多想去看看》以故事的形式融入情境,在情境中运用多种方法让学生掌握学习内容,以学生为中心,设计趣味十足的游戏巩固生字词的学习;让学生自主交流识字方法,掌握独体字加偏旁组成新字的识字方法;利用生活环境找出数量词和偏正短语,互相评价纠正,掌握不同的事物要对应恰当的量词,要用恰当的形容词修饰。同时,在此情境下要进行课文4《四个太阳》的初读,让学生对美好心愿有一个整体感知。再次回到心愿交流台,让学生对心愿故事屋了解到的心愿做出评价,找出共同点,得出什么是"美好的心愿"的结论。在此基础上,让学生对自己原有的心愿进行迭代,得出结论:美好的心愿是对美好生活的追求与向往,让我们对生活和学习有新的动力,所有有积极意义的心愿,都算是美好的心愿。将迭代后的心愿以"我多想……"的形式记录下来,呼应课文2的课后题。然后,走进情境心愿画室,对课文3进行更深一步的学习。结合《阳光》一文,让学生体会阳光的美好与宝贵,学习歌曲《种太阳》,再画一画自己的太阳,并仿照课文说一说。最后,让学生走进心愿展览会,用自己喜欢的方式将自己的心愿呈现出来,通过朗诵、小短文、儿童诗、绘画、情景剧等形式,形成班级特有的"心愿诗集""心愿画册""心愿剧场"等,收入到班级的心愿博物馆中。

四个情境在"心愿"这一线索的统领下,按照交流、聆听、迭代、表达的线索设计,既相互独立,又互有关联。

5 分项目谋划

▶ 确定知识技能素养目标

1. 知识目标

(1)认识56个生字和5个偏旁,读准1个多音字,会写27个字和3个笔画。

(2)正确朗读课文,读准字音,能读好带有感叹号的句子。

(3)积累词语,鼓励学生将学到的词语用于表达中。

(4)读懂课文,能提取明显信息,乐于和小伙伴交流阅读感受。

(5)学习一组数量短语。

2. 技能素养目标

(1)复习巩固《汉语拼音字母表》,能将大小写字母一一对应。

(2)通过练习独体字加部件成为新字,巩固已学的字。

(3)展示从其他学科中学到的生字,激发自主识字的兴趣。

(4)朗读、背诵古诗《春晓》。

(5)和大人一起读《阳光》,感受阳光的美好与宝贵。

(6)感受美好心愿,了解革命传统故事,激发对革命领袖的敬爱之情。

▶ 设计驱动性问题

核心驱动问题:我们该如何确立并表达美好的心愿?

问题一:你的心愿是什么?

问题二:故事中主人公的心愿分别是什么?

问题三:什么是美好的心愿?

问题四:我们如何表达美好的心愿?

▶ **设计核心任务**

核心任务：心愿博物馆。

任务一：心愿交流台。

任务二：心愿故事屋。

任务三：心愿画室。

任务四：心愿展览会。

▶ **教学策略**

1. 情境教学策略

情境教学是指在教学过程中为了达到既定教学目的，从教学需要出发，运用技术手段创设或还原教学内容所展示的情境，以增强教学效果、提高教学效率。

情境教学模式：创设情境→获得体验→引发思考（→分析→探究→应用）。

创设情境：在心愿交流台中交流自己的心愿；在心愿故事屋中听领袖和其他人的故事，感受别人的心愿，对"美好的心愿"有初步感知；回到心愿交流台，交流讨论什么是"美好的心愿"，得出结论，并迭代自己的心愿；进入心愿画室，画下代表自己心愿的太阳，并仿照课文说一说；举行心愿展览会，以多种方式表达自己的心愿，使情境教学贯穿始终。

获得体验：在初次交流中，自由地表达自己的心愿；在读读、听听中，感受别人的心愿；在说说、写写、画画中，表达自己的心愿；在游戏中，不知不觉习得并巩固知识；在学习情境中，获得感受美好、向往美好、拥有乐观心态的情感体验。

引发思考：感知教学内容，理解教学内容；通过讨论中的思维碰撞，反思并完善自己的心愿，引起思维模式的转变；学会感受美好。

2. 启发式教学策略

以学生为中心，让学生在学习过程中自始至终处于主动地位，去发现、去探索，从中找出解决问题的方法，教师只是从旁边加以点拨，起指导和促进作用。

启发式教学模式：准备→诱发→释疑→转化→应用。

准备：让学生自由交流自己的心愿；师生分享各自搜集的关于领袖的故事，以达到对故事发生的时代背景有大概的认识；了解课文中小朋友们的心愿。

诱发：你的心愿与领袖和小朋友们的心愿有什么相似之处？又有何不同？评价一下。

释疑：互相评价对方或课文中人物的心愿，并说明理由。通过不断交流，产生思维碰撞，感知什么样的心愿是"美好的心愿"。

转化与应用：今天的你，有什么美好的心愿？结合"我多想……"和"画太阳……"等多种方式表达自己的心愿。

▶ **确定评价标准**

大单元教学的评价方式发生了根本性的改变，不再是单一地对知识的掌握进行考察，而是走向了知识、技能及素养的多维度评价，是融入大单元整个学习过程中的立体式评价。

评价形式多样化：学生将本单元阅读课文录音或视频上传，采取自评与互评相结合的评价方式；将本单元生字词等基础知识，以游戏形式让学生在各自的电子设备上完成（或以游戏闯关的形式完成）；通过心愿展览会活动，与他人交流心愿并对他人的心愿做出鼓励性评价，考查学生的口语表达能力、倾听能力、评价能力以及初步的书面表达能力。

评价主体多元化：通过前期学习，在画太阳这一环节，学生可以自己设计版面，画出自己的太阳，并配以文字说明。将学生作品展示在班级文化墙或走廊文化墙上，请学校里的老师、同学或入校的家长以盖章、贴画等形式点评。

评价内容系统化：阅读绘本《蓝狐狸的美好心愿》并完成阅读任务单。任务单包含多种形式的题目，如选择、连线、判断、填空，考查学生词语积累、迁移运用、提取信息、理解文本等多方面的能力。

4 分项目实施

▶ **实施过程——学生进行持续性探究**

· 环节一　开展心愿交流会

交流分享自己的心愿，用心倾听他人的心愿，并将自己的心愿简单清楚地记录下来。

· 环节二　走进心愿故事屋

分享各自查阅的革命故事、领袖故事，对时代背景有清晰的认识。

·环节三　自主合作探究字词

在心愿故事屋情境下学习《吃水不忘挖井人》，以学生为中心，通过自主合作探究的学习方式学习生字词，并通过趣味十足的游戏巩固基础知识；通过游戏对基础知识的掌握进行测评；结合生活经验，学习量词的运用，与语文园地二的第一部分相结合；运用多种形式的朗读，以读促悟，从而理解"吃水不忘挖井人，时刻想念毛主席"这句话所蕴含的深刻情感，体会领袖和乡亲们的美好心愿。

·环节四　结合旧知巩固新知

在心愿故事屋情境下学习《我多想去看看》，以学生为中心，结合以往认知，以多种形式认字，重点巩固独体字加偏旁可以构成新字的方法，与语文园地二第二部分相结合，并通过趣味十足的游戏巩固基础知识；结合生活实际，学习偏正短语的使用；通过游戏对基础知识的掌握进行测评；通过多种形式的朗读，以读促悟，体会两个小朋友的美好愿望。

·环节五　争当小老师

在心愿故事屋情境下学习《四个太阳》，放手让学生自己学习。让学生争当小老师，仿照老师日常上课流程，轮流讲解生字词等基础知识，通过游戏对基础知识的掌握进行测评；通过多种形式的朗读，以读促悟，体会小画家美好的愿望；与"和大人一起读"《阳光》相结合，师生共读，感受阳光的美好与珍贵。

·环节六　对比愿望

返回心愿交流台情境，对比自己最初的愿望与领袖和小朋友们的愿望有什么不同，互相评价交流，得出结论：美好的心愿是对美好生活的追求与向往，让我们对生活和学习有新的动力，所有有积极意义的心愿，都算是美好的心愿。

·环节七　走进心愿画室

画出你心中的太阳，并仿照课文配以文字说明。先在教室内交流分享，生生互评，然后张贴在班级文化墙或走廊文化墙上，邀请更多同学、老师和家长以盖章、贴画等形式参与点评。

·环节八　完成阅读任务单

共同阅读绘本《蓝狐狸的美好心愿》并完成阅读任务单。任务单包含多种形式的题目，如选择、连线、判断、填空，考查学生词语积累、迁移运用、提取信息、理解文本等多方面能力。老师对任务单进行评价。

- 环节九 交流讨论

返回心愿故事屋,让学生讨论,愿望能实现固然很美好,但不可能所有的愿望都能实现,当愿望无法实现的时候,又该如何面对。学习课文3《一个接一个》,以学生为中心,通过自主合作探究的学习方式学习生字词,并通过趣味十足的游戏巩固基础知识;对基础知识的掌握情况进行测评。通过角色扮演,读出小女孩心情的转变,感受小女孩每当愿望落空的时候,心态由消极迅速转为乐观,学习她从生活中找寻乐趣的乐观向上的生活态度。

- 环节十 为心愿展览会做准备

以学生为主,以思维导图、知识树等形式自主梳理本单元的学习内容,完善自己的愿望,构思如何将所学知识与最终任务结合起来,用自己喜欢的方式顺畅、完整地将自己的愿望表达出来。

- 环节十一 筹备心愿展览会

开始制作自己的愿望。

- 环节十二 开展心愿展览会

班内交流分享自己的愿望,生生互评,教师做出鼓励性评价。

- 环节十三 整理愿望

形成"心愿诗集""心愿画册""心愿剧场"等材料,最终建成班级心愿博物馆。

▶ **任务观察**

观察学生是否能在学习活动中潜移默化地理解和掌握学习内容;观察学生是否能主动积极参与课堂,并将生活经验带进课堂,与学习内容发生联系,最终产生新的认识,丰富原有的生活经验;观察学生是否能在自由表达的情境中,实现语言的建构与运用;观察学生是否能在思维碰撞中,对美好的心愿有进一步的认识,树立正确的三观。

▶ **学生自发的探究行为**

学生带着课前任务通过查阅书籍、网络等多种方式探究故事发生的时代背景,收集领袖的故事;学生在与同学的交流互动中,锻炼了自己的倾听能力、表达能力和评价能力,发生思维碰撞,逐渐完善对"美好的心愿"的感知,重塑自己的思维模式;在汇报过程中,学生能够运用自己喜欢的方式顺畅、完整地将整个项目式学习过程的知识进行衔接，完成自己心愿的表达。

▶ 项目展示

心愿展览会的召开。

班级心愿博物馆的建立。

1分项目复盘

▶ 复盘与反思

学生能根据"心愿"线索和四大情境理清学习过程，基本掌握教学内容，训练口语表达能力、倾听能力、评价能力以及初步的书面表达能力。

纵观整个教学过程，对于学生"提取明显信息能力"的训练不够充分。如何更好地达成这一教学目标，还需进一步研究。

在故事分享会情境下，纵然有情境支撑，但三篇课文的教学还是过于独立，再次进行教学设计时，是否可以尝试打破逐课教学，将课文1、课文2、课文4分为两大部分：一部分是对于故事内容的了解，集中进行并体会美好的心愿；第二部分是知识的学习，集中进行生字词、量词、偏正短语等内容的学习。

第三节 数学学科的项目式学习

数学是一门系统性极强的学科，各个知识点之间有着密切的联系和承接。也就是说，学生在每个阶段所学习的知识只是数学知识体系上某个环节中的某个知识层面。因此，在学习一个知识点时，可以把它与以往学生所学的有关知识进行适度整合，在唤起旧知的基础上学习新知，以更好地掌握新知，在学习新知的基础上巩固旧知，达到温故而知新。因此，要实现小学数学学科的项目式学习就必须做好教材的深度解读，从而能够较准确地挖掘教材资源。

1. 数学学科的项目式学习有助于提升学生的学习兴趣和积极性

开展小学数学学科的项目式学习，帮助学生在学习的过程当中，充分了解单元整体教学的意义和特点，发挥主观能动性进行自主学习，提高自身数学素养，能够对数学学习产生浓厚兴趣，并树立起良好的学习态度，有助于学生更好地面对今后所遇到的各种问题和挑战。

2. 数学学科的项目式学习有助于教师把握教学的整体性

开展小学数学学科的项目式学习,有助于提高教师对于教学整体性的把握能力,让教师改善自身的教学模式,通过创新教学方法让学生更好地适应数学的学习,使教师自身的教学质量得以提高,并且保障教学进程顺利开展。

3. 数学学科的项目式学习有助于学生建构完整的知识体系

在传统学习生活中,学生缺乏正确的学习方法,使得认知思维能力的提升和知识结构框架的建立与完善比较滞后,不能更好地运用这些知识解决日常生活中的数学难题。开展小学数学学科的项目式学习能让学生在学习过程中逐渐形成完整的学习认知体系,通过这样有效的方式提高自身的数学学习能力,运用好自身的数学知识,提高思维能力,解决日常生活当中的数学难题。

综上所述,统整理念下开展小学数学学科的项目式学习具有非常广泛的教学意义。在这个过程中,实现单元教学目标整体化,单元教学内容整体化,单元教学策略整体化,创设丰富有趣的教学情境,提高学生的学习积极性,运用小组合作学习机制,培养学生的团队合作精神和协作意识,从而培养学生的学习兴趣和积极性。

项目实例

——完美的图形"圆"

基本信息

▶ **项目由来**

随着科技的发展,出现了越来越多的交通工具。在探究各种交通工具时发现它们的特点,引入圆形的认识以及关于圆的知识。在此过程中,教材作为教学内容的载体,是教和学的重要依据。学生通过与教师之间的配合获得新的学习体验。

▶ **项目名称** 完美的图形——圆

▶ **实施年级** 六年级

▶ **涉及学科**　数学、美术

▶ **项目描述**

一堂好课的序幕，如同吸铁石，可以把学生牢牢地吸住，让学生迅速地进入角色课堂。教师展示从古到今的各种车辆，让学生找到共同点，从而引出圆形。通过让学生观察车轮是圆形的这一现象，提出"为什么设计成圆形"的问题，并且带着问题进入项目式学习，可以牢牢地抓住学生的心，激发学生的学习兴趣和情感，同时也能让学生感受到圆无处不在。

▶ **学习情境创设**

观察从古到今的各种交通工具，如古代的马车、推车，现代的自行车、摩托车、小汽车，交通工具的外观和性能都发生了很大变化，但唯有一点始终没有改变——它们的车轮都是圆形的。教师从"为什么车轮都圆形的"这一话题入手，让学生观察生活，从生活中得到结论。

5 分项目谋划

▶ **确定知识技能素养目标**

知识目标：通过项目式学习，学生能够熟练地掌握圆的周长和面积的计算方法，用圆的周长和面积的相关知识解决生活中的实际问题。

技能素养目标：经历系统整理圆的知识过程，借助结构网络图用归纳、概括、对比、想象的数学方法，解决生活中的实际问题。

核心素养目标：加强动手操作能力，提升自主探索能力，通过画圆养成由表及里、由浅入深的思维习惯。

▶ **设计驱动性问题**

为什么车轮设置成圆形？

▶ **设计核心任务**

通过合作探究得出车轮为什么是圆形的答案，深入了解圆形的特点。

▶ **教学策略**

1. 情境教学策略

利用青岛版数学教材提供的信息窗，为学生建立起贴近于生活的情境教学，促进了学生的联想与想象，开发了学生的潜在动机资源，促进了学生所学知识的有效迁移，提高了教学效率。

情境教学模式:创设情境→获得体验→引发思考→分析→探究→应用。

（1）创设情境。借助交通工具的变化和天坛、奥运会中心舞台等情境,克服学习内容的抽象性,促进学生理解和记忆的保持,诱导发散性思维的运用,有利于学习的强化和迁移。

（2）获得体验。在学习情境中获得与真实情境相同或相似的情感体验,包括愉悦的、成功的、幸福的心理体验,爱与被爱的体验,兴趣与动机的获得等。

（3）引发思考。感知、理解教学内容,或通过实验得出结论,或通过角色扮演发现新问题,或通过思维的转换,将经历过的模糊、疑难、矛盾和紊乱的思维情境整理为清晰、连贯、确定与和谐的思维情境。

2. 探究策略

本次项目式学习为学生设计了多个探究环节,让学生在研究圆的特点、圆的周长、圆的面积的过程中,通过主动参与,发展探索能力,获得理解客观世界的基础——科学概念,进而培养学生探究未知世界的积极态度。

探究策略的模式如下:提出问题→形成假说→制订方案→实施方案→分析论证→评价→交流与合作。

运用探究策略设计课堂教学,让学生参与学习活动。学生通过动手、动脑和自主的探究活动,学习数学规律和概念,了解方法、获取知识,并在这一过程中体验到学习数学的乐趣,提高学习兴趣,培养发现问题、解决问题的能力和勇于创新的意识。与此同时,个人之间、组与组之间的交流合作是十分重要的。因此,探究学习有利于培养学生的合作精神,而探究过程的评估环节则对学生养成善于对工作进行评估的良好习惯非常有益。

3. 归纳策略

在学生进行自主探究后,向学生呈现形成概念和定理的过程——圆的周长等于 πd,圆的面积等于 πr^2 等,有利于学生掌握科学方法及加深对知识的理解。

归纳策略的模式如下:演示(或列举)个别实例→进行归纳推理→实验(例)验证→概括得出结论。

首先,归纳策略是概念教学的有效手段,让学生通过对生活事实的观察和思考,对概念形成的来龙去脉有较深入的了解,必然会从本质上理解和把握它;其次,归纳策略也是激发学生学习动机的一种有效方式,课堂上大多数教学活动是采用实物演示或实例说明,多样化的活动很容易引起学生的兴趣和注意,从而使教学活动更加生动活泼。

4. 训练与练习策略

训练与练习策略的模式如下：提供示范→巩固练习→反馈迁移。

训练与练习策略作为一种在教学中比较常用的策略，对于陈述性知识的学习还是有一定效果的。通过练习可以使得学生巩固新知，发现问题，在课上及时解决问题，最终达到利用圆的知识熟练解决实际问题的效果。

▶ **确定评价标准**

知识性标准：结合生活实际通过观察、操作等活动，能够认识圆及其特征，认识半径、直径，能够理解同一圆内圆的这个关系，了解画圆的多种方法，会用圆规按要求画图。

探究过程标准：通过观察、操作、想象等活动，培养学生的自主探究意识、观察能力、动手操作能力、抽象概括能力和合作交流能力，增强空间观念。

合作成果标准：能够运用手中的工具画出完美的圆，能够绘制关于圆的思维导图。

4 分项目实施

▶ **实施过程——学生进行持续性探究**

• **环节一 问题导入**

利用课件展示从古到今的各种车辆，让学生找找有什么共同点，从而引出"圆形"。接着引导学生提出问题：轮子为什么设计成圆形的？带着问题走进圆的世界，去认识圆。这样一开始就牢牢抓住学生的心，激发学生的学习兴趣和情感需要，调动学生进一步探究学习的欲望，同时也让学生感受到圆无处不在，体现数学来源于生活。

• **环节二 活动领悟**

给学生充分活动的时间，使学生在实践和交流的过程中，领悟到画圆最关键的是定点、定长，体现了"做数学"的思想。

• **环节三 同桌合作**

自主探究、合作交流是新课改所倡导的重要学习方式，这一环节中，学生通过与同桌合作，用画、量、比等具体操作活动，探索并发现圆的特征。动手操作的过程,使学生不仅学得生动活泼,而且对所学知识理解得更深刻,最后通过全班汇报交流,进一步完善了自己的知识和方法,对圆的特征有进一步的认识。

•环节四 文化迁移

用课件向学生展示墨子的"一中同长也",扩展学生的知识面,让他们感受到数学文化历史的厚重,体会到数学的文化魅力。学生讨论为什么车轮要制作成圆形,解决了课前提出的问题,进一步加深了对圆的认识。

•环节五 走进生活

学生直观地感受到直线图形与曲线图形的密切联系。通过"在长方形的纸的中间画出一个最大的圆"这一问题,有意识地让学生带着数学知识走出书本、走进生活,一方面可以将所学的知识进行拓展、延伸,另一方面能将学生学习的积极因素延伸到课后、生活中,促使学生养成良好的问题意识、数学意识,进而培养创新意识,也可以继续激发学生学习的兴趣,培养良好的学习情感。

•环节六 引导猜想

引导学生进行两次猜想。一是猜想圆的周长与什么有关,通过直觉观察引发;二是猜想圆的周长与直径有什么关系。学生在猜想的过程中,体会猜想是合情的、有依据的。在这一过程中新旧知识发生碰撞,思维会有很大的跳跃,能提高数感,发展推理能力,体现德育纲要提出的"培养学生认真严谨的学习态度"。

•环节七 发现规律

在探索周长和直径关系的活动中,教师要选择适当的形式和素材充分放手让学生自主探索。动手操作,是学生发现规律和获取数学思想的重要途径。学生在参与观察、实验、猜想、验证、总结等数学活动中,能发展推理能力并清晰地表达自己的想法,发现规律。教师通过让学生了解圆周率的由来,培养学生的爱国情感和民族自豪感。

•环节八 解决问题

在解决问题环节,再次回到了天坛公园这一情境,体现了情境串教学法独特的教学优势。数学虽然抽象,但它来源于实际生活,并与实际生活息息相关。数学从生活中来,又回归于生活,最终服务于生活。学生在解决问题的过程中深深地体会了数学与生活的密切联系。

•环节九　创设情境

创设奥运会情境，一方面能很好地引发学生对圆面积研究的强烈愿望，另一方面能激发学生的爱国情怀。在圆的面积的认识这一环节，学生基于以往的经验，会很容易想到"圆的面积是圆所占平面的大小"，所以此处的设计比较简单。

•环节十　梳理思路

"学生不是空着脑袋进课堂的。"在以往的学习中，学生已经多次接触过"将没学过的问题转化成学过的问题来解决"的转化思想，所以对于"圆的面积"的求解一定会有些模糊的初步想法。教师此处放手让学生自己动手尝试，将自己的设想付诸实践，在此过程中逐步清晰"转化"的思路，同时也能感受到"圆的面积"与以往所学的平面图形面积的不同，聚焦难点，激发进一步研究的愿望。

•环节十一　拓展思维

学生在转化中自然想到与以往熟悉的正方形进行联系，通过比较确定圆的面积范围是"比外切正方形小，比内接正方形大，在两者之间"；之后，借助课件展示和想象，进一步渗透"割得越多，多边形边数越多，越接近圆的面积"的极限思想。

•环节十二　点拨指导

本节课中圆形面积的转化对学生来说有一定的难度。借助以往的经验转化后学生会发现不论是转化为正方形还是转化成三角形都有一部分难以处理的弓形面积。此时学生会不知所措，需要教师进一步点拨指导。以问题"是不是随便转化，有没有一定的依据""圆的面积可能与什么有关"驱动，引导学生主动将转化的活动与探求面积计算方法的目的结合起来，主动联系半径的重要作用，有据转化，进一步发展学生的转化思想，提高学生的逻辑思维能力。

•环节十三　验证猜想

极限思想的渗透是本节课的重要内容。以问题"现在的剪法能转化成想要的图形吗？能接近想要的图形吗？还能更接近吗？"引发学生思考，这样学生在操作活动中，边做边思，边想象边进一步尝试，认识到"剪的份数越多，拼成的图形越接近标准的长方形"。借助直观课件演示将抽象的问题直观呈现给学生，通过提问"观察图形发生了怎样的变化"使学生发现"弧线越来越不明显""拼成的图形越来越接近长方形",从而验证猜想,再一次发展极限思想,学生的空间观念也得到发展。

　　•环节十四　总结归纳

　　在经历了观察、操作、想象、推理、归纳、应用等多种方式的探索后,对学生进行圆的面积研究发展历史的讲解,有助于学生从中找到"自己的数学"与数学知识之间的联系,认识向理论层次发展。同时,培养学生的民族自豪感和开放看世界的情怀。

▶ 任务观察

1. 能力型任务观察

　　(1)知识层面,教师观察学生是否能够直观地感受到直线图形与曲线图形的密切联系,是否能够通过画、量、比等具体的操作活动,探索并发现圆的一些特征。

　　(2)能力层面,在整个项目式学习过程中,教师观察学生是否能够通过独立思考、操作、想象等活动,获得关于圆的知识,观察学生的自主探究意识、观察能力、动手操作能力、抽象概括能力和合作交流能力、空间观念等是否能够展现在学习中。

2. 情感态度任务观察

　　观察学生是否能够有意识地带着数学知识走进生活,能够将所学的知识进行拓展延伸,能够将学习中的积极因素延伸到课后、生活中,可以促使学生养成良好的问题意识,进而培养学生的创新意识,也可以继续激发学生学习的兴趣,培养好的学习习惯以及学习的情感。

▶ 学生自发的探究行为

　　在提出问题"为什么车轮都是圆形"后,学生能够带着问题走进圆的世界去自主认识圆;在小组合作和自主探究过程中,学生能够利用细绳、铅笔和图钉三种工具或者纸片、铅笔和图钉三种工具画圆;在交流的过程中,学生能够感知到用这种方法画好圆的关键是什么,能够自主地总结交流画圆的重点,并且能够推动下一步用圆规画圆的方法,清楚表达出简单画法。

　　在合作探讨圆的特点过程中,部分学生认为有一些直线围成的图形叫直线图形,圆没有线段,所以是曲线图形,曲线图形跟其他的直线图形没有任何关系,从而产生质疑,寻找圆中的线段,进行合作探究确定出对研究圆有帮助的线,推动进一步探究圆的半径、直径的知识,并且发现半径、直径的特点以及它们之间的关系。

在汇报过程中,学生能够顺畅、完整地将整个项目式学习过程的知识进行衔接,绘制思维导图;能够通过各种工具和方法获得完美圆形的图片;还能够用清晰、完整、简练的语言大胆地表达自己的想法,遇到质疑能够进行探究、合作,从而推动知识的再创造。

▶ 项目展示

知识性展示:根据项目式学习的整体过程,绘制关于圆的知识的思维导图。

探究性展示:在探究过程中利用手中的工具画圆,进行图形展示。

1 分项目复盘

▶ 复盘与反思

1. 教师反思

项目式学习目标明确,指导思想端正,教师始终处在指导的地位,学生始终处在主体地位。在教师的指导下,学生自主学习。根据学生已有的知识(初步认识圆)与思维特点(具体形象——表象——抽象)和认知规律,学生自己操作(折、量、画、观察、讨论)和发现,自己总结;在探索中分别认识圆心、半径、直径,通过分析比较总结出直径与半径的关系,从而完成对圆的整体认识。在探究过程中遵循学生的认知规律,充分调动学生的积极性,促进了学生思维的发展和能力的形成。

2. 学生反馈

通过本次项目式学习,我们收获了关于圆的知识,在探究过程中我们能够提出质疑,感受到了数学知识的抽象性。我们通过动手操作,认识了圆的各部分名称,理解了圆的特征。在探究圆的画法时,我们进行了折一折、指一指、比一比、量一量等动手实践活动。在汇报圆的认识时,老师注重给我们创设空间,注意引导我们积极体验,自己产生问题意识,自主去探究、尝试,总结,从而主动获取知识。

第四节　英语学科的项目式学习

项目式学习以培养创造性问题解决能力为导向,聚焦学生学习方式的变革。英语学科的项目式学习旨在聚焦英语学科核心素养,研究深度学习,致力于项目式学习在英语课堂教学中的常态化应用。(如图 3-1 所示)

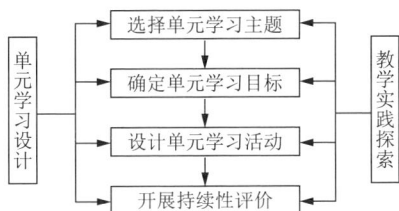

图 3-1　英语项目式学习常态化应用

让项目式学习在英语课堂教学中真实发生,帮助学生学会发现问题、解决问题,培养学生之间的合作精神,并使学生学会构建语言知识框架、提高语用能力,从而培养学生的核心素养,这是英语项目式学习的目标。

对于英语项目式学习整合单元教学,我们需要选择某一单元,让学生围绕着驱动性任务展开问题解决式的实践活动,在解决问题的过程中获得知识,同时掌握解决问题的基本方法。我们将开发过程划为五个阶段:项目单元的选择及对整个项目的教师本体探究、项目的拆解、设计探究活动、实施与评价、修改与完善,其相互关系如图 3-2 所示。

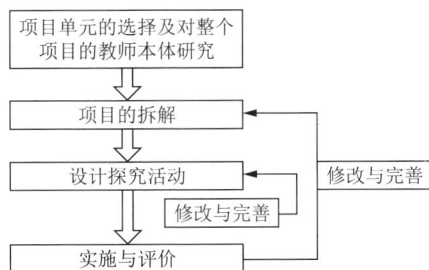

图 3-2　英语项目式单元教学开发过程

项目实例

——Live on the Earth

基本信息

▶ 项目由来

自 2019 年底疫情暴发以来，已经不知不觉有两年多时间了。学生需要深刻认识到人类与自然和谐共处的重要性，从小学会与自然相处，敬畏自然，保护自然。

▶ 项目名称　Live on the Earth

▶ 实施年级　一、二年级

▶ 涉及学科　英语、科学、美术

▶ 项目描述

结合低年级学生的认知特点，我们决定进行人与自然的项目式学习，让学生从小学会与自然相处，敬畏自然，保护自然，弘扬人文主义精神，赋予地球小主人新意义。在学习当中，提升学生搜集和整合信息资料的能力，理解和思维能力，书写和创新能力，审美、合作和动手操作的能力，激发学生对环境保护的意识。

▶ 学习情境创设

本次项目式学习主题为"人与自然"，但"地球"一词对低年级的小学生而言比较抽象，不易理解。结合低年级学生的心智发展水平，教师将本次英语项目单元主题确定为"Circle Time Lessons"。确定其为项目单元主题的目的有两点：一是使学生明白地球并不是完全抽象的概念，而是与我们的日常生活密切相关；二是使学生深刻认识到人类与自然和谐相处的重要性，激发学生兴趣并引发思考"地球是什么""陆地和海洋分别是什么"等问题。教师设计了由主题生发出的系列内容，从而进一步确定驱动性问题和系列任务。

5 分项目谋划

▶ 确定知识技能素养目标

本次项目单元通过由浅入深地学习人与自然,旨在让学生整体实现对项目核心概念的掌握。通过设置的一系列学习环节,学生从感知到理解,从理解到探究,最后到应用,最终把对核心概念的理解反映到项目作品中。

本次项目单元的目标设计以保护自然、培养学生环保意识为出发点,从语言能力、学科整合与关键素养三个维度来陈述。

1. 语言能力

根据《义务教育英语课程标准(2022 年版)》的要求,英语学科的核心素养包括语言能力、文化意识、思维品质和学习能力四个要素。其中,在语言能力方面,学生能借助各种资源运用相应单词和句型进行合理的表达,并在小组共同努力下完成海报的制作;在文化意识方面,学生能弘扬环境保护、爱护地球的人文主义精神,提升地球公民素养,同时对地球形成深度理解,具备强烈的保护意识和责任感;在学习能力方面,学生能借助教师提供的感观形象发展理解和联想记忆学习内容的认知策略,同时能利用多种渠道合理收集与选择信息。

2. 学科整合

考虑到本项目单元的主题和情感态度目标,教师认为教学内容应在掌握有关自然的英语表达的基础上结合小学科学、美术的相关内容,在社会生活场景的学习中渗透保护环境、爱护地球的思想。因此,学生在本次项目单元的学习中不仅能掌握有关英语的核心表达,还能在此基础上提高道德素养和环保意识,符合当前我国对小学生道德修养的重视。

3. 关键素养

本文所说的关键素养指的是学生在学习过程中发展的社会性能力与学习能力。在社会性能力上,学生通过本次项目单元学习主要发展小组合作与沟通能力。在学习能力上,学生主要发展综合语言运用与表达能力、自主学习与探究、问题解决能力。

▶ 设计驱动性问题

What is the Earth? What are the ocean and the land?

▶ **设计核心任务**

To know how to help the Earth and protect the environment.

▶ **教学策略**

确定项目单元主题

精选项目单元内容

创设项目单元情境

设计驱动性问题

开展项目单元活动

设计项目单元评价

▶ **确定评价标准**

项目单元评价渗透在学习过程的各个环节中。它主要包括学习过程评价、学习成果评价以及组内评价、个人评价。教师主要采取评价表和证书的形式对学生进行全面评估。根据《项目学习教师指南》提供的评价表和李克特量表，教师设计了三种项目单元评价表：学生自我评价表、小组评价表和项目单元成果评价表。其中，评价等级以星号形式呈现，共三颗星，一颗星代表"没有达成"，两颗星代表"基本达成"，三颗星代表"全部达成"。

4 分项目实施

▶ **实施过程——学生进行持续性探究**

· **Day 1   What is Earth?**

第一天的学习任务是认识地球，用照片来谈论这个星球，认识陆地和海洋。

· **Day 2   Take a Poll.**

第二天的学习任务：针对三个问题，进行名义调查，让学生更好地认知地球和宇宙。

问题 1：Have you ever been to the Ocean?

问题 2：Which can you do to help Earth?

问题 3：Which is your favorite Planet?

· **Day 3   Land or Sea?**

第三天，认识陆地和海洋，将生物分成两类，认识陆生动物和水生动物。

- **Day 4　Care for the Oceans**

第四天,保护海洋,完成水污染的实验并学会歌曲《Clean Water Song》。

水污染的实验怎么做呢?

(1)找一个干净的瓶子装上干净的水。

(2)在里面装一些垃圾和脏土。

(3)问一问学生,让学生预测会发生什么。

(4)观察几天,看看水的变化。

这一天还需要完成一首歌的学习,利用《London Bridge》的曲调来唱就可以,朗朗上口。

- **Day 5　Recycle**

学会可回收的相关信息,认识不同回收标识,并将不同类别的物品正确地分类。

- **Day 6　Photo Talk**

利用真实的照片来吸引学生,让学生更好地感知环境污染。让学生讨论每一张照片,比如,你看到了什么,发什么了什么,这对地球好不好,你看到这张照片有什么感受。

- **Day 7　Good for the Earth**

第七天,判断什么是对地球好的行为。

让学生以表格的形式,列出对地球有好处的行为和有坏处的行为,并利用真实生活中的案例来解释。利用素材提供的图片,把学生的 idea 填写到表中。

- **Day 8　Planet Hero**

(1)让学生明白可以通过什么行为成为地球英雄。

(2)在家里/教室里制作一个回收桶,制定回收条件。

(3)给学生展示离开房间的时候关灯。

(4)解释做这些事情对地球有什么帮助。

(5)学唱《Planet Hero》,歌词用到学生自己的创新 idea。

▶ **任务观察**

1. 语言知识层面

教师观察学生通过由具体形象过渡到抽象的核心概念 "Earth",能较容易地理解核心意思。能力层面,在整个项目式学习过程中,教师观察学生是否能够通过独立思考、操作、想象等活动,独立完成海报的制作,观察学生的自主探究意识、观察能力、动手操作能力、抽象概括能力和合作交流能力等是否能够展现。

2. 情感态度层面

教师观察学生能否弘扬环境保护、爱护地球的人文主义精神,提升道德素养;同时对地球形成深度理解,具备强烈的环境保护意识和责任感。

▶ **学生自发的探究行为**

学生独自完成有关人与自然的调查问卷,并小组讨论,在全班分享经历。学生小组合作完成"Earth"的概念图。结合课前查找的地球信息,学生小组讨论,头脑风暴,丰富讨论内容。最后,小组合作制定主题海报,学生以小组为单位展开展示活动。思考教师提出的问题:What are the ocean and the land?

▶ **项目展示**

小组讨论在不同地点采取什么措施才能实现保护环境、爱护地球的目标;制作并完成海报,各小组代表在全班面前展示各自的作品并进行演讲。教师在展示过程中积极鼓励学生大胆表现;在评价时突出表现亮点,给予合理建议。

1分项目复盘

▶ **复盘与反思**

本项目的成果展示为海报设计的展示。海报包括了主题和核心内容。具体包括了四大部分:一是"Earth"的本质概念图设计;二是"What are the ocean and the land?"的两种组成的区别设计;三是"Recycle signs"的标识设计(学生可自行设计);四是"Good for the Earth"的措施设计。

学生通过复习回顾探索内容,可以轻易明确地球由海洋和陆地组成,并为接下来的"Good for the Earth"做铺垫。学生通过观看多媒体资源意识到原来保护环境就在我们身边,无处不在,不同的地点可以采取不同的行为来保护环境、爱护地球。学生通过制作海报,既能总结本环节的核心内容,又能在探究过程中思考如何树立环保意识,保护环境、爱护地球,进一步增强地球小主人意识。

第五节　科学学科的项目式学习

科学是人类在研究自然现象、发现自然规律的基础上形成的知识系统，以及获得这些知识系统的认识过程和在此过程中所利用的方法。科学课程是一门体现科学本质的综合性基础课程，具有很强的实践性。《义务教育科学课程标准（2022 年版）》指出要"以科学思维能力、科学探究和实践能力、科学态度与社会责任的培养为重点，促进学习能力、创新能力的发展"，这与我校的项目式学习"541"模式的课程性质不谋而合。项目式学习"541"模式的开展就是为了更好地为教学和学生服务，使学生在学习科学课程的过程中，通过探究实践对自然现象保持好奇心，愿意亲近科学，形成科学观念、科学思维，发展基本的科学能力和态度，从而进一步树立正确的世界观、人生观、价值观，为终身发展奠定基础。

项目式学习"541"模式就是在符合科学课程标准的前提下，遵循"少而精"的原则，把小学科学课程内容进行有效的重组与构建，用小黄人历险记串联起整学年的任务线；将每个与核心概念相关的内容进行提炼，并结合学生的认知水平和已有的知识经验、生活经验，有层次、有梯度地设置相应的探究和实践活动。

在项目实施过程中，教师最大限度地把课堂还给学生，为他们创造独立而新颖的思考情境，把大量的时间留给学生进行探究。学生在项目中通过与小黄人产生共情，积极思考在荒岛上的小黄人即将面临的挑战，通过小组成员相互合作，充分讨论沟通求生的方法，并在制作求生设备和装置的同时，了解学习其中蕴含的科学知识，在体验的过程中达到更加深入学习的目的，并最终用小黄人求生手册的呈现方式贯穿整个项目的记录。整个项目帮助学生进行发散思维训练，锻炼学生学习记录和思维串联的能力，鼓励他们针对项目内容大胆假设和预测，让他们对自己的思维进行加工、得出结论、发现新知，最大限度地调动学生自主学习的积极性，让其在学习中切实体会到创造、发现的自豪和喜悦。

项目实例

——小黄人历险记

基本信息

▶ **项目由来**

小黄人历险记是针对小学三年级学生开设的，整合了三年级全册科学课程，并根据本年段学生的知识结构和学习特点，围绕"小黄人历险记"这个主题，设计了丰富多彩的教学内容。在此故事情境中，以小黄人流落荒岛这一故事情节为主线，通过猜想预设、制订计划、搜集和整理资料、实验探究等方式，让学生在掌握科学知识的基础上，既动手又动脑，使其能够在学习过程中掌握方法，习得技能，自主探究，实现项目式学习"541"模式的学习，使课堂学习更加高效、优化。

▶ **项目名称** 小黄人历险记

▶ **实施年级** 三年级

▶ **涉及学科** 科学

▶ **项目描述**

学生在项目中通过与小黄人产生共情，积极思考在荒岛上的小黄人会面临的挑战，以及如何求生，通过小组讨论沟通寻找求生方法，在制作求生设备和装置的同时，能够了解学习其中蕴含的科学知识，在体验的过程中达到更加深入地学习的目的，最终用小黄人求生手册的呈现方式贯穿整个项目的记录，锻炼学习记录和思维串联的能力。

▶ **学习情境创设**

小黄人乘船航海，但不幸遭遇撞击面临沉船的危险，无奈只能带少量物品逃生。被困在岛上，在慌乱害怕不知所措时，小黄人必须镇定下来，想办法解决这样的困境，进行荒野求生！翻翻自己的背包，除了一些工具之外，还看到了一个空白笔记本，为了在孤独的环境中不让自己失去思考和语言能力，小黄人决定在求生的同时将自己的求生经历记录下来，无论是否能够解除困境，这都将是一本珍贵的经验资料！

5 分项目谋划

▶ **确定知识技能素养目标**

1. 知识目标

（1）学习有的光直接来自发光的物体，有的光来自反射光的物体。

（2）光在空气中沿直线传播；行进中的光遇到物体时会发生反射，会改变传播方向，形成阴影。

2. 技术工程目标

（1）知道人工世界是设计和制作出来的。

（2）知道使用工具可能更加精准、便利和快捷。

（3）知道设计包括一系列步骤，完成一项工程设计需要分工与合作。

（4）需要考虑很多因素，任何设计都要受到一定的条件制约。

3. 技能目标

（1）协作能力。

（2）沟通能力。

（3）创造能力。

▶ **设计驱动性问题**

当小黄人意外沦落孤岛，如何独自对抗孤独的生存环境并让自己生存下去？（可以下课时将驱动性问题展现在项目墙上）这将是学生接下来整个课程中需要帮助小黄人解决的问题，希望小黄人最终能够成功逃离荒岛并将这本珍贵的日记分享给更多的人。

▶ **设计核心任务**

当小黄人意外流落荒岛，在独自对抗孤独的生存环境中如何让自己生存并最终成功出逃？小黄人需要解决什么问题才能完成这个项目？列举出需要解决的问题清单。

▶ **教学策略**

1. 准备策略

在进行项目式教学之前，教师需准备项目团队契约、材料清单、购买清单以及学生需要自备的清单、小黄人求生手册等材料。每个班级需要准备一面墙壁，来记录学生在项目过程中的体验成果，教师也可以把这个项目的关键词/信息粘贴在项目墙上,例如荒岛、救援、逃生、太阳、食物、保暖、求生、团队。

2. 实施策略

（1）导入环节。整个项目以背景切入,教师在介绍故事梗概之后引出驱动型问题,以驱动性问题引发学生思考,将驱动性问题展现在项目墙上,让学生清楚课程中需要解决的问题。通过组队活动、课堂公约、项目团队合约让学生参与到课堂组队活动中,调动学生的内驱力。

（2）教学环节。项目运用回顾熟悉项目背景、驱动性问题、小组成员讨论、小组成员一应一答活动等方式。在教师提出问题后,运用讨论法,讨论在荒岛中可能会面临哪些问题,列出小黄人生存清单。分享活动环节,每个小组自己制定小黄人生存清单,根据本学期需要学习的内容确定基本的问题,进行讨论。学生根据目录,经过总结、讨论以及分享等设计手册。在整个分项目学习中,学生运用日记这种形式开展,日记的内容由学生自己设定。

（3）结束环节。利用小黄人荒野求生经历记者会形式,让学生分享艰难的荒野求生过程经历,将自己的日记以及经历进行详细的讲述。

3. 课堂教学有效评价策略

在小黄人求生计划中,建立教师版成功技能评价量规,小组成员互相评估,小组合作评估,进行学生自评与知识性评估。教师版评价量规分为刚刚起步、初步显现、正在发展、能够展现这几个阶段,根据不同的评价维度,分析团队合作质量和学生沟通能力水平。通过学生互评、小组合作评价,提升学生对小组协作的认同感,同时找出小组协作学习过程可能出现的不足和协作学习中的优势,促进学生有深度地学习。

4. 讨论式课堂教学策略

学生在项目中通过与小黄人产生共情,积极思考小黄人会面临哪些挑战以及如何求生。学生充分讨论沟通如何求生,并且在制作求生设备和装置的同时,了解学习中蕴含的科学知识,在体验的过程中达到更加深入地学习的目的。

5. 课堂纪律管理策略

有效的课堂规则对于学生形成良好的行为习惯、维持正常课堂秩序、促进学习有着重要作用。在小黄人求生计划中,建立项目团队契约,建立合理、民主、公平的课堂公约制度,能够满足学生的需求,让师生之间相互理解与信任,从而让学生更愿意遵守共同制定的规则。

6. 教学管理策略

在小黄人求生计划中,运用组队活动、团队建设、心有灵犀游戏进行分组与展开活动,调动学生积极性。注重学生的情感生活、情感体验,充分发挥学生主观能动性,形成一种快乐、积极的情感体验,一种他律与自律的体验。

7. 形式型策略

小黄人求生日记项目式学习"541"模式采用小组学习、合作学习、集体教学等多种组织形式,上下册单元内容打通,进行分项目式教学。学生在团队中相互依赖,协同工作,能够有效管理团队并应对可能的挑战,最终共同做出实质性的决策。

8. 教学监控策略

在小黄人求生计划项目式学习中,教师根据三年级上下册内容积极主动地进行分项目内容安排。整个过程通过过程性评估(包括评估表、学生手册、互评表、学生自评表、小黄人阅读日记体验反馈表)进行评价与反馈。

▶ **确定评价标准**

1. 时间工具知多少

(1)从古至今有哪些计时工具? ——以时间老人的角色讲述自己的演变过程。

(2)为自己制作一个专属的钟表——STEAM 活动。

2. 小黄人怎么实现计时

(1)小黄人有什么?

(2)这些东西怎么计时?

(3)沙 / 水漏、太阳计时装置制作。

3. 求生日记

(1)说明日记应该包括哪些内容。(文字类和图例类)

(2)怎样将实验步骤变成日记叙述?

(3)分享小黄人日记,进行反馈总结。

4 分项目实施

▶ 实施过程——学生进行持续性探究

第一课时　入项

· 环节一　交代背景,引出问题

游戏热身（1 分钟挑战赛）

1 分钟游戏挑战——夹小球/叠纸杯,最先做完的人获胜。

突出时间的重要性:有谁关注到了时间的控制？时间对学生来说是一个约束条件,在规定的时间内不能忽略时间,要随时关注时间的流逝。

1 分钟计时挑战——如果现在没有计时工具的话,你能利用什么样的方式进行 1 分钟计时？挑战最接近的 1 分钟计时小组获胜。小组讨论确定用一种可实现的计时方式进行 1 分钟计时,小组间进行比赛。

突出计时工具的重要性:计时工具在生活中给我们生活便利性提供了极大的帮助,如果没有计时工具,我们就无法知道准确的时间,做很多事情也非常不方便。

· 环节二　拆解驱动性问题

解决问题一:小黄人如何更好地计算和管理时间？

如果小黄人想要解决这个问题,需要提前了解准备哪些内容？小组讨论决定。（学习单:以小组的方式写下来）

从古至今都有哪些类型的计时工具？

结合小黄人所处的环境思考小黄人可以怎么计时。

小黄人如何将这个过程记录下来呢？（检测能不能成功）

总结引导:接下来的几节课我们将一起解决这个问题,我们会借助"小黄人第二课堂"和大家一起学习必要的知识,帮助小黄人更好地解决计时问题。

第二、三课时　计时工具知多少

• 环节一　查资料

以小组为例,每一个小组排成竖排,从后往前开始玩一个有趣的游戏。大家都知道小黄人,他们用什么语言传递信息呀?(学生回答互动)

一组同学排列成竖排,请最后一位同学通过自制的语言或动作将拿到的信息演绎出来,向前传递,最终请第一排的同学揭晓,每一个同学需要把自己猜到的词语写下来进行交流。(词语由老师自己决定,最好是具有表现性的动作,例如吃到好吃的东西很开心)

通过游戏引出,正确的沟通交流是团队合作中非常重要的部分,所以沟通交流的过程中需要耐心且理解对方的处境。

所以我们第一个要解决的问题就是小黄人如何更好地计算和管理时间。如果小黄人想要解决这个问题,需要提前了解准备哪些内容?小组讨论决定。(学习单:以小组的方式写下来)

• 环节二　动手制作

同学们,你们知道从古至今都有哪些计时的工具吗?

如果你是一位时间老人,你会如何向其他人展现自己的各种形态?分享自己小组的感受,通过小组同学讨论、翻阅资料或者查阅视频等,总结概括有哪些种类的计时工具。

现如今,计时工具越来越先进、越来越准确,也越来越有创意,我们如何利用计时工具更好地管理我们自己的生活呢?

1. 任务

设计一个自己专属的钟表,督促自己规划好时间,提高工作效率。

设计 + 制作(材料:钟表的机芯套件、彩纸、金线、泡沫纸等)。

2. 时间老人的解说

以时间老人的身份分享你的查询结果,向他人阐述计时工具的类型;讲述自己对于计时工具的体会感受,同时介绍自己特定的计时工具,介绍你想在什么时候使用它,如何体现为自己所用。

支架:(解说方式)

(1)大家好,我们是……

（2）我们要为大家介绍的是……

（3）计时工具从古至今包括……它们能够计时的原理是……

（4）我们自己的时间管理工具是……

（5）我们的设计思路是……

（6）在设计和制作的过程中，我们获得了……发现了……感受到了……

（7）总结语：通过了解时间和工具，我们感受到……

第四、五、六、七课时　小黄人怎么实现计时

· 环节一　现状分析

1. 回顾（5分钟）

回顾内容，了解计时工具的发展；和小组同伴一起完成作品和讨论。

2. 游戏热身（5分钟）

每人讲述一个自己了解的科学现象及其科学原理，然后讲述一个自己迷惑不解的科学现象，看看小组内是否有同学与你产生共鸣或者可以解答你的疑惑。

分享：将组内讨论过程中学到、了解的内容进行分享，从而引出"科学"在生活中的重要性和趣味性，使学生明白有很多现象是可以利用科学原理解释的，同时也有很多未知等待着我们去探索和研究。（科学课程的开始）

3. 提出问题（10分钟）

（1）要想让小黄人拥有计时工具，我们首先要知道小黄人需要什么帮助，请你分析一下小黄人的现状，列举出他现有资源中有什么是可以计时的。（学习单）（太阳、沙子、水等）

（2）试一试：能否利用这些材料帮助小黄人计时呢？

4. 验证挑战（30分钟）

如何证明沙子和水可以计时呢？尝试探究沙子和水有什么特性。

任务：请利用沙子和水等制作一个计时工具。材料：塑料瓶、细沙、水等。

设计草图＋制作＋分享你的沙漏计时时间是多少。

·环节二　验证计时

回顾一下上节课的问题:小黄人如何根据自己现有的资源条件进行计时呢?

利用沙子和水可以进行简单的时间管理,还有一个自然工具没有被验证,就是太阳。如何利用太阳计时呢?今天进行探究。

1. 提出问题(10 分钟)

如何证明太阳是可以计时的呢?

任务:请利用太阳的特性,制作一个可以计时的工具。

支架:你知道有哪些利用太阳计时的工具吗?这些利用太阳计时的工具是如何计时的?(给材料／视频,学生自己研读观看)简单总结讲述原理。(学习单)根据太阳照射产生的影子计时。

2. 探究影子的变化规律(最好可以持续时间比较长)

(1)记录影子是如何根据时间变化的,了解实验记录表并能够记录小组的发现。

(学习单)想好自己要观察的物体是什么,不要太大,要方便测量。

(2)开始实验。

在操场上开展实验,每个小组选择一个物体,每 10 分钟记录一次,如果遇到下课,可以在课间时间完成剩余记录,例如:8:30,物体的长度是多少,在哪个方位;9:15,物体的长度是多少,方位发生了什么变化。

(3)一边等待一边观察变化,小组总结发现,当太阳……时,影子的变化是……

可以让学生用自己的方式把影子变化方位画下来或者标记出来。

3. 对比总结

小组之间进行对比、交流,看看数据之间有没有什么规律。

总结出你认为太阳和影子之间的关系规律。

4. 分享(5 分钟)

(1)分享小组数据。

(2)说一说你们发现的规律——方向相反、长短有变化。

总结:影子可以反映时间的变化,根据一定的规律是可以计算时间的。

根据对太阳和影子的探究,依据实验内容制作小黄人计时器。设计＋制

作 + 分享 + 测试（操场进行）。（学习单）

总结：其实日晷也有自己的弊端，夜晚或者阴天的时候就没有办法使用了，那怎么办呢？引导学生借鉴古人的方法，将日晷和漏刻配合使用，回想一下之前的沙漏和水漏，我们能将其改成漏刻吗？（可以在塑料瓶表面进行计时刻度标记）

第八课时　小黄人怎么记录计时日记

·环节一　拓展学习

1. 回顾

回顾小黄人计时工具的制作和类型，有沙漏、水漏、太阳计时等方法。

2. 提出问题

目前小黄人能够粗略知道时间变化，解决了计时问题。他拿出了自己的日记本，准备记录下自己实现计时的过程。他应该怎么记录才能更加清晰地说明问题呢？

3. 记录日记（30 分钟）

支架：你写过日记吗？日记的内容有什么？

（1）日记的作用是什么？（学习单）

怎么写日记才能把过程体现得更清楚？

例：如果让你写一个今天到学校之前的趣闻故事，你会怎么写？

（2）对比两种记日记的方式，让学生了解日记也可图文并茂更有趣、形象。

·环节二　记录（制作）

分享（20 分钟）

请小黄人带着自己的计时作品和日记进行分享。

小组提前准备如何进行分享，列出自己分享的提纲（学习单）支架。

介绍的方式：

（1）大家好，我是……

（2）我解决了一个……问题。

（3）介绍它的具体内容，如怎么使用、什么原理。

（4）在这个过程中我有……感受。

展示项目：分享小黄人计时过程，展示日记。

▶ **任务观察**

1. 分享小组的数据

2. 说一说你们发现的规律——方向相反、长短有变化

总结：影子可以反映时间的变化，并且根据一定的规律是可以计算时间的。

根据对太阳和影子的探究，依据实验内容制作小黄人计时器。设计＋制作＋分享＋测试（操场进行）。（学习单）

▶ **学生自发的探究行为**

学生可以对项目做出一些决定，包括如何设计项目、如何推进项目等，并且能够表达自己的想法，每个参与者都有一定的自主选择权和决策权。

（1）了解小黄人现状、从古至今有哪些计时工具、计时工具怎么计时。

（2）体会时间的重要性，讲述自己的演变过程。

（3）怎样将实验步骤变成日记叙述？

（4）小黄人想要解决问题。

（5）为自己制作一个专属沙／水漏或太阳计时的钟表。

（6）分享小黄人日记。

▶ **项目展示**

个人作品：自己的时间工具。

团队作品：查询计时工具的资料。

项目作品：影子和太阳关系的实验记录单。

计时作品：计时工具日记说明书。

用户阅读体验反馈表。

1 分项目复盘

▶ **复盘与反思**

1. **教师反思**

本次项目的实施开放性强、空间大，突破了传统科学课程以教师为主导的传统授课模式。教师根据学生的认知水平、生理和心理特点、兴趣爱好、学习能

力等找准切入点，围绕"小黄人历险记"这个主题布置学习任务，营造学习氛围，激发他们的学习主动性，真正将课堂的空间与时间交给学生。在项目实施过程中，教师注重教学的多样化和活动化设计，从讲台上走下来，穿梭在各个活动小组中，在学生进行探究性学习时，适时引导学生了解新事物、发现问题、展开探究，为学生进行探究性学习提供有力的指导和帮助。

在整个项目式学习中，教师能够感受到学生思维活跃、好奇与感性。全体学生都能积极参与、主动尝试、大胆互动，形成和谐轻松的学习氛围，从而学有所获。

2. 学生反馈

在本次项目学习的过程中，各方面都有所收获。在团队中学生相互依赖、协同工作，组长能够有效管理团队并应对可能的挑战，最终带领组员共同做出实质性的决策，对促进自身和他人的学习产生积极影响。

在各种模式和工具（包括数字工具）的协助下，学生能带着一定的目标进行有效沟通，并且量身定制适当的沟通方式，以便面向更为广泛的受众，产生更有成效的学习成果。

展开探究时，学生尝试以独特的方式表达自己的观点，学会正确地"提问"和"探究"，以追求更为新颖的解决方案。

整个项目式学习中，学生通过猜想预设、制订计划、搜集和整理资料、实验探究等方式，在掌握科学知识的基础上，既动手又动脑，能够在学习过程中掌握方法、习得技能、自主探究、相互合作，使课堂学习更加高效和优化的同时，真正做到了将科学知识与科学探究相融合，将科学技术与社会生活相联系。

第六节　信息科技学科的项目式学习

在"双减"背景下，小学信息科技学科的教学目标不再仅限于帮助学生掌握基础的信息技术知识、学会运用简单的计算机软件，更重要的是培养学生解决现实生活问题的能力，发展学生的计算思维能力，以促进学生全面发展。青岛超银小学立足实际情况，充分发挥学生的主体作用，创新项目式学习"541"

模式,着力提升课堂教学实效。

项目实例

——神舟飞船知多少

基本信息

▶ 项目由来

21 世纪是信息化、数字化、网络化时代,信息的获取、传输、处理和应用能力将成为人们最基本的能力。信息科技是一门实践性极强的学科,同时也是一种"工具"。本项目以"神舟飞船"为主题,设计了图形化编程(源码编辑器)和WORD 两个模块,分别是图形化编程之我笔下的神舟飞船和 WORD 之波澜壮阔神舟史,使学生掌握用 WORD 制作表格和用程序绘制图形的方法,在制作作品的过程中了解中国神舟飞船,同时进一步熟练掌握汉字输入。

▶ 项目名称　神舟飞船知多少

▶ 实施年级　四年级

▶ 涉及学科　信息科技、美术、科学、数学

▶ 项目描述

新中国成立以来,航天事业取得了举世瞩目的发展,对我国国民经济建设、国防建设、社会发展、科学进步等做出了突出贡献。习近平总书记指出:"探索浩瀚宇宙,发展航天事业,建设航天强国,是我们不懈追求的航天梦。"神舟飞船在此过程中发挥了巨大的作用,是我国航天事业发展的典型代表。

根据本学段学生的知识结构和学习特点,围绕"神舟飞船"这个主题,教师设计了丰富多彩的教学内容;在真实的情境中进行项目式学习,用 8 课时完成单元内容的学习;同时,融入多个学科课程,拓宽学生知识面,促进课程之间的融合。该主题聚焦于帮助学生梳理正确价值观,形成信息意识,初步具备解决问题的能力,发展计算思维,提高数字化合作与探究能力,发扬创新精神,遵守信息社会法律法规,践行信息社会责任。

▶ 学习情景创设

2022 年 4 月 16 日，神舟十三号载人任务圆满成功，航天英雄凯旋，这离不开祖国的强大和工作人员的心血。神舟飞船是我国自行研制、具有完全自主知识产权，达到或优于国际第三代载人飞船技术的飞船。神舟飞船的发射基地是有中国航天第一港之称的酒泉卫星发射中心。神舟系列目前已经发射到了神舟十三号，每一次的发射都有不同的目的和意义。让我们搭载时空飞船，一起去探索神舟飞船的奥秘吧！

5 分项目谋划

▶ 确定知识、技能、素养目标

知识目标：培养学生对信息科技的兴趣和意识，让学生了解和掌握信息科技基本知识和技能，使其具备获取信息、传输信息、处理信息、应用信息科技手段的能力，形成良好的文化素养，为适应信息社会的学习、工作和生活打下坚实基础。

技能目标：通过软件的操作，提高信息搜集能力、阅读理解能力和写作能力。

核心素养：信息科技核心素养包括信息意识、计算思维、数字化学习与创新、信息社会责任。此项目式学习着力培养学生对信息的敏感度和对信息价值的判断力，让学生具有一定的信息感知力，熟悉信息及其呈现与传递方式；能够运用计算思维对问题进行求解并进行系统设计和人类行为理解等一系列思维活动；能够在日常学习和生活中通过选用合适的数字设备、平台和资源，有效地管理学习过程与学习资源，开展探究性学习，创造性地解决问题。与此同时，培养学生在信息社会中的文化修养、道德规范和行为自理等方面的意识。

▶ 设计驱动性问题

（1）如何设计自己的神舟飞船？

（2）神舟飞船的发展历史是怎样的？

▶ 设计核心任务

了解神舟飞船的发展历史，利用 WORD 整理其发展历史，使用源码编辑器编程完成飞船的绘制。

▶ **教学策略**

在项目实施的过程中,教师有目的地引入或创设生动具体的情境,引出学习任务;通过任务驱动教学法,激发学生对信息科技的兴趣、求知欲,形成积极主动学习使用信息科技和参与信息活动的学习氛围。在强烈的问题动机的驱动下,学生进行自主探索和互动协作的学习,在完成既定任务的同时,产生学习实践活动。青岛超银小学信息科技学科在长期的项目式实践过程中形成了具有基本学科特征的教学流程(如图 3-3 所示)。

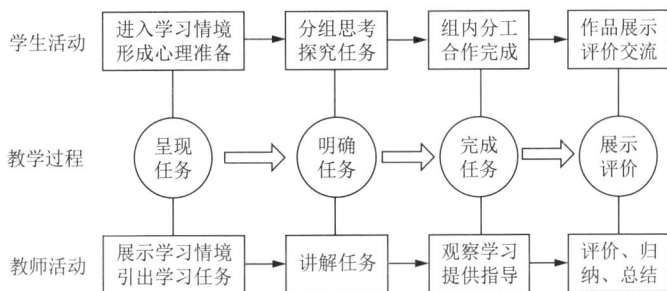

图 3-3　信息科技学科教学模式

▶ **确定评价标准**

在整个探究过程中,师生会遵循三大评价原则进行评估。

1. 主体自评原则

学生是项目式学习活动的主体,通过主体自评原则发现自我的进步,将传统被动学习变成自主探究性学习。

2. 互动互评原则

项目式学习注重团队合作学习。信息科技学科项目式学习有三个典型特征,即团队合作、共同探究、相互促进。学生在教学过程中积极开展互评、互学、互助,有利于发现别人的优点,争做"一面优秀的镜子"。

3. 过程性评价与作品评价相结合的原则

信息科技学科因其特殊性很难采取标准化测试。因此,在项目式学习开展过程中,教师将过程性评价与作品评价相结合,给予学生更合理的评价体系。过程评价具有导向性,关注教学过程中学生智能发展的过程性结果,如解决现实问题的能力。同时,教学中使用评价量规,可以帮助教师和学生更加明确学习的要求和目标,更加清楚地评价学习的方式和成效。

4 分项目实施

▶ **实施过程——学生进行持续性探究**

模块一：图形化编程之我"笔"下的神舟飞船

第一课时　入项　规划我的神舟飞船

·环节一　激趣导入 + 驱动性问题

北京时间 2022 年 4 月 16 日 9 时 56 分，神舟十三号载人飞船完成既定任务，返回舱在东风着陆场成功着陆，神舟十三号载人飞行任务取得圆满成功。中国航天，又一次站在了一个新的起点。作为新时代的青少年，应传承"航天精神"之基，筑好"强国梦想"之塔。每一次神舟飞船发射成功、着陆成功都意味着人类向太空又迈进了一大步。同学们，我们一起来探索神舟飞船吧！

·环节二　项目课时打卡

观看项目课时打卡表，了解整个项目活动的内容与过程。

·环节三　任务驱动教学

任务一：我的项目我做主

学生讨论交流神舟飞船的外观结构，用简单图形设计自己的神舟飞船。

任务二：坐标本领大

微视频自主学习坐标位置对于作品构图的作用，学会使用坐标构图卡。

教师讲解构图卡的作用及使用方法。

小组协作完成纸质版设计绘画任务。

·环节四　巩固练习，评价展示

在小组和班级进行作品展示，完成自评和互评。

自主探究完成检测题目并纠正反馈，复习巩固本节课的知识点。

第二课时　有趣的画笔

·环节一　激趣导入

通过上一节课的学习，学生完成了神舟飞船的设计，接下来就是在源码编辑器中实现设计。本节课我们将学习用代码块绘制神舟飞船。

- **环节二　任务驱动教学**

任务一:"画图"初始化

两人小组合作,设置舞台版式为横版 4:3,插入图片"东风着陆场 . jpg"作为背景图,插入角色"笔"。

任务二:通过观看微视频,小组合作学习,了解"画笔"模块

学习设置中心点,了解"画笔"模块里的"落笔、笔宽、笔色、抬笔"。

观看微视频,学习用画笔命令与动作命令绘制正方形。

两人小组合作探究完成,填写学习单。

任务三:自主操作,用画笔命令与动作命令绘制正方形

找到画笔模块中的设置"填充颜色、设置当前填充起点、设置当前填充终点"积木块。

学生自主操作,完成绘制。

- **环节三　总结提升,分享展示**

神舟飞船的主体结构是长方形的,那么如何绘制长方形呢?四人小组就"如何绘制长方形"进行讨论并分享交流绘制长方形的方法。

第三课时　搭建"飞船"

- **环节一　激趣导入**

通过上一节课的学习,完成了长方形和正方形的绘制。根据前期设计图,图形中有大量的三角形,那么三角形怎么绘制呢?

- **环节二　任务驱动教学**

任务一:绘制三角形

学生根据上节课知识点,迁移应用学习绘制三角形。

教师抛出问题:如果想要绘制边数更多的正多边形,该如何操作?

学生通过观看微视频,学习使用"重复执行"命令逻辑块,自主探究完成利用"重复执行"命令,简化三角形绘制的程序积木。

四人小组讨论还能绘制哪些正多边形,动手试一试。

任务二：绘制圆形

通过复制粘贴命令，复制三角形的程序，通过数据修改，完成绘制圆形。

任务三：设计组合图形

两人小组协作，通过流程图梳理搭建绘制神舟飞船的程序。

学习使用"面向（　）度"积木块。

· **环节三　总结提升，分享展示**

四人小组合作搭建神舟飞船主体结构，并在班级内分享和交流。

第四课时　完善作品，展示交流

· **环节一　激趣导入**

项目进行到此，飞船的主体结构已经呈现，想要进一步完善属于自己的神舟飞船，就需要更加精细的设计。

· **环节二　小组合作学习**

任务一：函数封装

通过微视频学习如何使用函数并了解函数的优势，两人小组合作探究将已经制作好的图形进行函数封装。

任务二：完善作品

利用函数和坐标构图卡，结合"移动到 x__ y__"代码块，完善飞船的创作。

· **环节三　总结提升，分享展示**

神舟飞船已经搭建成功，说一说你有哪些收获。

模块二：WORD 之波澜壮阔神舟史

第五课时　巧用表格

· **环节一　激趣导入**

通过模块一的学习，我们实现了在源码编辑器中通过代码块绘制神舟飞船。了解历史才能更好前行,思考一下,在神舟十三号飞船之前的一到十二号飞船都做了哪些贡献。这一个模块,我们一起探索波澜壮阔的神舟史吧!

- 环节二　项目课时打卡

观看项目课时打卡表,了解整个项目活动的内容与过程。

- 环节三　问题引导

对于神舟飞船,我们有太多未知需要学习和探索,每一次航天之行都与众不同。通过对数据的整理和分析,我们可以获取更多的知识和结论。请学生对比 WORD 文档和 WORD 表格,说说哪一种是更直观的。

引导学生通过项目体验,对比了解表格的优势和作用。

- 环节四　新建 WORD 文档

任务:表格本领大

两人小组合作,新建 WORD 文档,输入标题"神舟飞船发展史",组织学生运用知识迁移将文档保存到指定文件夹,命名为"波澜壮阔神舟史.doc"。

- 环节五　交流讨论

四人小组合作,说一说神舟飞船的发展历史,用思维导图的形式展现出来。

第六课时　比物连类

- 环节一　激趣导入

将上节课的思维导图进行展示交流,让学生说一说想了解神舟飞船的哪个方面,并说明原因。

- 环节二　探究学习

任务一:规划目标

根据环节一,从学生展示的神舟飞船历史的角度,如时间、是否载人、发射地点,罗列关键词。

引导学生思考、交流讨论,如何将这么多的关键信息更清晰地呈现出来。

任务二:插入表格

观看课件,了解表格行和列的含义,学习如何插入表格。

两人小组合作,打开教师准备的"小锦囊",学习插入两列七行的表格,并在表格中第一行的两个单元格中分别输入思维导图类别："飞船名称"和"时间"。

根据需求，学习插入，学会"插入行""插入列"。

• **环节三　巩固练习，评价展示**

在小组和班级中进行作品展示，完成自评和互评。

自主探究完成检测题目并纠正反馈，复习巩固本节课的知识点。

第七课时　拓展链接

• **环节一　激趣导入**

同学们，神舟飞船的关键词已经搭建好了，接下来就是补充内容了，从哪里可以获取这么多的内容呢？

• **环节二　任务驱动教学**

任务一：百度查资料

利用自主学习单，四人小组合作学习使用百度查找文字资料的方法。

以两人小组为单位演示操作方法，班级交流展示，一人操作，一人讲解。

任务二：获取资料

自主探究使用复制和"只保留文本"粘贴的方法，选取需要的文字复制粘贴到表格中，可以解决字体、大小不一样的问题。

根据教师提示，学习调整表格列宽的方法。

• **环节三　巩固练习，评价展示**

在小组和班级中进行作品展示，完成自评和互评，组织学生进行小组作品交流。

第八课时　美化大师

• **环节一　激趣导入**

同学们，表格已经制作好了，怎么能让我们的表格看起来更美观呢？

・环节二　任务驱动教学

任务一：表格样式

根据自主学习单的"小锦囊"，两人小组合作，自主探究使用"表格样式"，设计探究表格效果。

引导学生知识迁移，利用修饰文字的方法，修饰表格中的文字。

・环节三　作品交流

以四人小组为单位，互相交流作品，进行班级作品展示。回顾本项目学习了哪些 WORD 知识，交流所学所得。

・环节四　展示汇报

通过整理数据表格，对于这次制作作品，你总结了哪些神舟飞船的历史？在班级中举行主题为"WORD 之波澜壮阔神舟史"的汇报演讲。

▶ **任务观察**

教师在本次项目实施过程中主要关注两个方面：一方面是学生行为，包括学生的观察与表达、资料的收集与整理、课堂规则的遵守、团队合作意识、网络安全意识；另一方面是学习成果，包括作品、思维导图、成果展示。

▶ **学生自发的探究行为**

信息科技学科更多时候扮演的角色是"授人以渔"。在项目式学习过程中，学生学到的信息技术能力可以在今后的很多场景得以应用，为后续的学习做好铺垫，打破学生对于未知领域的恐惧，让学生面对困难时有勇气、有信心，保护学生的探究欲望。

▶ **项目展示**

本次项目式学习展示主要分为两大部分：一部分是学生的过程性展示，指在整个过程中学生的参与情况、思维导图、过程性资料的展示等；另一部分为作品展示，以小组为单位进行汇报演讲，介绍自己小组的作品以及学习过程中的所思、所想、所感，以此进行多方面的综合性评价。

1分项目复盘

▶ **复盘与反思**

1. **教师反思**

本次项目实施的过程突破了传统信息科技课教师讲、学生操作的模式，以导学单和任务单为前置学习媒介,以任务驱动教学为主要学习方法,让以教师为主导、学生为主体的教育理念得以落地。同时,在整个项目实施的过程中,任务是学习的桥梁,驱动学生完成任务的不是教师,也不是任务,而是学习者本身,是学习者的成就动机。教师从讲台走下来,穿梭在各个活动小组中,感受学生的活跃思维和对于知识的好奇。当他们面对未知的问题时,可以从多方面获取答案,教师不再是学生课堂上唯一的知识来源,这也是本项目的核心。信息化时代,学生对问题的探究不再限于教师的问答,而在于学生主动发现、主动探究。但是不得不说,在最初进行的过程中,教师对于项目活动中给学生多大的空间把握起来稍有难度,但是当教师将自己的角色进行转变,把自己当成是一次项目的教练、一个指导员,把学习的主动权还给学生时,就会出现事半功倍的效果。

2. 学生反馈

本次项目式学习的过程中,学生的收获主要为以下三方面。

首先,在项目选择和交流的过程中,学生是项目的主人、参与者、协调者和责任人,他们有更多的兴趣和动力参与到项目中,提升了他们计划以及执行项目的能力。

其次,在实施过程中,学生大胆实践,敢于挑战和犯错,在错误中发现问题、探究知识,将学科知识进行融合,解决问题,真正做到学以致用。

最后,极大调动了学生学习的积极性和主动性。大部分学生不仅锻炼了计算思维,提高了信息素养,而且在一次次小组合作学习中,学会了如何做好团队协作,如何与人沟通交流,锻炼了他们的思维力和表达力。每一次的自我评价、互动评价过程中他们都能发现自我的成长和进步。

第七节　音乐学科的项目式学习

音乐基础教育作为推动基础教育和教学发展的重要组成部分,越来越受到人们的重视。2022 年 4 月 21 日,教育部印发了《义务教育课程方案和课程标准(2022 年版)》,在《义务教育艺术课程标准(2022 年版)》中,以音乐、美术为主线,融入舞蹈、戏剧、影视等内容,学习内容大致分为欣赏、表现、创造、联系(融合)四类,还涉及了音乐与生活、社会之间的联系。《义务教育艺术课程标准(2022年版)》中不止一次强调,要将艺术与生活相结合,让艺术始终存在于我们的身边,让学生由此提高自身素质。

在我校音乐教学中,从教学内容多元、形式多样、学生是否能对每一首歌曲都产生兴趣出发,我们将项目式学习引入到音乐课堂中,以单元整合为抓手,为更好地开展音乐教育工作提供理论依据和实践依据。经过近几年的研究,我校在音乐课堂中进行了"诗与歌""民乐魅力""走进交响乐""精彩的戏曲"等项目的学习,并总结出了相关经验(如图3-4所示)。

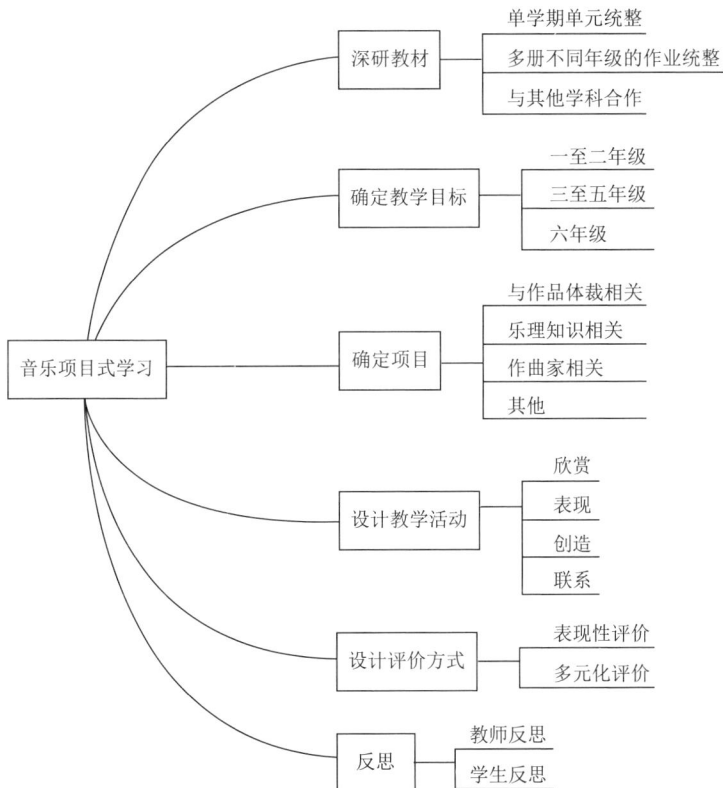

图 3-4　音乐项目式学习

1. 深研教材

教材作为教学内容的载体,不仅是教和学的重要依据,也是没有音乐基础的学生接触音乐学科的一扇门。教材按照一定逻辑将教学内容安排成单元,有利于学生在一个情境内对音乐进行理解欣赏与沉浸学习。音乐是相通的，在学习一首歌曲时，我们可以把它的音乐要素与以往学生所学的有关音乐知识和未来将要学习的知识以及课外相关知识进行适度整合，在唤起旧知的基础上学习新知，让学生更好地掌握新知，并在掌握新知的情况下再扩展到更多的领域。因此，要实现小学音乐课程整合就必须做好教材的深度解读，做到能够较准确地挖掘教材资源。

通过对小学十二册音乐教材的研究，音乐的项目式学习不仅可以将一册书进行单元统整，也可以将多册不同年级的作品统整进行学习，还可以与其他学科如语文、美术进行项目合作，从而达到育人目的。

2. 确定教学目标

新课标对音乐的教学目标提出了新的要求，针对不同的学段，教师在目标的选择上也应有所侧重。

在学生一至二年级阶段，以培养学生的兴趣为主，引导学生积极参加演唱、表演等艺术活动，让学生对音乐有基本的兴趣和了解；三至五年级阶段，在教学过程中大力激发学生对音乐的兴趣，引导学生在艺术表演过程中表达自己的感受和体会，培养学生的创造力，展现学生个性，引导学生关注生活中的音乐；六年级阶段，在艺术实践中增强学生的交流合作能力，加强对音乐的感知，并通过对中国音乐作品的理解，增强文化自信。

3. 确定项目

在对教材有一定深度的了解后，我们就可以根据不同的教学目标从教材中挑选合适的作品进行项目式学习了。

项目的选择多种多样，既可以与作品体裁相关，如打击乐、民族交响乐、诗歌，也可以与某个乐理知识相关，还可以与作曲家相关，如在人音版音乐教材中，贺绿汀、安德森、格里格、叶佳修等作曲家均有多个作品编入。不同的项目侧重点不同，可以更好地为目标进行服务。

4. 设计教学活动

教师将教学活动分为四个不同的版块，分别对应欣赏、表现、创造、联系四类学习内容。

（1）欣赏：欣赏是学生接触一项新的艺术表现形式最直观、最容易的一种方式，对应着音乐学科中的欣赏课型。在项目式学习中，学生首先进行作品的欣赏,通过前置学习单、查找资料、教师引导、同学分享等方式使学生快速对所学内容有多元化的了解。这部分对应着音乐理论、人文、社会等相关内容,是音乐课堂中重点的教学目标。

(2)表现:表现是在学生有一定的理论基础之后,对自身掌握情况的一种展示,对应着音乐课堂中的朗诵、讲解、律动、演唱、演奏等教学环节。表现的形式多种多样,并不是只有演唱或演奏才是表演,哪怕学生在回答问题时的几句精彩观点,也是思维力及表达力的表现。在项目式学习中,小组分工合作也让表现形式更加丰富。

(3)创造:在进行完前两个环节后,学生已经掌握了一定的理论知识,并有了一定的实践经验,便可以进入到创造环节,创造在音乐课堂中对应创编这一教学环节。创编可以是一段简单的文字,也可以是一段旋律、一段节奏,不在于长短,而在于培养学生的创新意识。如同写文章一样,开始只是几个字、几个词,逐渐变为几句话,再到一篇文章,通过一个个小小的点,逐渐培养学生的创新意识、创造能力。

(4)联系:在大部分传统音乐教学中,往往创编结束后,教学也就随之结束了,新课标在音乐课程内容中加入了"联系"这类艺术实践,是为了让学生发现身边的音乐并能积极进行探索。在项目式学习中,教师通过教学环节的设置,引导学生继续探究学习内容与日常生活、与其他学科、与其他艺术表现形式之间的联系,让学习进入学生的日常生活当中。

5. 设计评价方式

在项目式学习中,学生有多元化的评价方式。

(1)表现性评价:围绕学生实践性、体验性、创造性等特点,进行过程性评价及展示性评价。

(2)多元化评价:评价不应只有教师对学生的评价,也可以有学生自评、学生互评、小组互评等不同评价主体,形成多方共同激励机制。

6. 反思

教师反思:在上述每个环节中,教师都应有相应的反思,反思教学目标的设定、反思教学环节的设计、反思课堂情境的建设、反思课堂任务的布置等;还要对反思结果进行反馈与应用,以改进研究过程。

学生反馈:在项目结束后,每位学生都要思考三个问题,即在项目中学到了什么，还有哪些不明白的地方，如何应用学到的内容。这三个问题可以让学生在学习中学会反思，建立良好的思维模式。

项目实例
——诗与歌

基本信息

▶ 项目由来

纵观我国历史，诗歌在文学、艺术领域有着重要的地位，古代以不合乐的为"诗"，合乐的为"歌"，可见诗与歌之间有着密切的联系。音乐教材用很大的篇幅呈现各类诗歌的魅力，从一年级的《咏鹅》，到六年级的《游子吟》，学生学诗、吟诗、唱诗，通过音乐与文学的碰撞，领略历史中特有的吟唱之美！

▶ 项目名称　诗与歌

▶ 实施年级　六年级

▶ 涉及学科　音乐、语文

▶ 项目描述

在本项目中，学生随教师一同穿越回古代，一同进入私塾，学诗、吟诗、唱诗、作诗。本节课启用了知识联动，从回顾入手，让学生唤起旧知，从而引出"诗与歌"这个项目式学习，通过学生一步步听辨、演唱、创编、展示，带着问题进入项目式学习，这样可以牢牢地抓住学生的情绪，让学生进入情境，感受到诗歌的独特魅力。

▶ 学习情境创设

通过复习《春晓》，带领学生穿越回古代私塾，跟随私塾先生一起，吟唱《游子吟》，体会如何借助音乐旋律表达诗词情感；一起听赏《明月几时有》，进一步探究诗歌旋律的特点；再一起吟唱《花非花》，体会诗词韵律和意境，感受中国传统五声调式的神奇。让学生利用生活经验，从情境体验一步步领会到诗歌的魅力，最终变身小诗人，通过小组合作，共同创编出一首诗歌。

5 分项目谋划

▶ **确定知识技能素养目标**

知识目标:了解中国传统五声调式,了解诗词中的"押韵"。

技能目标:有韵味地演唱《游子吟》《花非花》《明月几时有》,能使用五声调式进行旋律创编。

核心素养目标:培养学生感悟诗歌之美的能力,促进学生自主探究,培养小组合作能力,增强学生民族自信。

▶ **设计驱动性问题**

用怎样的音乐来展现诗歌韵味?

▶ **设计核心任务**

通过合作探究出诗歌的特点,创作一首诗歌,通过合作舞台展示。

▶ **教学策略**

1. 生活化策略

(1)音乐主题创境生活化。创设语言与音乐情境,借助音乐语言,用特定的琴声或节奏型来表示"请安静""请起立""请坐""停止讨论"等口令。通过创建"私塾"场景,克服学习内容的抽象性,进而迁移至更广阔的音乐理解领域。

(2)音乐旋律分析生活化。这个策略的实施首先要建立在细致准确地分析歌曲和乐曲的旋律特点上,包含情感的走向、作品的结构等等。在此基础上用生活化或情境串联的方式,引导学生体验理解旋律所蕴含的情感内涵,理解歌曲意境,以"情"与"境"交融为手段,让学生将知识性、趣味性巧妙结合,探究出核心任务。

(3)音乐创作情境生活化。将节奏、旋律、力度等音乐要素,通过生活化的方式,转化成简单的、学生能够接受的形式再进行创编。这是模仿→半模仿→自主创作的渐进过程,让学生体验音乐创作的乐趣,培养学生的发散思维。

2. 探究策略

本次项目式学习以审美教育为核心,发挥学生自主学习、主动探索、相互合作的能力,让学生在诗歌创编场景的活动中,通过主动参与创编、理解乐器的音色与运用以及初步体会如何利用五声调式的特点来创编音乐;是引导每个学生根据自己的体验,用自己的思维方式自由地、开放地去探究、发现、再创造有关的音乐知识的过程,而不是被动地接受外界刺激。学生的学习是以原有的知识经验为基础,通过学习环境的互动,对新的知识信息进行加工、理解,由此建构起新知识意义的过程。教学中,要给学生自由探究实践的空间,鼓励学生大胆想象、自主发现,主动建构新的知识网络,应用新知。

▶ **确定评价标准**

知识性标准:能有韵味地演唱《游子吟》《花非花》两首歌曲,体会诗歌音乐特点。

探究过程标准:通过观察、模仿、创编、想象等活动,培养学生的自主探究意识、观察能力和合作交流能力,增强音乐想象力。

合作成果标准:能够运用所学知识,小组创编一首诗歌并进行合作展示。

4 分项目实施

▶ **实施过程——学生进行持续性探究**

第一课时　欣赏

· **环节一　激趣导入**

利用课堂前五分钟进行分组,每组七至八人,选出组长与书记员,在接下来整个项目的学习中,都将依靠现有小组进行,下发任务单。

· **环节二　回顾旧知**

欣赏音乐节目《经典咏流传》中的两首作品《苔》和《敕勒歌》,引导学生聆听并总结作品的体裁,为将古诗配曲演唱,引出"诗歌"的形式。复习歌曲《春晓》并创设情境,带领学生穿越回到古代私塾,一起进入"诗歌"的世界。

· **环节三　欣赏歌曲**

带领学生穿越到宋朝,学堂中正在学习苏轼的作品《水调歌头——明月几时有》。学生欣赏歌曲《明月几时有》,留出小组讨论时间,完成任务单第一个内容:通过前面的四首诗歌,总结诗歌的特点。学生在交流的过程中迸发出创意火花,选出小组发言人做简短陈述。教师要对学生讨论结果进行评价。

- **环节四　体会意境**

引导学生聆听作品《明月几时有》，在聆听过程中，寻找歌词所表达的意义，并像诗人一样吟诵歌词，体会歌词的意境。

- **环节五　小组讨论**

再次聆听作品，小组讨论完成任务单第二个内容：歌曲在乐句的结束音运用上有什么特点？表现了怎样的情景和情感？选出小组发言人做简短陈述。教师对学生讨论结果进行评价。

第二课时　表现

- **环节一　衔接导入**

下发本课任务单，创设情境，衔接第一课时内容。"今天我们继续来到私塾，一起学习诗歌，但今天我们不仅听诗、吟诗，我们还要一起唱诗。"初听歌曲《游子吟》，引导学生进行小组讨论，完成任务单第一组问题：歌曲《游子吟》共分为几段？它们的相同之处与不同之处分别是什么？引导学生发现歌曲两段歌词相同、旋律不同的特点。

- **环节二　自主学唱**

教师引导学生分组自主学唱，在学唱过程中发现问题、提出问题，再由班级同学作为小老师进行解答。在此过程中，教师扮好辅助者角色，帮助学生分析不好回答的问题，引导学生迁移思考之前所学的几种反复记号以及辅助播放音乐伴奏等，让学生既能有自主学唱的成就感和参与感，又能通过不同形式的活动牢牢记住乐理知识，最后内化，表演歌曲。

- **环节三　感知情绪**

当学生沉浸在音乐的氛围中时，教师抛出问题如"你认为这首乐曲的情绪是怎样的""歌曲两段歌词相同、旋律不同，不同的旋律为歌曲带来了什么"，引导学生打开音乐想象空间，主动联系自己的经验来思考表达。

- **环节四　角色扮演**

创设情境"明天，你要进京赶考，你的母亲正在昏暗的烛光下为你缝制新衣服，你轻轻地唱出了《游子吟》这首歌"。引导学生深入情境，发挥想象，并分小组进行角色扮演，随着音乐的旋律，体会歌曲的意境。小组合作，对歌曲进行情景演绎，并上台展示。

・环节五　深入探究

初听歌曲《花非花》，吟诵歌词，注意词的声调和旋律的音调的紧密结合，体会作品意境并自主学唱。在自主学唱过程中，教师引导学生完成任务单第二个问题：本节课学习的两首歌曲在旋律（音符）上有什么特点？引导学生发现两首歌曲没有音符 4 和 7，引出五声调式的概念。教师对五声调式进行讲解，让学生了解五声调式的特点并模唱旋律。

第三课时　创编

・环节一　衔接导入

下发本课任务单，创设情境，衔接第二课时内容。"通过前两节课的学习，我们已经对诗歌有了一定的了解，今天我们将变身小诗人，共同创作一首诗歌。"

・环节二　自主讨论

教师引导学生讨论写一首诗需要注意哪些问题。教师做好引导者，辅助学生发现问题并解决问题。之后各组选择主题，进行诗的创作，由书记员将完成的诗稿填写在任务单上，完成后选择代表进行分享。

・环节三　曲谱创编

教师引导学生进行小组合作，使用音砖辅助，用五声调式为所作的诗词谱曲，教师扮演好辅助者的角色，在分组创编的过程中给予每个组帮助及建议。

・环节四　节目编排

创设情境"明天，就是我们私塾毕业的日子，每个小组都要上台展示自己小组创作的诗歌"。教师为每个小组提供音砖、音木、沙蛋、果木铃等乐器，让学生分组进行节目编排。

第四课时　联系

- **环节一　节目展示**

创设情境,衔接第三课时内容。"今天就是我们从私塾毕业的日子,特意请来了语文老师与我们共同欣赏同学们的诗歌作品,接下来就有请同学们按照小组顺序分别上台进行展示吧！"展示环节中,教师注意拍摄视频,方便项目结束后反思复盘。

- **环节二　教师点评**

语文老师和音乐老师分别就学生作品的文学性和音乐性以及综合表演几个方面进行点评。

- **环节三　学生复盘**

各组组长带领组员进行反思,并由书记员进行记录。结束后各小组选派代表上台进行分享。

- **环节四　项目总结**

教师对本次项目式学习进行总结。

▶ **任务观察**

1. 能力型任务观察

(1)知识层面。教师观察学生是否能够有韵味地演唱《游子吟》《花非花》两首歌曲,是否掌握五声调式相关知识并能简单地使用五声调式进行旋律创编。

(2)能力层面。教师观察学生是否能够通过小组合作获取诗歌的知识,观察学生的自主探究意识、观察能力、创编能力等有无提升,是否能够展现学习中的白主、合作等能力。

2. 情感态度任务观察

观察学生能否全情投入音乐情境,体会诗歌的奇妙和魅力,能否产生对中华民族的自豪感和认同感。

▶ **学生自发的探究行为**

在总结诗歌的特点时,学生能够带着问题走进音乐。在小组合作和自主探究过程中,学生能够提出自己的想法,并和同组成员的想法进行融合,最后自信完整地表达。

在合作探究《游子吟》中两段音乐的区别时,学生发挥想象,有的从音的高低出发,有的从歌曲的强弱出发,有的从配器加入的方面出发,各抒己见,进一步深入了解诗歌的魅力,为之后的学习打下基础。

在分组进行的诗歌创编中,学生能够探索五声调式在歌曲中的应用,探索不同乐器的音色特点,分析这些特点适用的场景,并将自己的探究成果运用到创编中。

在汇报过程中,学生能够顺畅、完整地将整个项目式学习过程的知识进行衔接、融合,并通过小组合作形式进行展现。

在整个项目式学习过程中,学生能够大胆地用清晰、完整、简练的语言表达自己的想法,遇到质疑时能够敢问、敢说,再进行探究、合作,从而推动知识的再创造。

▶ 项目展示

知识性展示:有韵味地演唱歌曲《游子吟》《花非花》。

探究性展示:通过小组探究,完成自编诗歌并进行小组合作展示。

1分项目复盘

▶ 复盘与反思

1. 教师反思

本次项目式学习过程中目标明确,指导思想端正,以学生为主体,教师为主导,促进学生自主学习、自主探究。过程中,学生始终沉浸在诗歌的情境当中。根据学生已有的知识——歌曲《春晓》,教师将学生引入诗歌的世界,从《明月几时有》的思乡之情,到《游子吟》的母爱,再到《花非花》的如梦如幻,最后又与学生"合作"创编诗歌的百花齐放。学生结合生活经验,开拓了音乐想象空间,进行了创意创编和成果总结。学生不仅在自主学习和合作探究中学有所得,更经历了一场美的洗礼。借助项目式学习"541"模式,音乐学科的单元统整能够更流畅、更完整。这些基于单元整体教学意识的听觉审美,力求给学生沉浸式的项目体验,引导学生系统地学习,大胆地创编,整体上领悟,提升学科核心素养。在单元类任务设计过程中,教师兼顾了音乐学科特有的丰富性、审美性,让学生能在生活化、项目式的体验中经历真实的、沉浸的、有创意的学习历程。这样的一次学习体验,相信会让学生领略民族风情,爱上中国的民族音乐文化。

2. 学生反馈

本次音乐之旅我不仅学会唱两首诗歌《游子吟》《花非花》,更了解了中国音乐特有的五声调式,对我国传统音乐的创作形式有了更加深入的了解。通过小组合作,真的就像古人一般,在私塾中与同窗共学,不仅在音乐素养方面得到了提升,合作能力以及交流能力也在不知不觉中提升了。在最后的创编环节,我们共同创作出了属于自己的诗歌,并像古人一般吟唱出来,满满的角色体验感。通过学习,我对诗歌的概念从单纯的文字解释,到了视觉、听觉,获得了全方位体验,了解到了中国传统文化的博大精深,也让我爱上了诗歌。整个学习过程,让我觉得充实又快乐。

第八节　美术学科的项目式学习

项目式学习"541"模式是将小学教学理念作为教学倡导,利用项目教学法引导学生学习美术知识,让学生在学习过程中体验完整艺术创作的过程。这样的教学方式既能充分展现学生的个性特征,给予学生足够的创意发挥舞台,也能让学生在学习过程中学习到知识的整体结构,收获丰富的学习经验,最终塑造出良好的艺术素养。

一、小学美术课堂中项目式教学的必要性

随着我国社会的飞速发展,综合国力的不断提升,新课程改革的全面普及,我国开始培养全面发展型人才来满足社会需求,而审美素养就是学生不可缺少的能力之一。这一变革也使得小学美术课堂教学迎来了全新的发展机遇。一方面,我国的教育部门会结合当前的社会需求,对美术课堂教学进行宏观调控,学校也会整改,为美术教学提供更多资源;另一方面,当前社会对于小学美术教学有了更高要求,这会直接促使小学美术教师积极进行教学探索,不断提升教学水平。

二、项目式学习"541"模式的实践策略

青岛超银小学项目式学习"541"教学模式是预—立—思的过程,也就是进

行筹划—执行—复盘三个步骤。成事 10 分,5 分筹划,4 分执行,1 分复盘,方可在项目的规范中走向精细。

在美术教学中,教师要将内容合理地安排到 5 到 6 个课时之内,确保教学中能抓住学生的学习重点,同时给予学生一定自由学习空间,促进其自学能力提升。

(一) 问题驱动,搭建学习支架

教学内容与学生生活相关最能引起学生的注意,所以结合实际生活提问能有效激发学生的兴趣,提高参与度。

在教学的第一课时,教师要结合实际情况为学生设计具有驱动性作用的问题。这一课程中的教学引导环节需要教师给予学生更多的时间进行思考,同时还需要为学生提供一定的自由查阅资料的空间,让学生在自由阅览的过程中寻找和讨论相应内容,最终在不断讨论的过程中,逐渐理解教学主题内容,并开始以更多形式呈现作品。

而后教师可以组织学生进行小组讨论,通过讨论学习的方式构建学习知识框架,共同梳理出阶段性学习任务。

(二) 任务分解,合作探究学习

通过学习支架的教学引导,学生能在课堂学习过程中完成各种各样的学习任务。他们还能通过个人或小组合作学习的方式,实现对创作和学习方式的研究和探索,并在探索过程中掌握新的创作思想,找到新的问题解决办法。

(三) 展示反馈,评价项目成效

在最后的课程学习中,教师需组织学生对作品进行展示,而后按照科学的方法对学生作品进行评价。首先,教师可以让学生将自己的作品以合适的形式呈现,以供全班同学和教师品评。展示结束后,教师可组织学生对自己在整个学习过程中的收获进行交流,让他们评价自己或小组成员的成果,以实现交流学习的目的。

最后是项目的总结和反思。总结学习知识和技能的过程,有助于学生对自己的学习进行反思,让他们实现对所学知识内容的整体梳理。教师也可以以此作为切入点,对学生学习过程进行评价。总结是学生对自我学习效果的重要评判过程。合理地利用总结评价,能够让学生养成良好的自我反思习惯,这对促进学生综合素养提升有一定作用。

在当前信息高速发展的时代,我国的教育事业也要迎合时代发展而不断创新,力争培养出能够满足社会需求的人才。项目式学习"541"模式在小学美术教学中的应用,既加强了学生对美术知识的理解,又提升了学生的自主学习意识和创新能力,有效提升了学生的核心素养,为学生未来全面发展奠定了坚实基础。

项目实例

——大海的咆哮

基本信息

▶ **项目由来**

灾害离我们并不遥远,随时都有可能发生在我们身边,因此应学会防患于未然。了解灾害发生的原理,在灾害发生时如何应对、如何自我保护、如何将灾害损失减少到最小,这是每一位小学生应该掌握的知识。

通过综合性的美术活动,引导学生主动探索、研究、创造,更深刻地感受海啸的危害和大海破坏性的一面,并且使用作品对此进行表达。

▶ **项目名称** 自然灾害——大海的咆哮

▶ **实施年级** 六年级

▶ **涉及学科** 美术、科学

▶ **项目描述**

海啸是一种具有强大破坏力的海浪,其危害性极大,对人们生命和财产造成了严重的危害,如何预防和自救一直是人们关注的话题。在本课题的学习过程中,教师通过引导学生查找资料、观看视频、自主探究,融入多个学科课程,拓宽学生知识面,促进课程之间的融合,让学生在学习防灾减灾知识的同时,增长避灾、自救的能力,并能在造型表现活动中将自己的收获和感受大胆地呈现出来。该主题聚焦防灾减灾,旨在让学生认识防灾减灾在人们生活中的重要性,增强学生的安全意识,培养学生关爱生命、热爱生活的情感。

▶ **学习情境创设**

引导学生认识海啸的成因及危害。了解海啸的前兆,学习海啸自救的方法,了解海啸预警原理。

5 分项目谋划

▶ **确定知识技能素养目标**

知识目标:从海啸主题导入,帮助学生认清灾害给社会生活造成的破坏与影响以及灾害给人们生命财产带来的危害;引导学生初步了解防灾减灾的作用,增强防灾减灾的意识。

技能目标:掌握海啸自救的本领,结合生活场景,发挥想象,在创作活动中综合运用科技、生活常识和美术造型方法完成艺术创作。

核心素养目标:让学生更好地向社会和家庭进行普及宣传;激发学生对生命安全及科普知识的兴趣,培养学生热爱生命、热爱科学的情感。

▶ **设计驱动性问题**

海啸的破坏性有多强? 如何预警海啸? 海啸来了如何自救?

▶ **设计核心任务**

以小组探究的形式寻找应对海啸的方法,宣传海啸自救。

▶ **教学策略**

1. 激发兴趣与动机

通过视频,让学生发现、总结海啸来临前的异象,通过创设情境,以震撼的画面引出课程主题,创设情境激发学生了解研究海洋灾害的兴趣。

2. 探究策略

利用前置学习时收集的信息,与教材中资料相互补充,引导学生了解海啸的定义、如何形成以及危害。通过前期的自行学习及全班交流,使学生更加全面地了解海啸的相关知识,培养学生合作探究的意识。

3. 知识保持与迁移

通过分组讨论、全班交流等方式,使学生了解海啸发生时的防护方法,增强学生面对突发灾害的应对与自救能力,帮助学生从小树立防灾、减灾意识;并通过宣传课堂研究成果的方式,给学生提供成果展示的途径,激发继续探究的积极性,锻炼学生的行动能力,帮助学生树立安全意识、掌握安全常识、提高自我保护能力,让学生懂得珍惜生命。

▶ **确定评价标准**

对于整个探究过程的评价,教师会按照五大评估标准来进行。

1. **探究**

前置性学习单的完成,教师给小组共同打分就是本组本人的成绩。(占比20％)

2. **知识**

以小组的形式,让学生了解海啸发生时的防护方法,以及面对突发灾害时的应对与自救能力,从小树立防灾、减灾意识。(占比20％)

3. **过程**

整个课程的学习过程。(占比20％)

4. **沟通**

讲述分享学习成果,分享小组的创作作品。(占比20％)

5. **实现**

展示、回顾和自我评价小组的研究成果和所做的作品。

教师通过作品的完整度、学生过程性的回顾内容收获度进行评估。(占比20％)

4 分项目实施

第一、二课时

·环节一　导入课题

观看视频,通过让学生观看视频内容,分析总结海啸来临前的异象,创设情境,引入课题——大海的咆哮。

设计意图:通过创设情境,以震撼的画面引出课程主题,创设情境激发学生了解、研究海洋灾害的兴趣。

·环节二　小组交流

学生通过课前查阅资料,完成前置学习单,学习、了解海啸的相关知识。通过小组展示交流，引导学生了解海啸的成因、海啸的威力以及海啸带来的危害，引起学生共鸣。

设计意图：利用前置学习时收集的信息与教材中资料相互补充，引导学生了解常见海洋灾害的种类。通过全班交流，使学生了解海啸的相关知识，培养学生合作探究的意识。

• 环节三　观察图片

观察图片，经过对比找一找哪一幅图更适合作为海啸警示图，想一想这些警示图表达的意义以及它们对设计海啸警示图有何启发。

设计意图：通过图片观察，结合生活常识，对比找出合适的海啸警示图。通过分析比较，让学生更清晰地认识到海啸警示图的制作要求，为下一环节做准备。

• 环节四　绘制警示图

拿起画笔，绘制海啸警示图，以提醒人们关注海啸。把制作的海啸警示图发送给老师和同学们，与大家交流分享。

设计意图：学生结合新知，综合运用各种方法，完成艺术构想，体会制作的乐趣。

第三课时

• 环节一　对比分析

了解警示海报和警示图定义，通过分析对比，让学生清晰了解警示海报和警示图在主题、构图、色彩、用途等方面的区别。

设计意图：以探究式的学习方法，引导学生在尝试中发现问题、提出问题、解决问题，从而体会到警示海报和警示图在制作和用途上的差异，为下一步创作做好准备。

• 环节二　赏析作品

赏析警示海报和警示图作品。

设计意图：欣赏感受艺术家的作品，体会警示海报和警示图的区别，培养学生认真观察、深入探究的学习能力。

第四、五课时

• 环节一　引导宣传

引导学生了解海啸自救方法,了解海啸预警系统,让学生知道只要积极预防,就能将损失减到最小。教师建议学生以绘画的形式将这节课的研究成果向大家做宣传,共同努力将海洋灾害带来的损失降到最低。

设计意图:通过分组讨论、全班交流等方式,使学生了解海洋灾害的防护方法,增强面对突发灾害时的应对与自救能力,从小树立防灾减灾意识;通过宣传课堂研究成果的方式,给学生提供成果展示的途径,激发继续探究的积极性,锻炼学生的行动能力,引导学生关注社会,增强社会责任感。

• 环节二　艺术实践

艺术实践,以不同的艺术形式来宣传海啸自救。

1. 海啸自救思维导图

2. 海啸警示海报

3. 海啸预警手抄报

4. 海啸逃生知识挂图

5. 海啸自救漫画

6. 海啸警示图

▶ **任务观察**

教师在任务中引导、观察。

▶ **学生自发的探究行为**

1. 海啸如何形成

2. 海啸破坏力探究

3. 面对海啸我们应当如何应对

▶ **项目展示**

1. 海啸自救思维导图

2. 海啸警示海报

3. 海啸预警手抄报

4. 海啸逃生知识挂图

5. 海啸自救漫画

1 分项目复盘

▶ **复盘与反思**

1. 教师反思

在实际教学过程中，学生的答案是否是课程中所需要的，关键在于课堂上提问的方式和教师的引导，课堂的教育智慧很重要。教师如能真正做到四分之一备课，四分之三留给学生，这才是优秀的教学。执教这堂课后，我认为课堂教学环节的设计要从启发学生思维、完成教学任务等多角度来思考，这样才能真正提高课堂上师生对话的实效性。

2. 学生反馈

通过本节课的学习，我们了解了海啸是什么、海啸来临前的征兆、它会给人类和自然带来怎样的危害，以及面对海啸的自救方法和逃生方法。

整个过程中，我们通过图片、视频、表格、小组合作、头脑风暴等方式，分别从视觉、听觉、触觉等多种方面进行了感受，树立了防灾减灾意识，增强了防灾减灾能力；也让我们明白，保护生态环境、爱护地球是我们共同的责任！

第九节　体育学科的项目式学习

传统的体育教学模式多以教师为主体，教师在课堂上对学生进行体育项目的讲授演示、分解练习、指点纠正，以期实现课堂教学的高效率和高质量。但是，由于传统体育教育模式存有局限性，在教学的过程中，教师容易对学生的课堂主体性不做充分考量，学生的独立学习能力难以被激发和调动，进而致使对学生的自主学习与合作互助学习的能力培养和指导存有不及时现象。

项目式学习突破了固有的灌输式、讲解式的教学思维，依照问题导向、教学课标中的重难点以及学生对知识和技术的熟知现状，在教学过程中设置问题，敦促学生不断加强自主学习或团队合作探究学习，以提升学生的自主思考和高效学习能力，深化学生在教学中的主体地位，从而对疑难课题和艰巨任务进行解答。

青岛超银小学体育组始终坚持"以人为本"的教学理念,在项目式学习引领中将课堂还给学生,凸显学生在课堂中的主体地位。教师在教学中始终恪守以下原则。首先,问题导向。在问题设置层面,设置一个具有挑战性、延展性的驱动问题,以此作为基准引导学生构建团队,共同探讨此问题。题目设置依照课程标准、学科素养要求,以开放性、主观性题目为主,不设置固定的答案,而是通过教师的引导,让学生总结出问题的多种解决方案,在多次探寻研究的进程中,渐渐地找到最佳化解对策,获得问题处理的最好成效。其次,学生主体。依照新课标要求,教师在教学实施过程中以学生为根本,着重培养学生的独立思索和自主探究问题的技能。在日常的教学活动中,教师将运用知识解答问题的主动权和优先权交还给学生,让学生独立推敲、独立选定、合作研究、共同决策。教师只需在学生思索、合作研究以及探寻解决问题方面给以辅助和指点,进而推动学生综合素养和实践创新能力的提升。最后,团队合作。项目式学习强调团队合作,通过借助团队的力量来获取最佳化解对策。在项目实施过程中,最为重要的问题是如何构建一个高效、快捷化解难题的团队,从而激发学生的创新意识,不断拓展新思想和新观点。

依照项目式学习教学特性,教学步骤主要分为以下几个方面。

1. 课前准备阶段

从教师层面看,教师应在上课之前,依照新课标中的体育教学纲要,对此次的教学内容、教学重难点进行归纳总结,并结合学生自身实质,将学习目标设定成与教学有关的问题,突出问题的引导作用。与此同时,教师让学生依照教学问题进行相关资料的查阅和研习,对下节课所要讲述的内容、重难点、技术要领等有所思考、了解,在一定程度上使得学生更高效地融入课堂。教学问题的提出是在本节课下课之前,根据本节课的教学任务和教学进度,提出下节课所要讲述的教学导向问题,这有利于学生利用课下时间进行资料的查阅和收集。

从学生层面看,学生在每节课课后通常是以完成家庭作业的方式,对教师在课堂上提出的驱动问题和锻炼任务进行巩固和课前预习,对查阅到的相关课题资料进行归纳、整合,从而提升自己独立自主学习以及思考问题的能力。

2. 问题呈现阶段

从教师层面看,问题呈现主要出现在课程讲授的伊始阶段。教师将上节课下课前所提出的教学导向问题重新呈现,鼓励并引导学生在小组内进行小组合作探究。

从学生层面看，依照教师课前再次提出的教学导向问题，将自己在课后查阅到的相关资料、前置学习的合作成果及时在小组内分享；通过小组之间的交流，对学习资源进行整合与梳理，从而归纳出处理问题、解决问题的办法。

3. 问题解决阶段

从教师层面看，解决问题是课程讲授的重要环节。教师通过介入学生小组内的研习交流，洞察学生之间的探究过程，针对学生在探究过程中遇到的无法领会的难题和解析偏差的难题，及时地给予引导和讲解，在一定程度上可以敦促学生形成正确的解题思路。

从学生层面看，依照教师课前再次提出的教学导向问题在小组内进行愈加深入的阐述和解析，可以归纳概括出小组的研究成果，小组之间可以互相探讨，最终总结出一致的研究结论。

4. 成果汇展阶段

从教师层面看，成果汇展阶段是课程讲授的关键性阶段。这一阶段主要是学生将在小组内的研习成果在班里进行汇报和呈现，将自己组内对于教学导向问题的研究思路进行表达。教师参与整个成果汇展阶段，将学生解决问题的思路进行记录，并将不同思路的优点和缺点进行分类总结，根据学生显露出的频次较高的问题进行指引和分析。

从学生层面看，在进行成果汇展之前，小组需要讨论出解决导向问题的方法，然后由各小组成员选择代表在班级进行展示，部分需要动作辅助与文字解说同步进行，以期学生更加容易掌握。在进行问题的阐释说明时，其他小组成员可依照讲解的内容进行记录，及时提出有疑问的内容。

5. 效果评价阶段

从教师层面看，效果评价阶段是课程讲授的重要提升阶段。这一阶段教师主要是将成果汇展阶段中的问题以及解决方法进行综合评定和讲解，对学生在展示时的突出问题进行指正、解说、演示；对成效显著的解决方法进行评价，对表达能力较为突出的学生进行赞扬，对表现能力一般的学生进行鼓舞激励，并针对课前提出的教学导向问题予以准确的回答，对相关的重难点技术动作予以解说和讲授。

从学生层面看，在效果评价过程中，其一是小组代表总结阶段，各小组代表在本小组内针对解决导向问题的方法进行总结,陈述此次研习过程的感悟与感想。其二是小组成员总结阶段,各小组成员对本次小组内的解决方法、研习过程、查阅资料等进行综合评定,并指出其中存在的问题。其三是小组成员自省复盘阶段,各小组成员在教师的引导之下,对此次教学导向问题所涉及的查阅资料、团队研习、商讨总结等环节进行归纳和深思,提升自主学习能力。

6. 成果巩固阶段

从教师层面看,成果巩固阶段是课程讲授尾部的重要阶段。这一阶段教师要学生以小组为单位,对课程中所讲述的关键性、正确性技术要领进行感悟、领会、体验、练习。与此同时,教师应参与此次练习的全过程,认真仔细地观望学生的技术要领,针对过程中出现的错误进行更正。

从学生层面看,其一,各小组成员在组内进行加强练习,组内成员之间互相帮助、齐心合力、一起学习。其二,各小组之间进行比赛。其三,各小组之间进行技术动作的交流和研习。

7. 教学结束阶段

从教师层面看,教师应根据本节课的学习成果进行评定和总结,并依照教学进程以及新课标教学纲要,提出下节课的教学导向问题。

从学生层面看,学生应对本节课的学习过程、学习效果、学习心态做出成效评价,在课后对本节课的学习内容进行加强和巩固;针对本节课教师新提出的教学导向问题,课后积极查阅相关资料,并进行自主探究式学习。

项目实例

——足球之星

基本信息

▶ **项目由来**

足球是一项以脚为主体的体育运动项目,多表现为控制球和支配球两个层面。球队双方需依照既定的游戏规则,在同一个球场内进行进攻与防守。足球运动具有较强的对抗性、战术多样性及参与人数众多等特性,被称为"世界第一运动"。足球课程的开设在我国较为普遍，从小学至大学均有设置和部署，足球课程为体育课程中的重要教学内容，换言之，亦可称之为育人的重要手段。青岛超银小学在体育课程的设置方面，将足球课程设定为固定的大单元拓展课程，并对其进行科学普及。

▶ **项目名称** 足球之星

▶ **实施年级** 二年级

▶ **涉及学科** 体育、数学等

▶ **项目描述**

教师依照新课标、体育与健康教学纲要、小学水平一阶段中二年级学生对足球知识与技能的熟知状况以及青岛超银小学的具体实际，进一步设置与教学任务关联的项目内容。

项目内容主要涉及以下几个方面：其一是足球基本常识与理论知识，脚内侧传、接地滚球相关的技术要领与理论知识；其二是脚内侧传地滚球技术要领；其三是脚内侧接地滚球技术要领；其四是脚内侧传、接地滚球连贯流畅的技术要领。

▶ **学习情境创设**

将每一名同学设定为足球明日之星，从基础开始脚踏实地地练习，逐渐走上足球明星之路。

5 分项目谋划

▶ **明确知识技能素养目标**

1. **技能目标**

此次项目的设计是基于项目式学习基础，与小学足球教学相互融合、相互依存。其一，通过依托项目式学习，实现小学足球教学多方面、全领域的提升。比如提升专项身体素养、足球相关理论常识与知识、体育自主探究学习与团队研习的能力。其二，将体育课中的足球课程讲授与项目式学习相结合，创造出适合学生发展的新教育模式。不断对该模式进行摸索，可验证该模式在教学过程中的可行性和有效性。足球在学生中的基础呈逐渐扩大趋势，一定程度上可以提升学生学习足球的乐趣，激发他们学习与运动的潜力。在不同教学导向间题的催动下,学生可从中获取一定的知识和技能,以此提升自身的综合素养。

2. 理论目标

对项目式学习与足球教学融合的实验探究,可充实项目式学习在体育教学方面的探究。现阶段项目式学习已在国外多学科、全领域开展相关性研究,国内教育领域虽涉及较晚,却也处于广泛普及、接受的状态,但是与体育课程相关的研究少之又少,与足球教学的融合式探究更是凤毛麟角。在新课改环境下,本项目致力于将项目式学习与小学足球教学融合,填补项目式学习在体育足球领域的短缺,进一步推动教学法在足球教学相关领域的应用,为后续项目式学习学科融合研究提供借鉴,从而推动小学足球的教学深化改革,充实足球教学的方式。

3. 实践目标

此次项目设计的初衷在于探究项目式学习与足球教学的融合式教学,通过将新的教育模式与传统体育教学比照,进而发现新的教育模式观念更加新颖,视界更加宽广,实际教学优势更加显著,对优化小学足球教学方法、完善教学实践、提升小学足球教学水平、推动小学体育教学深化改革有重要的作用,为项目式学习进一步推广提供了实践参照。

▶ 设计驱动性问题

1. 足球理论相关问题

足球理论知识的驱动性问题,多指在足球实践之前的相关理论知识,涉及相关理论知识的测试结果。本项目研究实践内容中的脚内侧传、接地滚球等相关知识。主要问题有以下几个方面。

(1)足球历史层面。足球的发源地是哪里?现代足球的起源地是哪里?

(2)足球比赛参与人数。依照比赛类别、比赛级别的不同,足球赛可以分为哪几种?

(3)足球比赛时间。国际上一场标准化的足球赛需要多长时间?

(4)足球运球方式。足球运球的方式多种多样,依照脚部位划分,可以将足球的运球方式分为哪几种类型?

(5)足球比赛规则。足球规则较为复杂,以足球比赛中基本规则为例,边线球该怎样界定?角球与球门球又该怎样界定?

(6)足球传接球技术。足球传接球的方式多样,以脚内侧传接球为例,传接地滚球技术的重要性表现在哪些方面？

2. 脚内侧传地滚球技术动作的相关问题

足球脚内侧传地滚球技术的驱动性问题，多指在教学中的相关问题。

在日常教学中表现出的突出问题主要包含以下几个方面。

（1）学生进行传球时，没有掌握基本要领，对击球点的位置不清晰。

（2）学生进行传球时，表现出随意性，致使在传球的过程之中常出现支撑脚站位与摆动脚发力之间存在次序颠倒的情况。

（3）学生进行击球时，存有随意现象，常出现支撑腿与摆动腿的脚尖与膝盖部位动作不规范情况，例如摆动腿屈膝不充分。

足球脚内侧传地滚球技术讲授的重难点主要包含以下两个方面。

（1）支撑脚位置的准确性以及摆动脚击球点位置的规范性。

（2）脚内侧传球动作的流畅性和舒适性。

基于此，可以将脚内侧传地滚球技术的教学导向问题设置成以下几个方面。

（1）脚内侧传球的点具体在什么地方？

（2）当脚内侧传地滚球时，根据实时状况的不同，支撑脚应该怎么站位？相应支撑腿的状态又是怎样的？

（3）当脚内侧传地滚球时，如何协调好击球腿的大腿、小腿，击球脚之间的关系？怎样协调它们之间的发力？

3. 脚内侧接地滚球技术动作的相关问题

在开展课程前表现出的突出问题主要包含以下两个方面。

（1）学生接球时，对接球的理论知识掌握得不够全面，对接球点的理解不够到位，致使出现动作不规范现象。例如，接球时常出现接球脚距离地面过高的情况。

（2）学生接球时，存在状态随意现象，常出现支撑腿与摆动腿姿势不正确现象。例如，接球时常出现接球脚的踝关节过于紧张、生硬的情况，导致球在接触脚后反弹距离过远。

足球脚内侧接地滚球技术讲授的重难点主要包含以下两个方面。

（1）摆动脚在接球时，注意位置的准确性和动作的协调性。

（2）脚内侧接球时的力度以及方向的把控。

基于此，可以将脚内侧接地滚球技术的教学导向问题设置成以下几个方面。

（1）脚内侧接球的点具体在什么地方？

（2）当脚内侧接地滚球时，根据实时状况的不同，支撑脚应该怎么站位？相应支撑腿的状态又是怎样？

（3）当脚内侧接地滚球时，如何协调好击球腿的大腿、小腿，击球脚之间的关系？怎样协调它们之间的发力？

4. 脚内侧传接地滚球连贯性技术动作相关问题

通过在日常的足球课程讲授中发现，学生在停球与传球之间停留时间较长，学生的动作性、连贯性、协调性还存有不完善的情况。

足球脚内侧传接地滚球连贯技术讲授的重难点主要包含以下两个方面。

（1）学生进行脚内侧传接球时，应着重培养学生对球的控制和支配。

（2）学生进行脚内侧传接球时，应注意动作的流畅性和舒适性。

基于此，可以将脚内侧传接地滚球连贯技术的教学导向问题设置成：当进行传接球时，如何将足球理论知识与实践相结合，从而对传球技术的准确和连贯做到精准把控？

▶ 设计核心任务

教师在项目中的核心任务，就是鼓励和引导学生，助力提升学生的自主探究学习能力，主要从理论探究与实践探究两个部分来说。

理论探究：教师在教学的过程中，其一，应依照新课标纲要和课程目标，对课时教案予以准备设计；其二，应依照课时教学相关内容以及课程重难点，对本节课问题进行设计，突出新课程导向；其三，提出教学导向问题，指引学生以小组为单位对导向问题进行相关研讨和分析；其四，主动投身于各小组的讨论之中，引导学生合作讨论出解决问题的办法。

实践探究：教师在学生汇展过程中，其一，要对学生阐述过程中的不足进行记录；其二，在各小组汇展结束后，要依照小组的汇展成效进行综合评定；其三，对各小组研习成果进行综合分析，对学生讲述中的关键性问题予以解答，并及时对相关问题进行修正；其四，对各小组导向问题的研究成果进行评价，并依照课程讲授进度，提出下节课所要讲述的导向问题。

学生在项目中的核心任务，就是依照教师提出的教学导向问题，不断提升自己的自主探究和合作学习的能力。

理论研究：学生在思考教学导向问题时，其一，要根据自身的实际，进行合理分组,并对此问题进行分析阐释,通过课后相关资料的查阅,归纳自己对问题的看法;其二,各小组同学之间要根据查阅的资料,互相探究研习,并在小组内及时做出总结。

实践探究:学生在分析探究的过程中,其一,应加强练习,不断展示自己在课后所查阅到的相关资料,组员之间查缺补漏;其二,各小组在展示的过程中,应对自己归纳整合的资料进行自我评价,并在小组内与同学之间互相评价;其三,各小组在思考导向问题的过程中,应不断巩固练习,根据彼此的表现给予评价,不断地沟通和学习;其四,在小组学习结束之后,小组同学应及时对此次研习的过程做出评价,并依照评价结果,在课后自主练习,对教师提出的下节课新导向问题及时分析。

▶ **教学策略**

依照青岛超银小学足球教学计划的安排,足球课为专项课,即每周 1 课时,本次项目研究共设置 12 课时,具体教学安排如下。

1—2 课时:此阶段为足球知识讲解阶段,讲授的知识主要包含足球运动的常识以及脚内侧传接地滚球技术的相关理论知识。第 1 课时所涉及的课程为足球运动的常识以及脚内侧传接地滚球技术的知识入门课,也称为导向课程。在本节课上课之前,各小组学生要对教师提出的导向问题进行资料查阅与整合。在上课时,学生以小组为单位,对导向问题进行探究汇总。第 2 课时所涉及的内容是在第 1 课时基础上的深化,主要包含足球相关的理论知识以及在此基础上进行的足球游戏课、身体素养加强课等。

3—6 课时:此阶段为脚内侧传地滚球方面的教学工作。其中第 3—4 课时为脚内侧传地滚球技术要领的讲解,此课时为理论导向课。第 5—6 课时为实践课,针对 3—4 课时的理论进行实践操作。

7—10 课时:此阶段为脚内侧接地滚球的学习。其中第 7—8 课时为脚内侧接地滚球技术要领的讲解,此课时为理论导向课。第 9—10 课时为实践课,在 7—8 理论课的基础上进行实践操作。

11—12 课时:此阶段为脚内侧传接地滚球组合技术方面的教学实践课程。此次理论课部分与之前课时有所不同,此次采用室外授课的方式。PBL 教学法、资料整合、小组探究式学习等皆可在室外或者室内进行。

◉ **确定评价标准**

1. 专项身体素质考核

（1）50 米跑。是否拥有好的速度素质是现阶段运动项目是否可以顺利进行的关键性因素。足球属于高强度间歇性运动，对运动员的速度素质有着较高的要求。目前，针对足球运动员移动速度的检验方式多种多样，主要有距离小于 50 米的无球直线跑动速度，启动与途中速度以及直线、折线变速变向有无球跑动等。

测试方法：将 50 米的速度测试放于塑胶跑道上进行，将起点的位置设置于百米起跑线处，从百米起跑线处开始测量，沿直线跑道测量出 50 米的距离。对学生进行分组，各小组 3 名学生，每次测试 3 人，3 名学生处于同一条跑道，共有 2 名测试教师，其中 1 名位于终点处，对学生进行跑步计时，另 1 名位于起点处，负责发布口令以及挥旗的相关工作。此次 50 米测试成绩精确至秒，保留至小数点后 1 位。

（2）立定跳远。对于足球运动员而言，运动能力是极其重要的，其中下肢产生爆发力的大小是测定学生是否具备成为足球运动员能力的关键性因素。本次考察运动能力的项目是立定跳远，立定跳远考究的是下肢爆发力。此次测试采取 1 人 2 次测试，从中取成绩最好的 1 次，本次测试成绩精确至厘米。

测试方法：本次测试选择卷尺作为测量工具。测试地点放置于塑胶跑道上，在跑道上选择相对较为平展的地方进行，并在跑道上画一条线，作为起跳线。测试的学生应两脚开立，站立于起跳线后面，起跳之前，脚尖不可以越过起跳线，起跳之后，原地两脚同时向前方起跳，不可以单脚起跳，否则取消成绩。

（3）"T"字形跑。"T"字形的设置与足球运动密切相关，可以看作检验身体综合素养的重要指标，在一定程度上可以清晰地将学生身体的协调性、速度、灵敏性展现出来。

测试方法：在跑步的起点处设置一个标志桶 A，在标志桶 A 直线距离 10 米处设置标志桶 B，在距离标志桶左右垂直 5 米处设置标志桶 C 和 D（如图 3-5 所示）。此次测试将起点设置在标志桶 A 处。第一步，当测试学生听到开始的指令后，从标志桶 A 处迅速向前起跑并进行冲刺，当跑至标志桶 B 处时，用右手去触碰标志桶 B 的底端。第二步，测试学生再以标志桶 B 作为第二起点，迅速向标志桶 C 进行侧滑步，用左手去触碰标志桶 C 的底端。第三步，测试学生在触碰标志桶 C 底端之后，迅速向标志桶 D 进行侧滑步，用右手去触碰标志桶 D 的底端。第四步，当测试学生触碰标志桶 D 底端后，迅速向标志桶 B 进行侧滑步，用左手去触碰标志桶 B 的底端。第五步，当测试学生触碰标志桶 B 的底端之后，迅速起身站立，向标志桶 A 快速跑回。第六步，当测试学生跑至标志桶 A 处后，测试教师停止计时。此次成绩记录的方式同样是精确至秒，保留小数点后 1 位。

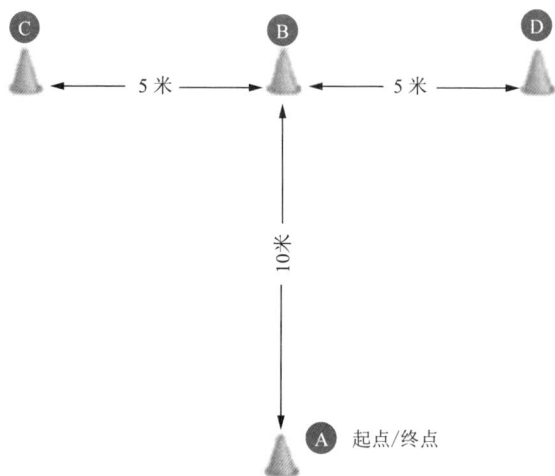

图 3-5 "T"字形跑步效果图

2. 足球基本技术考核

（1）脚内侧传地滚球测试。脚内侧传地滚球，是目前足球运动中短距离传球最稳定、最佳的形式。它具有稳定性、易控制性，是现阶段足球运动应该掌握的最基本技术，有助于足球运动员之间默契的形成。

测试方法：将测试的地点选择在规范、平整的室外足球场地上，在足球场地的一侧平行放置 3 个相同尺寸（1.2 米×1 米）的球门，球门与球门之间留足间距，可设置 1 米的间距，在与球门垂直且平行 5 米处设置起始线，如图 3-6 所示。此次测试的起点设置在中间球门与起始线交点处，学生在测试起点用脚内侧进行踢球，使其进入任意一球门。在正式开始之前，每个学生有一次试验的机会，开始后，总共踢球 3 次，计入成绩。

得分要求：测试学生踢球时，若将球踢进了中间球门，可以获取 1 分；倘若球进了两侧的球门,可以获取 2 分。测试教师对每一次的分数进行记录,将该学生 3 次踢球的成绩相加,以此计算出该学生的总成绩。此次踢球测试必须为传地滚球,若此球为空中球或者出现弹跳,则都不计入总分。

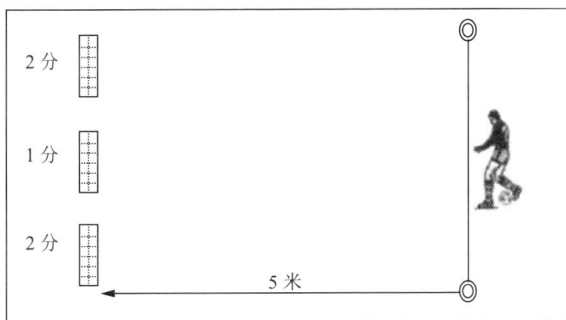

图 3-6　脚内侧传地滚球测试效果图

（2）脚内侧接地滚球测试。在进行足球运动时,停球是足球运动员在进行后续相关动作前的基础。在足球运动的过程中,只有给予足球准确、恰到好处的停球,才有利于接下来的进攻或者防守动作。脚内侧停地滚球,是目前足球运动中最为基础的动作。脚内侧停地滚球技术对于提升足球技术、完备足球战术具有关键性的作用。

测试方法:将测试的地点选择在规范、平整的室外足球场地上,在足球场地的一侧 5 米处平行画出站位区域（1 米×1 米）。在实际测试中,以右脚停球为案例,在 1 米×1 米区域的右上方再次画出停球区域（0.5 米×0.5 米）,如图 3-7 所示。当测试学生听到教师发来的指令后,其中一名教师站立于发球线位置,并将球按照直线地滚球的方式传给测试学生,另一名教师则在停球区域负责记录。

得分要求:此次测试的项目为停地滚球,所以要求测试同学按照一定的规则,采用脚内侧停球方式进行,并且停球之后使得球正好位于停球区域范围内。若将球停至停球区域或者压线,可以获取 2 分;若将球停至站位区域,可以获取 1 分;若将球停至区域外,则不可以计入总分。此次测试每位同学均有一次试球的机会,每人 3 球计入总分。

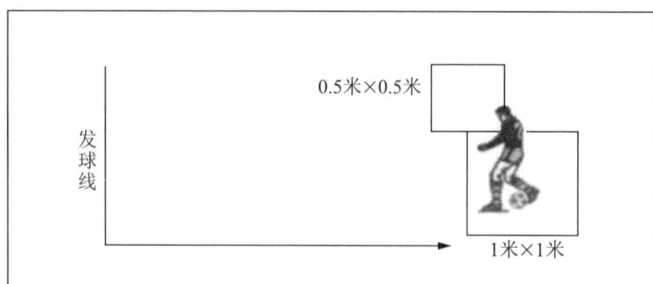

图 3-7　脚内侧接地滚球测试效果图

（3）脚内侧传接地滚球组合测试。测试方法：将测试的地点选择在规范、平整的室外足球场地上，并在球场的中央画出两块平行且垂直的传球区域（1.5米×1.5米），区域与区域之间留足间距，可设置 5 米的间距。在两块区域中间，设置两个标志桶，两个标志桶之间的距离为 1 米，如图所示。此次测试每组设置 2 名同学，既可以考察传地滚球技术，又可以考察接地滚球技术。

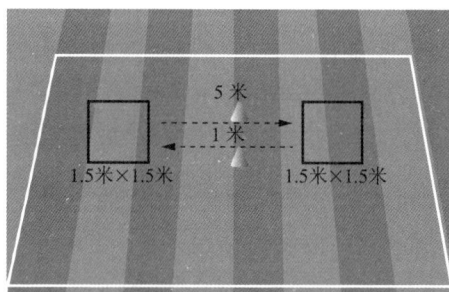

图 3-8　脚内侧传接地滚球组合测试效果图

得分要求：此次得分主要分为三部分，首先是传球部分，测试学生需要在设定好的传球区域内进行，踢出去的球需要为地滚球，倘若击球点不正确、球为空中球，或者球未能到达对面的传球区域，那么就算失败。其次是接球部分，测试学生需要在设定好的区域内接球，倘若没有用脚内侧接球，则认定为失败。学生接球时，可以停球再传或者一脚出球。最后传出去的球需要从两个标志桶中间经过，才算有效球。测试学生在指定区域按照既定规则，一传一接完成完整一回合，则算 1 分，总共时长为 1 分钟，每位学生有 3 次的机会。

3. 足球理论水平考核指标

依照《义务教育体育与健康课程标准(2022 年版)》《全国青少年校园足球教学指南(试行)》和人教版《体育与健康》教材等足球教学相关内容,综合制订本项目的教学计划。

4 分项目实施

▶ 设计设施

1. 指导思想

教师在教育教学过程中始终遵循"健康第一"的指导思想,在《义务教育体育与健康课程标准(2022 年版)》的指导下,逐渐构建并形成以教师为引领、以学生为主体的新教育模式。课程讲授的过程中,教师不断地深化教育教学改革,尤其是关注学生在足球技术方面的理解与运用,试图用新的教育模式、教育思维、教育理念、教育结构,加之教学导向问题,构建教学情境。

2. 教材分析

足球在教学阶段教材中处于基础性的地位,具有趣味性、集体性、竞争性等运动特点。在体育课程的讲授过程中,足球课程具有较强的吸引力,具备一定的锻炼价值。因此,足球是学生较为喜欢的运动项目。脚内侧传接地滚球是足球技术中最为常见的技术,也是能否练好足球项目的最关键技术,是战术配合的基础技术。据不完全统计,目前国内国际的足球比赛中,用脚内侧进行传球的足球球员占 80% 左右。基于此,理解掌握脚内侧传接球技术对于整个足球比赛的节奏、个人技术水平提升以及战术的多种变化有着积极作用。

3. 学情分析

此次课程讲授的对象是水平一的学生,也就是二年级的学生。这一阶段的学生在学习时具有强烈的好奇心,对所要学习的事物具有浓厚的兴趣,理解和领悟知识的能力非常强,可进行自主学习和合作研习的尝试探索。

就目前学生学习足球的成效来看,学生之间的认知和领悟水平存有明显差异:有的学生非常喜欢、热衷于学习足球技术;有的学生虽然喜欢,但是会忽略传接地滚球技术的学习;有的学生不喜欢,基本功较差,认为学习很枯燥。所以教师在进行足球课程的教学时,应因材施教,采用趣味性的教学方法来鼓励和引导学生进行学习。

由于低年级学生的身体素质存有差异，并且低年级学生的身体现正处于迅速成长阶段，因此在力量、速度、协调等方面的发展会有所不同。教师在教学的过程中，应着重关注学生之间的差异，不断加强足球基本功的练习，以期增强学生的身体素质，确保学生在足球课程中有所收获。

4. 教法及导向设计

教师在教学授课的过程中，应在新课标纲要的基础之上，不断摸索和创新教学思维和教学理念，在教学过程中呈现教与学并存的画面。教，即教师引领学生；学，即以学生为主体开展教学。课程讲授应遵循教师引领、学生中心的教学模式，将教学中的重难点通过采用项目式学习呈现出来。项目式学习的主要设计思路如下。

以 PBL 教学法为课程讲授的理论指引，依照教学目标、课程设置以及学生掌握知识的实际，将教学中的重难点设置成教学导向问题，通过教学导向问题引领学生进行资料查阅与研习，进而使学生融入教学情境。

导向问题设计：

（1）在进行传地滚球时，足球与脚内侧的接触点应在什么位置？

（2）当用脚内侧进行传地滚球时，支撑脚是怎么站位的？支撑腿又是怎么站位的？

（3）当用脚内侧进行传地滚球时，如何协调好击球的大腿、小腿、击腿脚之间的关系？怎样协调它们之间的发力？

依照《义务教育体育与健康课程标准（2022 年版）》的要求以及新课标和教学内容的需求，教师在进行教学讲授时，采用"班间同质、班内异质"的原则，在班里依据学生掌握情况，分成不同的学习小组。小组成员进行合作探究式的学习以及存有竞争关系的学习，对提升学生的自主学习能力和培养集体主义精神具有重要的作用。

现阶段，为了使学生可以全面提升和发展，教师在教学时，应采取评价的策略方式，让学生在学习探究的过程中大胆练习、大胆创新，对学生学习成果给予肯定和表扬，对学生研习探究过程中所犯的错误及时纠正，使得每位学生可以更加积极地去完成练习，并将这种学习状态带入团队之中。

5. 本项目特点

此次将项目式学习与足球运动教学相融合,表现出多方面的特征。

(1)教学起点不同。本次教学是在项目式学习基础之上进行的,依照教学课标中的重难点以及学生掌握足球技术的实际,教师在教学过程中,设置与本节课教学相关的教学导向问题,学生利用课后时间查阅和整合相关资料,并进行自主学习思考。教师讲授课程时,通过将导向问题引入本课,着重强调学生的自主学习,为脚内侧传球以及传接球连贯动作提供理论基础。

(2)教师角色的转化。此次课程讲授,教师的身份发生了较为明显的改变,由原来的"控制者"转为"引导者"。教师仅对课堂进行宏观调控,采用更加和谐的方式将学习内容与学生充分融合,鼓励学生成为学习的主导者。

(3)学生角色的转化。新的教育模式使得课堂主体发生了转变,课堂主体由原来的教师转变为学生,凸显学生在新教育模式中的主体地位。教师在教学过程中,应本着一切为了学生的发展思维,摒弃原来固有的灌输式教学、填鸭式教学,给予学生充足的时间、充足的空间进行自主学习和合作探究学习,使得学生在学习的过程中寻找到解决问题的办法。此种教育方式对提升学生的自主学习能力、运用知识解决问题的能力、合作研习学习的能力有重要的作用。

(4)课堂评价多元化。课堂评价发生了转变,由原来的教师评价转变为师生互评、小组互评、学生自评、学生互评等,多种评价方式并存,有助于学生综合素养的整体发展。

▶ **实施过程——核心环节展示**

核心环节一 脚内侧传地滚球技术

驱动问题:

在进行传地滚球时,足球与脚内侧的接触点应在什么位置?

当用脚内侧进行传地滚球时,支撑脚是怎么站位的?支撑腿又是怎么站位的?

当用脚内侧进行传地滚球时,如何协调好击球的大腿、小腿、击腿脚之间的关系?怎样协调它们之间的发力?

1. 课程讲授之前,采用趣味性游戏"保龄球"导入本节课内容

教学内容:此课时对全班同学进行分组,分成人数相同的 6 组。每组选出 1 名学生进行游戏。游戏的内容就是脚踢球,球要击倒对面的矿泉水瓶,小组成员依次进行,哪个小组击倒的瓶数多哪组获胜。

教师指导:教师应根据学生的综合素养,合理分配学生,对"保龄球"游戏规则进行详细阐释,有效组织学生,使学生可以快乐地参加。

学生实践:学生应按照教师的合理分组积极融入团队,仔细听取游戏规则,并在小组内选择合适的同学进行比赛。

2. 问题再现和练习展示

教学内容:此次教学采用的是"保龄球"游戏,"保龄球"游戏与足球传接球有着密切的关联,可以引发学生对脚内侧传接球重难点的思索。在进行课程讲授的过程中,教师选取 2 个小组,组织小组学生进行汇报展示。在进行汇报展示的过程中,原则上是口头与实操展示并行。教师积极组织各小组学生观察汇报展示的 2 个小组,并对发现的问题及时总结。

教师指导:教师在课程讲授过程中,再次提出课前教学导向问题,从游戏本身去启发学生和引领学生,培养学生的领悟和思考能力。教师选取 2 个小组,组织小组学生进行汇报展示,并组织各小组学生观察汇报展示的 2 个小组,并对发现的问题及时记录。

学生实践:学生在教师进行课程讲授时,应认真听取和分析教师提出的教学导向问题,对脚内侧传球的重难点予以思考。各小组选取汇报展示的代表,依据小组研习的成果进行展示。学生应积极记录展示同学的缺陷。小组同学积极补充展示同学的不足。

3. 效果评价

教学内容:针对此次的教学内容,积极鼓励小组之间进行互相评价,应对小组所犯的错误积极纠正,积极鼓励学生之间进行互相评价和总结。教师应对此次活动进行整体总结和评定,找出问题所在。

教师指导:教师在汇报展示结束时,应组织学生进行互评和自评,对各小组汇报展示的成果进行评定。教师应对此次活动进行整体总结,讲述活动过程中的要点。

学生实践:小组同学之间应该互评,对出现的问题及时纠正,小组代表应

对成果进行综合考虑和认知。没有展示的小组,应对汇报展示的小组进行评价总结。

4. 成果巩固

教学内容:在课程讲授后,教师组织学生反复练习,并积极融入学生,指出问题所在。

教师指导:教师在课程讲授时,应合理、高效地组织学生进行传球相关的练习,并不断巡视指导检查,及时指出问题所在。

学生实践:在进行练习的过程中,小组成员应根据练习的成果,及时互评纠正。同学之间互相传球时,若遇到问题,应及时向老师和同学请教。

5. 放松整理总结评价

核心环节二　脚内侧接地滚球技术

驱动问题:

在进行接地滚球时,足球与脚内侧的接触点应在什么位置?

当用脚内侧进行接地滚球时,支撑脚是怎么站位的? 支撑腿又是怎么站位的?

当用脚内侧进行接地滚球时,如何协调好击球的大腿、小腿、击腿脚之间的关系? 怎样协调它们之间的发力?

1. 专项素质练习

教学内容:此次练习主要针对的是"Z"字形变向跑、高抬腿(10秒)+10米冲刺

教师指导:教师应根据学生的综合素养,合理地分配学生,对"保龄球"游戏规则进行详细阐释,有效组织学生,使学生可以快乐地参加。下达口令。

学生实践:学生应按照教师的合理分组,积极融入团队,仔细听取游戏规则,在进行时,仔细听取口令,统一进行。

2. 问题再现和练习展示

教学内容:此次教学采用的是"Z"字形变向跑和高抬腿(10秒)+10米冲刺,与足球传接球有着密切的关联,可以引发学生对脚内侧传接球重难点的思

索。在进行课程讲授的过程中，教师选取 2 个小组，组织小组学生进行汇报展示，在进行汇报展示的过程中，原则上是口头与实操展示并行。教师积极组织各小组学生观察汇报展示的 2 个小组，并对发现的问题及时总结。

教师指导：教师在课程讲授过程中，再次提出课前教学导向问题，从游戏本身去启发学生和引领学生，培养学生的领悟和思考能力。教师选取 2 个小组，组织小组学生进行汇报展示，并组织各小组学生观察汇报展示的 2 个小组，并对发现的问题及时记录。

学生实践：学生在课程讲授时，应认真听取和分析教师提出的教学导向问题，对脚内侧接踢球的重难点予以思考。各小组选取汇报展示的代表，依据小组研习的成果进行展示。学生应积极记录展示同学的不足之处。小组同学积极补充展示同学的不足。

3. 效果评价

教学内容：针对此次的教学内容，积极鼓励小组之间进行互相评价，应对小组所犯的错误积极纠正，积极鼓励学生之间进行互相评价和总结。教师应对此次活动进行整体总结和评定，找出问题所在。

教师指导：教师在汇报展示结束时，应组织学生进行互评和自评，对各小组汇报展示的成果进行评定。教师应对此次活动进行整体总结，讲述活动过程中的要点。

学生实践：小组同学之间应该互评，对出现的问题及时纠正，小组代表应对成果进行综合考虑和认知。没有展示的小组，应对汇报展示的小组进行评价总结。

4. 成果巩固

教学内容：在课程讲授后，组织学生反复练习，并积极融入学生，指出问题所在。

教师指导：教师在课程讲授时，应合理、高效地组织学生进行传球相关的练习，并不断来回检查，及时指出问题所在。

学生实践：在进行练习的过程中，小组成员应根据练习的成果，及时互评纠正。同学之间互相传球时，若遇到问题，应及时向老师和同学请教。

5. 放松整理总结评价

▶ 学生自发的探究行为

由于学生之间综合素养的差异,学生在练习的过程中存有差异。一些学生在进行技术练习时,动作并不是非常标准,进而致使学生对接触球动作产生了思考。

(1)在进行练习时,常有学生会问,除了脚内侧接触球外,还可以用哪些部位接触?

(2)球在运动过程中,除了直线运动,还存在其他运行轨迹吗?

(3)球在运动过程中,如果发生自旋现象,会改变其运动路线吗?

▶ 项目展示

(1)技能内容:主要进行足球的脚内侧传接球以及专项身体素养方面的考察练习。

(2)理论内容:此次课程讲授主要涉及足球场的图以及首发球员阵型图。

1分项目复盘

▶ 复盘与反思

1. 教师反思

协作:教学过程中,可以打乱现有小组,尝试不同小组的划分,以此帮助学生提升应变思考的能力。沟通:可以改变传统的教学方式,让学生喊出来,通过声音传递目标,以此提升学生的实战联络能力。创造力:在教学中,可以设置更加贴合情境的教学方式,让学生形成一定的判断能力,自我选择。

2. 学生反馈

通过本节课的学习,我和同学们一起学会了足球脚内侧传接球的要领,在协作中掌握了技巧,分享了准确传接球的小妙招。在接下来的足球赛上我可以更好地用学到的方法和队友们赢球了!

第四章
项目式学习在超学科主题中的实施

第一节　概述

一、什么是超学科

超学科(Transdisciplinarity)并不是一个新的概念,自 1970 年正式提出,已有五十余年历史。超学科也不是一种新的实践方法,那些围绕新问题、新环境、新局势开展的超越学科边界的研究与合作,早已成为全球产业发展与技术革命的助力。但超学科真正得到公众的关注、形成既定的理论和范式得益于知识生产格局的变化。当代社会的发展正在创造一个不断变化的知识生产格局。一是知识机构在全球知识经济中的角色发生转变;二是通过知识生产解决日益严重的国家和国际环境问题的需求不断增加;三是随着教育和信息的分布更加广泛,知识人口结构也发生了变化。这种不断变化的环境要求学校等组织改变其知识生产方法。可以说,超学科的出现,是对全球知识格局变化的一种回应,并对未来的知识生产和社会转型产生巨大的影响。

自超学科出现以来,此概念就与多学科和跨学科之间存在较多争议。如果我们把每一个学科当成一种食材来看,那么多学科就好像是一盘沙拉,即使用某种方式将各个学科集合在一起,但仍旧保留了学科本来的形式和特点。跨学科则像是一盘炒菜,仍可判断出原学科的形式,但特点和功能似乎与其他学科产生了融合。而超学科则像是一份蔬菜蛋糕，原学科的形式和功能与其他学科都产生了融合，难以判断其本来的形式。

二、超学科的教育教学实施

在目前的学校教育模式下，小学基本上采用分科教学，分科教学的方式可以让学生更好地掌握学科体系内的知识内容，但是在生活中遇到的问题并不总是某一个学科领域内的问题，而是综合性的问题，需要综合运用不同学科的知识以及学科之外的知识来解决。从这个角度看，目前的学校教育在某种程度上脱离了实际问题，分科教学在科学、技术和工程都高度发达的今天，已经显露出很大的弊端。除此之外，将所有的知识内容按照学科来划分，也并不能反映人类生活世界的真实性和趣味性。基于此，有必要在小学时期对学生进行超越学科界限的教育。超学科以生活中的实际问题为导向，具有用超越学科界限的方式解决生活、学习及工作中遇到的问题的特点，是满足于这一教育要求的。超学科课程的目的是让学生学会生活技能，将学到的知识运用到生活中，并从生活中学习，获得在真实世界中综合应用知识解决问题的能力，从而更好地生活。因此，有必要进行相应的教学探索，丰富相关经验，建立符合我国特色、符合学校特色的超学科课程体系。2015 年 9 月，教育部发布的《关于"十三五"期间全面深入推进教育信息化工作的指导意见》明确指出，要鼓励探索 STEAM 教育、创客教育等新教育模式。超学科教育作为一种新的教育模式，同 STEAM 教育以及创客教育是有一定区别的。创客教育有两个主要特点：一是创新，就是要有创意，有新的想法；二是实践，就是要将创意变为现实。因此，创客不仅要有创意，还要能够将创意实现，也就是需要有实际的产出；而超学科并不一定要有产出。STEAM 教育也强调不同学科知识间的融合，但 STEAM 教育更多的是科学、技术、工程和数学等理工学科的融合，重点是培养学生的科技理工素养；而超学科没有学科的限制，可以是任何学科的融合，所以在一定程度上，超学科教育要比 STEAM 教育的含义更广一些。

超学科课程的设计主要依据的理论是分布式认知理论。分布式认知理论认为认知不仅仅局限在认知个体，而是涉及认知发生的整个环境系统，包括认知的主体、认知伙伴、认知的环境及认知需要的资源、工具等，即参与认知活动的所有因素。这些系统要素对应到超学科的课堂中，即课堂的整个环境，包括活动发生的物理环境，参与活动的学生，为活动准备的所有的设备、材料，以及参加活动的所有教师等。其中学生有两层身份：一是作为认知的主体进行自我认知的构建；二是作为其他学生的认知伙伴，对其他学生的认知产生影响。因此，在对课程进行设计及实施的时候，所有这些因素都需要考虑。结合 PYP 的六个超学科主题——我们是谁、我们身处什么时空、我们如何表达自己、世界如何运作、我们如何组织自己和共享地球等，青岛超银小学开展了超学科主题教学，并在此基础上根据自身特点进行了一定的改动，从而确立了符合自身校情的课程体系——思道 FD 课程体系，并开展了短周期项目、课程周项目、场馆课程项目、节日课程项目、德育活动项目、研学实践项目等多种形式的超学科的项目式学习。

除此之外，六个子课题也是根据 PYP 课程的六个超学科主题进行设定的。例如：五年级的课程周"X 行星探索计划"，是根据"共享地球"进行设置的，在这个项目中，学生学习和了解有关宇宙太阳系的知识内容（例如地球资源、太阳系组成），并发挥想象力以小组为单位，创造一个新的行星，设计制作行星手册，搭建行星模型展示这颗行星的特征以及行星上的资源，并成为"行星推荐官"，将自己小组的新行星介绍给别人，尝试进行解说。在项目的学习中，学生在学习太阳系内容、了解宇宙的同时，能够认识到我们赖以生存的家园资源可贵，保护地球、节约资源刻不容缓，意识到宇宙之大，待探索的内容和方向还有很多，激发起对于宇宙探索更大的兴趣。兴趣是最好的老师，学生有了兴趣才能主动地去探索。由于课程涉及的方面比较广泛，因此，教师需要在课程实施过程中通过观察学生在完成不同方面任务时的表现来确定学生的兴趣点。在把握课程的难易程度方面，整个课程设计是有梯度的，可以根据不同学生的实际情况进行不同难易程度的区分，让每个学生能够有适合自己的层次。当然，学生最初确定的目标并不是固定不可变更的，可以根据实际情况进行适当调整。在学生对于课程的收获程度方面，由于该课程中涉及的知识方面比较多，有人文历史、地形地貌、信息技术等不同的知识内容，对学生而言，无论在哪一方面有所收获，都会产生一定的成就感。

三、成果展望

经过不断地学习与探索，学生能够从超越学科界限的学习中掌握技能，为实际生活提供便利,这正是超学科的最大意义。这一课程由于涉及的知识内容比较多,且比较自由,学生在很大程度上可以自己确定想要了解学习的内容。通过课程的具体实施可以发现,有的学生会对地理知识感兴趣,有的学生会对历史人文了解得比较多。因此,通过超学科课程这种比较自由的学习方式,不仅可以让学生进行综合知识的应用,还可以更好地发现学生的兴趣点,促进其个性化发展。但是目前关于超学科的研究及具体实践还相对比较少,所以后续还要继续进行相关的研究以及课程的开发,从而获得更多的经验。

第二节 短周期项目

PBL 课程的大目标是完成一个项目,是以真实情境为背景,基于现实主题,以学生为中心去解决真实问题的学习方式;跳出"你来我往"式的传统教学组织逻辑,变授受式的教学为自主探究式的深度学习、合作学习;根据学生的认知发展规律,按主题及年龄编纂,实现学习体系的螺旋式上升。

《义务教育小学科学课程标准(2022 年版)》指出,要以科学思维能力、科学探究和实践能力、科学态度与社会责任的培养为重点,促进学习能力、创新能力的发展尤为重要。在项目式学习中,这种短周期项目课程的设计,把学生的思维、技能、能力、学科素养、学科知识等放在融学科主题中实施,充分发挥学生学习的主体性,激发学生的学习兴趣,引起学生的主动深入思考,让学习既有益,又有趣,帮助学生建立起知识与情感的直接联系,点燃其学习的热情,还原学习本来的样子,从而激发学生的创造性思维,促进学生学科素养的提升。

青岛超银小学在一到五年级各班均开设了 PBL 项目式学习课程,实施了为期 12 课时的短周期项目,各班有专门的项目主持人,负责带领学生共同完成任务。一年级的主题是"共享地球——水资源是全球共享的有限资源,需要保护"和"我们是谁——认识我们的感觉系统有助于我们的学习和发展";二年级的主题是"共享地球——人类可以采取措施保护地球资源和环境"和"世界如何运作——地球的自然循环往复影响生物的活动";三年级的主题是"共享地球——与自然栖息地互动时,人类的选择会影响到其他多样的生命"和"我们是谁——人类身体各系统之间的有效互动有益于健康和生存"；四年级的主题是"共享地球——自然灾害无法消除，但可以采取救援减少灾害对人类的影响"和"世界如何运作——能量可以被转化、转变和用来支持人类的进步"；五年级的主题是"世界如何运作——地球和太阳系的关系影响人类生活"和"我们如何表达自己——绘画与文字结合能更生动地描述和表达生活"；六年级的主题是"我们如何组织自己——我们毕业了"和"我们身处什么时空——人类一直在不断地进步发展中"。整个项目学习以兴趣为导向，以创新为方式，以社会责任为己任，让学生在习得知识的同时，收获快乐，感知责任，不断提高自身能力，培养成长性思维。这样的学习突破了从书本上获取知识的传统方式，让学生在实践中增长知识，调动了学生内驱力，点燃其学习的热情，更有利于学生的全面发展。

项目实例 1
——我们的身体

基本信息

▶ 项目由来

在项目当中外星人老师给小外星人讲地球人类的故事，引起学生的好奇心，于是几个小外星人来到地球人体博物馆参观，学生带着自己的问题分别进入不同的场馆参观学习去寻找答案。小外星人以绘图和解决问题的形式进行记录开启了探索之旅。

▶ 项目名称　我们的身体

▶ 实施年级　三年级

▶ 涉及学科　科学

▶ 项目描述

对儿童而言，生命世界是童年时代就怀有浓厚兴趣的神奇世界，人体的秘密更是他们倍感神秘和新奇的生命领域。人体充满了神奇和奥秘，该主题从人体的骨骼和肌肉、呼吸系统、消化系统、脑神经系统等方面，通过猜想、假设、实验验证、分析整理、搜集和处理信息的方法，让学生既动手又动脑，开始对人体结构进行认识,引导学生了解人体的奥秘,使他们对生命世界的兴趣进一步延伸,从对生命现象和事物的表面开始,发展到对生命本质的认识。

▶ 学习情境创设

生命世界是学生童年时代就怀有浓厚兴趣的神奇世界,此年龄阶段的学生对人体的结构、人体的器官等充满了好奇。基于这样的学情,教师设置的课程内容不仅紧扣科学课程标准中学生应掌握的目标,还让学生能够在学习过程中掌握方法,习得技能,自主探究。学生化身为外星人,带着自己的问题分别进入不同的场馆去参观学习,寻找答案,调动内驱力,激发探究的热情。

5 分项目谋划

▶ 确定知识技能素养目标

知识目标:知道人体的消化器官、呼吸系统以及保护它们的方法;知道氧气和二氧化碳对生命的重要意义;知道人脑具有高级功能,简要描述脑是认知、情感、意志和行为的生物基础;知道神经系统是由脑、脊髓和周围神经共同组成的;知道人体是怎样保护脑的;了解保护脑的主要方法;知道身体的肢体活动由骨骼、关节和肌肉共同完成,运动形式不同,骨骼、关节和肌肉的组合结构也会有不同。

技能目标:能针对人体提出问题;能选择适合自己探究的问题;能提出进行探究活动的大致思路;能反思自己的探究过程,将探究结果与假设相比较。

核心素养目标:认识到科学是不断发展的,乐于用学到的知识改善生活,尊重证据,愿意合作交流,尊重他人劳动成果。

▶ 设计驱动性问题

我们的身体有哪些秘密呢?

▶ 设计核心任务

认识人体的骨骼和肌肉、呼吸系统、消化系统、脑与神经系统。

▶ 教学策略

1. 准备策略

(1)分析教材,确定教学目标、内容、重点、难点,并制定明确、具体、可测的教学环节。

（2）分析学情，了解所教学生原有的知识结构和能力，优化教学内容，设计适宜的教学难度和学习方式。

（3）撰写教学设计，精心设计弹性教学预案。

（4）选择恰当有效的教学方式。

（5）准备课程的教学资源，如教学设备、课件、学生手册、人体结构示意图、与人体结构相关的视频和图文资料、实验器材和材料、设计图表格。

2. 实施策略

（1）在导入环节，教师设置情境，布置前置学习任务单，利用多种途径对项目内容进行资料查找和整理，小组成员进行交流分享。

（2）在探究环节，在项目学习开展时，教师设置情境并提出驱动性问题，学生利用学习手册，运用回顾前置学习内容、驱动性问题及小组成员讨论、游戏活动、实验、观看学习视频、设计制作等方式进行探究，解决项目问题，认识人体结构的奥秘，同时关注身体健康，认识到养成良好习惯的重要性。

（3）在展示环节，小组成员按照分工，提出并解决感兴趣的探究问题，并借助活动手册和思维导图围绕"我们的身体"进行总结。各小组分组选择主题及呈现方式，进行成果分享，并进行组组互评和教师整体评价。

（4）课堂教学有效评价策略。课堂教学有效评价策略在项目式学习中是指建立教师版技能评价量规，小组成员互相评估，小组合作评估，进行学生自评、知识性评估。教师版评价量规分为清楚刚刚起步、初步显现、正在发展、能够展现这几个阶段，根据不同的评价维度，分析团队合作质量和学生沟通能力水平。通过学生互评、小组合作评价，可提升学生对小组协作的认同感，同时找出小组协作学习过程可能出现的不足和协作学习中的优势，促进学生有深度地学习。

（5）讨论式课堂教学策略。学生在项目中通过一系列的探索，了解人体结构的相关知识，进一步关注身体健康，认识到养成良好习惯的重要性。在探究活动中学生能积极主动地与他人合作，积极参与讨论和解决问题，尊重他人的情感和态度，在能够了解学习其中蕴含的科学知识的同时，在体验过程中树立保护身体、养成良好习惯的意识，达到更加深入地学习的目的。

（6）课堂纪律管理策略。有效的课堂规则对于学生养成良好行为习惯、维持正常课堂秩序、提高学习能力有着重要作用。在"我们的身体"项目式学习中,建立了项目团队契约,建立了课堂公约制度,如课堂时间管理、课堂音量控制、课堂指令或手势管理、课后清洁,合理、民主、公平地满足学生的需求,师生之间相互理解与信任,从而让学生更愿意遵守共同制定的规则。

(7)教学管理策略。"我们的身体"项目式学习运用组队活动、心有灵犀游戏组建学习小组并展开活动,调动学生积极性;注重学生的情感生活、情感体验,充分发挥学生主观能动性,形成一种快乐积极的情感体验,形成一种他律与自律的体验;同时关注项目学习环境、实验探究和设计制作活动过程中的安全问题,及时提醒学生,防范一切可能发生的意外;教育学生遵守规则;项目学习的场所要备有安全设备和器件。

(8)教学监控策略。在"我们的身体"项目式学习中,教师根据授课年级学习内容积极主动进行分项目内容安排。整个过程通过过程性评估,包括评估表、学生手册、互评表、学生自评表等,进行评价与反馈。

(9)形式型策略。"我们的身体"项目式学习形式是丰富多样的,除了课堂教学外还设置了课外活动,有效利用各种社会资源和自然资源充实学习形式,多采用小组学习、合作学习、集体教学等多种组织形式,打通多学科内容,进行分项目式教学。学生在团队中相互依赖,协同工作,有效管理团队并应对可能的挑战,最终共同做出实质性的决策。

▶ **确定评价标准**

评价时,采取更加灵活多样的评价方法。在评价过程中,教师将从观察与表达、实验工具的选择、实验工具的使用、规则意识、团队合作、安全意识等方面对学生进行评价;学生自评和互评环节利用评星表从多方面进行评价。在总结性评价方面,评价维度包括学生手册、人体结构图、思维导图、成果展示、调查表等。教师根据不同维度对作品进行评星。课程评价确保课堂实施的质量,促进学生科学素养的发展。

4 分项目实施

▶ 实施过程——学生进行持续性探究

第一课时　入项

引入背景级及驱动性问题。

1. 两分钟旅行画出地球人的身体, 教师介绍背景

2. 教师出示场景图、地球人体图

（1）小外星人来到地球上用最快的速度画一个地球人的样子。

（2）通过绘图, 你有哪些发现？学生之间交流。

3. 学生列出心中的疑问

第二课时　整合驱动性问题

· 环节一　整理学生驱动性问题

1. 筛选问题

（1）请每个同学列出自己的问题后, 和同桌之间进行讨论。选择有探索价值的问题。

（2）外星人老师开始对小外星人的问题进行归类。

（3）现场分小组, 选择不同的场馆。学生进行讨论, 再次筛选有价值的问题或者修改问题, 确定最终要探究的问题, 并选择一个场馆。

2. 制订计划

（1）小组内制订探究计划及目标。

（2）每组选派一个小外星人当导游来汇报自己的行程路线, 可以以绘图形式或者其他形式展示。

第三课时　我们的身体外部结构

前置学习单:查找身体外部结构资料。

• **环节一　走进身体的外部结构**

问题:人类的身体由哪几部分组成?

人体好比刚才那个纸袋子,外面由皮肤包裹着,看不见里面,想办法推测内部有什么。

学生进行内部的推测。

再用手摸摸我们的身体里有什么。感觉一下,有硬硬的骨头。

根据大家用看、摸、听等方法所得到的信息,综合想象一下人体的内部是什么模样。

猜想部分器官的结构与功能之间的关系。

小外星人选一个器官,小组探究,汇报交流。

第四、五课时　我们的大脑和神经

前置学习:自主查找大脑结构资料。

• **环节一　谁在支配地球人类的行为和情感?**

探究:地球人类脑的外部特征是怎样的?

汇报:描述你了解的脑的形态和结构。

• **环节二　认识大脑的功能**

思考:大脑用颜色进行了区域的划分,结合图片,看一看学生在干什么。能不能将他们的这些活动与大脑图建立联系?

小组讨论:人脑的区域和功能。

分享:小组通过资料记录方式分享。

• **环节三　"眼疾手快"游戏**

玩"眼疾手快"游戏。

探究学习神经系统由哪几部分组成。

汇报交流。

人体会对环境刺激做出怎样的反应？

第六、七课时　地球人类的消化系统

前置学习单：自主查找人类消化系统资料。

·环节一　地球人类摄取的食物到哪里去了？

食物哪里去了？ 到消化场馆探究。

小组结合资料展开讨论。

体验活动。

（1）小外星人吃馒头，感受馒头"旅行"的路线。

（2）再次画食物"旅行"路线。

（3）教师采访学生的"旅行"感受：你们能说说馒头的"旅行"路线吗？

（4）小组代表交流。

小组确定路线。

·环节二　各消化器官的功能

接下来就让我们通过一个视频短片，进一步了解各消化器官的功能。

小组交流了解到的消化器官功能。

实验活动：唾液的消化作用。

·环节三　了解了食物的消化过程后，你有什么感想？

学生谈感想。

谈话：那我们应该如何来保护我们的消化器官呢？ 小组讨论一下，并做好记录。

第八、九课时　我们的心脏和血管

小外星人在旅行中发现人体中的秘密，他们思考脉搏的跳动是由什么引起的。于是小外星人带着自己的疑问开启了探索，他们发现人体中有心脏和血管。

前置学习：教师下发材料，或者学生自己查找相关资料。

- 环节一　测测脉搏

我们来给自己把把脉。

学生填写脉搏记录表,总结发现。

- 环节二　找一找我们的心脏和血管

大家知道心脏在我们身体的哪个部位吗? 摸一摸、听一听、找一找你们心脏的位置。

小组内交流,总结心脏的知识。

学生制作心脏模型。

第十课时　我们的呼吸

前置学习单:查找有关呼吸的资料。

- 环节一　小外星人玩游戏

游戏结束,组内学生说感受。

- 环节二　认识人类的呼吸器官

你要通过哪些方式来认识人类的呼吸器官呢?

根据你们进入场馆后的探究,呼吸器官有哪些呢?

为什么不能用口呼吸? 小组成员进一步探讨。

- 环节三　探究吸入的与呼出的气体是否相同

实验探究:二氧化碳特性。

第十一、十二课时　保护人体的各个器官

小外星人通过参观场馆对地球人类的身体有了深入的认识。外星老师布置新任务,地球人类对自己的身体健康十分重视,你知道他们是怎样保护自己身体各器官的吗?

- 环节一　整理资料,互相交流

学生根据自己参观的场馆主体利用网络或书籍查找相关资料,教师提供资

料、查找相关资料，并整理出有用的内容。

小组成员相互交流、汇总。

各小组班内进行汇报。

- **环节二　制作宣传海报**
- **环节三　展示、评比**

各组展示绘制的宣传海报，学生互评，选出最优秀的作品，颁发小奖状。

▶ **任务观察**

教师在本次项目实施过程中，主要关注两个方面：第一，学生行为，包括学生的观察与表达、资料的收集与整理、实验工具的使用、课堂规则的遵守、团队合作意识、安全意识、是否利用科学方法进行观察、能否选择合适的工具进行探究；第二，学习成果，包括学生手册、人体图、思维导图、图册、成果展示等。

▶ **学生自发的探究行为**

通过学习本项目内容，学生能将所学的人体结构的知识应用在日常生活中，关注身体健康，养成良好的行为习惯，并能够向身边人进行积极、正向的宣传。

▶ **项目展示**

学生在本次项目的学习过程中，有两大部分的展示，一部分为过程性展示：探究活动参与程度的展示、实验结果展示、学生手册记录展示等；另一部分为阶段性成果展示：思维导图展示、图册展示等。

学生在展示过程中根据展示的内容，需要以小组为单位进行汇报演讲：以思维导图为例，通过介绍自己小组在学习过程中的思考和梳理的内容，综合多方面进行评价。

1分项目复盘

▶ **复盘与反思**

1. 教师反思

在本次项目实施的过程中，教师从讲台上走下来，穿梭在各个活动小组中，感受到学生的活跃思维、好奇与感性。当他们面对外星人到地球人体博物馆参观的情景设置，完成整个项目探究时，眼睛里充满了星星之光，这是在传统课堂上感受不到的课堂氛围,他们的忘我投入全面激发了学习的热情。但是不得不说,在最初进行的过程中,教师对于项目活动中给学生多大的空间把握起来稍有难度,有时会出现课堂上我们把自己的角色进行转变,当成是一次项目的教练、一个指导员,把学习的主动权还给了孩子。

2. 学生反馈

在本次项目学习的过程中,我们学习的积极性和主动性得到了充分调动,大部分同学不仅能够真正掌握关于人体结构的相关知识,而且能够在一次次的小组合作学习中学会团队合作和交流。我们在面对一个个小任务的时候,或许并不能迅速地达到老师预期的完美目标,但是不得不说,一次项目的学习,锻炼了我们的观察和表达能力,提升了我们的规则意识、安全意识,让我们学会科学使用工具和方法,也让我们的科学素养得到了有效的提升。

项目实例 2

—— Eco city 菜园项目

基本信息

▶ **项目由来**

项目来自植树节,学生用绿色布置教室。一位学生带来了家里种植的果蔬,学生围观小小绿植,互相猜测名字,并交流生长过程,有的学生建议将绿植放到教室里摆放,绿化、美化教室。于是大家产生了很多疑问:小盆栽的产量如何？如何种植与维护？种植维护需要哪些工具？我们如何制作？于是为了推进学生兴趣的发展,教师开启了 Eco city 菜园项目。

▶ **项目名称**　Eco city 我的菜园

▶ **实施年级**　全校

▶ **涉及学科**　数学、科学、音乐、英语

▶ **项目描述**

Eco city 菜园项目让学生自主设计心目中的 Eco city,即创建一个学生心中的绿色生态城市。结合学校的种植活动,学生通过对蔬菜栽培方法进行探究和

调查,学会数学、科学等学科的知识,并在现实场景中锻炼团队合作能力,学会如何针对科学探究提出问题,如何设计和开启使用多变量的探究,如何思考和解析数据,如何进行科学的理解与解释,如何运用数学去进行科学的解释,如何从总结的证据中获取论据,如何合理使用信息获取、评估和交流等方法,过程中学生用自己种植的香料做各种料理,培养动手能力。在学期末,教师会评选出最佳 Eco city 设计师、最佳果树科学家、最佳米其林大师等优秀学员,对学生的探究成果给予充分肯定。

▶ **学习情境创设**

当下日益增长的人口数量,带来了很大的食物生产的压力。对于这一问题,在 Eco city 你想拥有怎样的城市生态系统呢？ 对此你将如何通过你的小菜园贡献一份力量呢？ 快来进入我们的探究学习吧！

5 分项目谋划

▶ **确定知识技能素养目标**

知识目标:了解 Eco city,了解植物的结构和功能、生物体和生态系统中的物质和能量,了解食物的营养搭配。

技能目标:学会绘制自己的 Eco city 并制作出属于自己的小菜园;学习食物营养搭配,制作一份营养又美味的食物。

核心素养目标:提高学生读、写、听、说的能力,提高创造性思维,在实践过程中有决策能力及解决问题的能力、学习能力和推理能力;在整个课程中获得一定的统筹能力、合作及交际能力、获取并利用信息的能力、系统运作能力、利用多种科技手段工作的能力。

▶ **设计驱动性问题**

(1)我们如何通过探究制作自己理想的 Eco city ？

(2)如何通过观察学习植物的生长,来解决植物的高效优培种植？

▶ **设计核心任务**

了解所有植物都是由最小的生命单位——细胞构成的。植物只有在能量供给充足的条件下才能产生有机物(糖)。在这个反应中,二氧化碳和水合成碳基有机分子并释放氧气。

▶ 教学策略

1. 导入：创设情境，吸引学生主动参与

J 公司发来的一封信向学生介绍项目，并让学生给 J 公司出谋划策，向 J 公司介绍自己的项目。

2. 新授：设计游戏环节，增强趣味性

每成功完成一项任务获得奖贴一枚。

3. 学习过程中的言语激励

用过程性的评价机制实时给予过程性评估评价。

4. 小组分工合作，强化主体意识

开展小组合作学习，有利于师生间、学生间的情感沟通和信息交流，有利于思想的撞击和智慧火花的迸发，能够强化学生的主体意识，激发学生潜在的创造力，鼓励学生从不同的角度去观察、思考问题，发展思维的发散性、求异性。学生通过动手操作、探索交流进行学习，真正成为教学活动的积极参与者。平时的课程班级人数较多，每节课有机会发言的学生是有限的，好多学生都成了观众。在小组合作中，每个学生都有了展示自己的机会，每个学生都真正成了学习的主人。此次课程设计当中需要学生根据馆长的讲解，小组分工合作共同回忆馆长的讲解顺序和内容，分别记录，最终完成油画脉络。寻宝奇兵们将所记录的线索进行分享，互帮互助。

5. 植物的形成评价

教学重视学习过程，但必然也要让学生通过各种媒介将自己的所感所想用不同形式表现出来，也就形成了课堂作业。菜园子作品一般以种植为主。学生在学习过程中吸收并积累经验，教师根据不同学习计划布置对应作业，在作品完成后给予学生作业相应的评价、反馈。每节课的作品都会引导学生进行自评、互评。在此基础上，教师尽可能给出评价和奖励，说出感受，学生从自己、他人观点、教师建议中多角度了解、感受、评析自己作品的优缺点，及时反思，改变以往的全员通过模式，让学生明确标准，知道什么是优秀的作品，什么是合格的作品，什么是不合格作品，哪里需要精进。在课堂学习中，学生不论是对自己或是对他人的作品展开评价，都可以让他们在一次又一次的评价过程中学会评价的方法、诚恳的待人态度，同时他们的表现能力、表达能力、自信心以及批判思维均能获得提高。

6. 建立民主平等的师生关系

在课堂上，教师要与学生建立民主平等的师生关系，营造民主和谐的氛围是十分重要的，这能使学生通过积极的课堂学习，感受到教师的爱、同学的爱。情感、态度与价值观的实现并不是通过每一节课加上一个环节来达到的，而是靠教师的一种教学意向，把对学生能力的培养与情感、态度与价值观的关注，当成一种内在的教学品质和自觉的教学行为，利用课程资源去熏陶，通过师生交往、生生交往，让学生在学习过程中获得知识和技能的同时，得到情感的体验。

▶ 确定评价标准

对于整个探究过程，教师会根据五大评估标准来进行评价。

1. 探究

以海报的形式进行汇报展示，教师给小组的共同打分就是本组本人的成绩。

2. 知识

了解所有具有生命的物体都是由最小的生命单位——细胞构成的。一个生物体由单细胞或者多种不同数量和种类的细胞构成。植物只有在有能量输入的条件下才能产生有机物（糖）。在这个反应中，二氧化碳和水合成碳基有机分子并释放氧气。

3. 过程

即学习之旅，包含四次闯关活动。

4. 沟通

讲述分享学习成果，学生将植物生长过程、培养种植故事进行自信、有逻辑的表达。

5. 实现

展示、回顾和自我评价所做的作品。教师通过菜品的营养搭配、蔬菜的生长健康情况、学生过程性的回顾内容收获度与整个评估过程是否为我所用进行评价。

4 分项目实施

▶实施过程——学生进行持续性探究

第一课时　项目准备

- 环节一　教师为顺利实施项目做必要准备
- 环节二　项目启动

（1）入项活动：J 公司发来的一封信向学生介绍项目，并让学生给 J 公司出谋划策，向 J 公司介绍自己的项目。

（2）通过视频向学生介绍 Eco city 绘制方法以及植物种植过程。

第二课时　创建 Eco city 菜园

- 环节一　播种

（1）学生思考项目驱动性问题。

（2）学生制作项目中需要回答的问题清单。

- 环节二　学生比较培育方法

（1）学生设计实验。

（2）在实验中，学生学会识别控制变量、独立变量和非独立变量。

（3）学生创建 Eco city 菜园。

第三课时　项目框架构建和管理

- 环节一　项目框架构建和管理

学生咨询当地专家，以确定为了确保蔬菜的品质，在整个过程中需要监测的特质或特性。

- 环节二　协助开展数据的收集和数据种类的讨论

第四课时　实际生活应用

· 环节一　学生计算节约的土地并思考如何优质栽培及其在实际生活中的应用

· 环节二　学生自主选择或教师分配在培育蔬菜过程中学生担任的相关角色

第五、六课时　探索光合作用的过程

· 环节一　学生在显微镜下观察植物微小组成部分，从细胞的角度比较传统种植方式和气雾栽培方式下植物的生长状况

· 环节二　学生探索光合作用的过程

第七、八课时　分析数据

· 环节一　协助筹备作品展示走廊，通过不同的方式将数据可视化地呈现

（1）学生整合数据，将他们已有的发现整合成一张图表。

（2）学生开发其他方式进行数据可视化演示。

（3）学生比较数据并分析趋势和观察结果。

（4）学生基于数据得出结论。

第九、十课时　反思与分析

· 环节一　学生实验后对实验方法进行反思和分析

· 环节二　学生重新思考 Eco city 菜园对未来的影响，运用数据对其在实际生活中的应用提出建议

（1）学生实验后对实验方法进行反思和分析。

（2）学生重新思考 Eco city 菜园对未来的影响，运用数据对其在实际生活中的应用提出建议。

第十一、十二课时 作品展示与评估

• 环节一 学生对在展示环节进行展示的作品主体进行改进

（1）学生收获蔬菜并选取样品。

（2）学生作品评估和展示。

• 环节二 Eco city 菜园项目展示

（1）确保项目展示的时间和场地无误。

（2）学生练习作品展示。

（3）分配学生在项目展示中的角色。

▶ **任务观察**

教师在任务中的角色为观察者，在每一个评测项目中根据学生的项目完成度进行每一个项目的评估与量化，并给予实时记录与引导。

（1）学生以海报的形式进行汇报展示，教师给小组共同打的分就是本组本人的成绩（占比 20%）。

（2）过程中探索此环节（占比 20%）。

（3）学习之旅，四次闯关冒险中单人获得奖贴共四枚者可获得成绩（占比 20%）。

（4）最后讲述分享学生的学习成果。教师身份为观众，根据现场的感受、氛围等给予整体评估（占比 20%）。

（5）展示回顾和自我评价环节（占比 20%）。

▶ **学生自发的探究行为**

通过学习本项目内容，学生能将所学的蔬菜栽培方法、真实的调查研究、食物营养搭配运用到生活中，关注植物的结构和功能、生物体和生态系统中的物质和能量。

▶ **项目展示**

学生共同布置属于自己的 Eco city 菜园展厅，自主进行植物展示陈列，并将自己的植物向参观者进行全方面的介绍。教师鼓励学生大胆地进行演讲与表达。

1分项目复盘

▶ **复盘与反思**

1. 教师反思

初定学校的大主题是"小菜园子"，以什么作为班级综合实践活动的小课题引发了我们的思考。学生提议围绕大主题报自己感兴趣的小课题，让大家来讨论、组合，再确定自己的课题。学生分别选了种植、养殖、小厨师、手工、装饰、维修等小课题。在整个研究过程中，学生收获颇丰。在采访中，学生学会了如何观察人、了解人、与人沟通；在克服自身心理障碍的同时，更懂得了应尊重别人。兴趣是最好的老师，学生在选主题时选自己的所好，所以一开始便兴致勃勃地开展活动，花尽心思，尽其所能且花样百出。学生虽辛苦但快乐，愿意去做。活动中，为了获取信息，要与人交往，要知道查询资料的途径，要懂得资料的处理方法，要学会与人沟通。在种植过程中，学生亲眼看到了植物的生长，亲身感受了劳动的快乐，发现了问题、解决了问题。这一切都是他们真实的感受、切身的体验。

2. 学生反馈

我种的菜收获了，虽然只有几把菜，但我只留了一把给自己，剩下的全都送给了社区的叔叔阿姨。看到叔叔阿姨惊讶的眼神，我心里真是乐开了花。经过一个月的查询和实践，我学会了如何查询资料，而且明白了"尽信书不如无书"的道理。我们组通过去图书馆、去书店、问别人以及网上查找等途径，掌握了不少种菜、养花的知识，并"出"了一本资料集。经交流，我们发现同是养杜鹃花，书中讲用剩的茶叶水、变质的牛奶浇花，花长得更好，然而我们院子里爱养花的钟老师却告诉我最好用冷开水浇。我与小组同学按两种方法去做，结果发现用冷开水浇花确实好一些。从中我感受到"实践是检验真理的唯一标准"和"尽信书不如无书"的道理。

第三节　课程周项目

在项目式学习中,教师给学生设定项目,协助他们完成任务。这些项目是一个问题,或者一种挑战,围绕学生学习生活设立项目,让学生觉得一切都发生在身边。项目式学习的本质是把教育的责任主体翻转过来,从教师的教学任务,变成学生自己的挑战。从设定目标、制订计划,再到执行计划、展示成果,这是自主学习的一个完整循环。在这个过程中,教师扮演导航仪的角色,提出驱动性问题,设定驱动性任务,学生在整个项目式学习中根据驱动问题和任务积极探究、进行深入讨论交流,自主解决问题、完成任务。项目式学习可以激发学生的学习主动性,让学习进入良性循环,使学生更有参与感,也更有学习的热情。

在项目式学习的实践过程中,我校实施了为期 30 课时的项目式学习课程周。在 1 周的时间里,学生不再进行独立的学科学习,而是打破学科壁垒,进行融学科的学习;教师也暂时收起学科教师的身份,转变为项目导师;在集体协同备课的过程中,各科教师将本学科的学习目标、学习重难点等内容融入项目任务中,学生通过问题驱动和任务驱动的方式,进行主题明确的项目式学习。教师借助超银小学项目式学习"541"模式进行教学分析、教学实施和教学评价(如图 4-1 所示),通过一个个完整又真实的项目提升学生核心素养。

青岛超银小学历来以培养能适应未来社会发展的人为办学使命与教育追求,通过培养学生的自主学习力、灵活迁移力、高阶思维力来培养学生适应未来发展的能力。同时,青岛超银小学让学龄儿童在入学伊始便感受到学习可以像玩耍一样有趣,让学生对学习充满兴趣与好奇,继而让学习真实地发生,这是我们的不懈追求。这与全面压减作业总量和时长,减轻学生过重作业负担的"双减"政策不谋而合。与减负相对应的是提效,在做中学、在玩中学的课程周项目使得学生既完成了学习任务,又增加了学习乐趣,还减轻了学习负担。

在课程周的项目式学习中,青岛超银小学一年级的学生进行了以"小学生的英雄梦"为主题的课程周项目式学习。学生通过"我们要如何成为社区中的小英雄"这一驱动问题,来探究什么是社区、什么是英雄,思考探究如何让社区

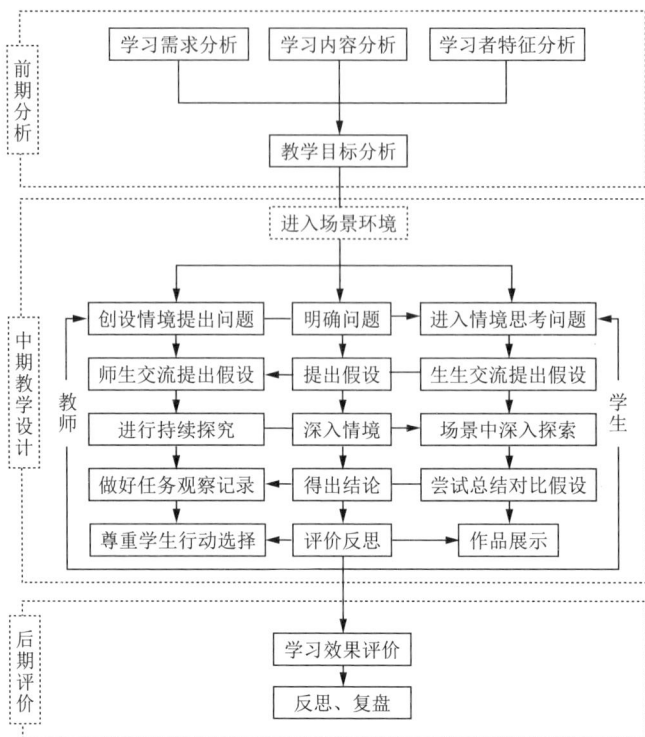

图 4-1　项目式学习课程周实施模式图

变得更好、如何为社区做贡献，最后展示自己的行动方案。在这个过程中，学生了解了英雄人物，如袁隆平、钟南山，他们虽没有超能力，但却以不同的方式努力使世界变得更好。而我们身边也有这样的平凡英雄，他们可能是父母、是老师、是邻居，是每一个善良却普通的人。学生通过探究，思考自己可以采取哪些行动，为自己所在的社区做贡献，努力成为社区的"小英雄"，实现自己的英雄梦想。二、三年级分别进行了以"垃圾分类是就是新时尚"和"我和我的祖国"为主题的课程周项目式学习。四年级的学生进行了以"情绪大作战"为主题的课程周项目式学习，通过"我们如何成为情绪的主人"这一驱动问题，探寻整理情绪的方法，探寻友谊的边界以及怎样呵护友谊，在项目式学习的过程中正确认识自己、探寻周围的人际关系和集体归属。在这个项目学习的过程中，学生更好地认识自己，更高效地与他人沟通，同时学得管理自己情绪的好方法，使自己成为情绪的主人。五年级的学生进行了以"X 行星计划"为主题的课程周项目式学习，通过"当地球资源枯竭时，什么样的新行星可以满足我们的生存需求"这一驱动问题,引出"拯救"地球计划、探寻我们在宇宙中的家、认识我们的地球宝藏、设计自己的 X 行星,最终展示自己的行星。在这个项目学习的过程中,学生用自己的实际探索感受地球与太阳系的关系如何影响人类的生活。六年级学生进行了以"神秘的古代文明"为主题的课程周项目式学习,通过"寻找古代文明在身边的影子"这一驱动问题,探寻神秘的埃及文明和智慧的罗马文明,进而感受古代文明对现代社会生活产生的影响。

项目实例

——X 行星计划

基本信息

▶ **项目由来**

随着时间的推移,人类正以前所未有的速度消耗着地球资源。每年,地球人口都在增长。我们消耗的自然资源比地球一年内再生产的资源更多,排放的二氧化碳也远远多于我们的森林和海洋能够吸收的二氧化碳。因此,我们的资源在负债增长。项目基于当面对地球资源逐渐减少甚至是面临枯竭时,我们能有什么办法应对这种状况。茫茫宇宙中,还能有第二个地球接纳我们吗?我们发挥想象是否能够创造一个星球为地球提供必要的资源?

▶ **项目名称**　X 行星计划

▶ **实施年级**　五年级

▶ **涉及学科**　科学、美术、语文、数学

▶ **项目描述**

在这个项目中,学生学习和了解有关宇宙和太阳系的知识内容(如地球资源、太阳系组成),并发挥想象力,以小组为单位,创造一个新的行星,设计制作行星手册,搭建行星模型展示这颗行星的特征以及行星上的资源,并成为"行星推荐官",将自己小组的新行星介绍给别人,尝试进行解说。在项目的学习中,学生在学习太阳系内容、了解宇宙的同时,能够认识到我们赖以生存的家园资源可贵,保护地球、节约资源刻不容缓,意识到宇宙之大,待探索的内容和方

向还有很多，激发起学生对于宇宙探索更大的兴趣。

▶ 学习情境创设

尽管过去的几百年里，人类做了很多节能贡献，但是依照现在的消耗速度来看，2200 年地球上最后的一点资源将枯竭，温室效应将会让我们一年内几乎看不到雨，不再有煤和石油，但是 2200 年，我们可以创造一个新的星球，那里更加适宜居住。没有了国家的概念，所有的人都可以去自己想去的地方。人们的生活方式与过去相比，发生了质的变化。人们住的房子不再是当年的那种钢筋水泥建造的笨重住宅，都变成了新材料的。在南北极的冰原上，全部都是人类架设的风力发电站，它们可以借助两极地区的狂风发电，而在无线输电技术已经相当成熟的未来，南北极的电可以提供给星球上的任何一个地方。

5 分项目谋划

▶ 确定知识技能素养目标

1. 知识目标

语文：通过这个项目，让学生关注生活，留意地球现状。结合如何表达自身的变化、家乡的变化，自己的心愿是否实现等问题，让学生抒发对家乡的心愿，具体描述家乡二十年后的变化。

科学：培养学生动手操作以及查找相关数据、了解信息的能力。

美术：学会合理搭配色彩，培养学生的审美能力，初步感受、欣赏环境、生活和艺术中的美。

2. 技能目标

让学生将目前地球发展状况和畅想的未来新的行星进行对比，培养学生的表达能力；通过组队培养学生的团结合作能力。在探究过程中，让学生学会提出问题并且解决问题；在查找资料、创造星球的过程中，让学生学会检索信息。

3. 核心素养目标

语文：培养学生的良好品德及素养、独立学习的能力，积极倡导自主、合作、探究的学习方式，鼓励自主阅读、自由表达，注重听说读写的相互联系，注重语文与生活的联系，注重知识与能力、过程与方法、情感态度与价值观的整体发展。

美术:运用形色、肌理和空间等美术语言,以描绘和立体造的方法,选择适合于自己的工具、材料,记录与表现所见所闻、所感所想,发展美术构思与创作的能力,传递自己的思想和情感。

▶ **设计驱动性问题**

当地球资源濒临匮乏时,如果你在太阳系里发现了一颗可利用的新行星,它会是什么样子的?

▶ **设计核心任务**

以小组为单位,展示自己制作的行星,并进行展示。

▶ **教学策略**

1. 情境教学策略

上课伊始,为学生创设一个情境,2200 年,地球上最后一点儿资源将会枯竭(通过播放视频,创设较真实的地球环境)……我们在宇宙中发现一颗新的行星,这颗行星应该是什么样子的呢? 以此激发学生的兴趣和探究动机。

2. 启发式教学策略

"不愤不启,不悱不发",适度的启发是教师发挥主导作用的重要体现。在课程周第二课时中,课堂上教师先带领学生观看视频,学生有代入感之后再进一步追问:"如果以后的地球真的如续写故事中的一样,我们该怎么办?"教师让学生思考 1 分钟,大胆想象列举出几种解决办法。思考过后,教师对学生的想象进行指导和点拨,鼓励全班学生进行方案分享。

3. 合作学习策略

在接下来的课程学习中,合作学习是一种既适合教师主导作用发挥,又适合学生自主探索、自主发现的教学策略。

在学生合作学习过程中,首先是混合编组。立足六大全球化能力中的品格、协作、创造力、沟通能力,学生通过判断自己的优点,自行选择两项以上技能,将自己的名字写在雪糕棍上,放入讲台对应的四个技能桶中,由教师或者学生进行盲选组成一队,最好确保每个小组四人分别是不同的技能。这能够使每个小组的学生各具特色、取长补短,同时小组间的整体水平相当,保证参与的公平性。明确小组的合作目标和分工,建立小组公约。例如在制作太阳系家谱这一合作项目上,小组首先要明确自己合作完成的目标是绘制一份太阳系家谱,然后进行分工,查阅相关资料并在小组内分享,一起讨论绘制,并根据小组公约和评价机制对小组成员进行科学的评价。

4. 自主学习策略

要设计一个行星，首先要知道行星的特点是什么，它和地球有什么相同点和不同点。在这个项目式任务的驱动下，学生能够主动查阅资料，了解行星，清楚每一个行星的特点以及相对于地球的位置。在此基础上，又了解了什么是恒星、它与行星的关系和不同等等。

5. 演绎教学策略

为了让学生更加清晰地感受行星的运动规律以及特点，在课堂上，教师用脸盆、地球仪、乒乓球、蜡烛等道具，为学生演绎太阳、地球、月亮三个天体之间的运动规律，并让学生自己动手体验，进一步感受地球的特点、四季的变化、昼夜的交替，为下一步设计 X 行星提供一定的启发。

6. 讨论教学策略

课程进行到这个环节，准备为 X 行星设计名片啦！它会是什么样子的？行星上的温度会如何？在上面会发生哪些有趣的故事？这些内容都是接下来小组讨论的话题。学生一边讨论，一边记录，形成表格和图表，为进一步制作模型做好铺垫。

7. 归纳教学策略

制作 X 行星档案手册，对本次课程周的所有研究内容做一下总结归纳吧！画一画星球画像，写一写它与地球的距离、它上面都有哪些资源……将所有资料归纳总结，整理成册，形成一本 X 行星档案手册，让其他星球的同学更好地了解你的星球。

8. 探究学习教学策略

探究学习教学策略是本次课程周实施过程中贯穿始终的一种教学策略。它是学生在教师指导下通过自主、独立地发现问题，实验，操作，调查，搜集与处理信息，表达与交流等探索活动，获得知识、技能、情感与态度发展的学习方式和学习过程。X 行星探索计划中头脑风暴确定课题、混合搭配组织分工、自主合作搜集信息、积极讨论整理分析信息、解决方案形成星球模型、结果展示交流与评价都是探究性学习最好的体现。

▶ 确定评价标准

（1）能够完整呈现星球，色彩搭配美观、表述能力强，星球思维导图完整，

太阳系家谱设计全面,小组合作中分工明确,按时完成任务,评价优;

（2）八大行星绘制不完整,色彩搭配不协调,不能够清晰地表达组内交流的内容,思维导图绘制不完整,小组合作中没有明确分工,任务没有全部完成,评价为良;

（3）星球模型有遗漏,色彩搭配较为协调,能够准确表达思维导图,准确设计太阳系家谱,小组合作中分工不统一,任务完成不完整,评价为一般。

4 分项目实施

▶ 实施过程——学生进行持续性探究

第一、二课时　入项活动

· 环节一　故事续写

"如果在 2200 年,地球上的最后一点资源枯竭……"随机抽选小组,每个人进行故事一句话续写活动,使之形成一个完整的小故事。（第一次尝试可能并没有什么方法,只是让学生想到什么写什么）

· 环节二　分享

请小组成员进行故事分享。

· 环节三　提出问题

如何让故事显得更有条理和逻辑?

· 环节四　知识拓展

如何进行故事的续写? 有没有什么小技巧?

· 环节五　引导支架

教师可以通过两篇文章对比(有逻辑和杂乱无章)的方式,通过对《二十年后的家乡》的学习,让学生阅读后交流讨论感受,引导学生采用列提纲的方法使文章更有逻辑性,语句更顺畅。

· **环节六　更新迭代**

利用新的方法,调整续写的故事并进行分享,小组先讨论想要续写的方向,有初步的提纲,再进行续写。

第三、四、五课时　拯救地球

· 环节一　回顾

回顾关于地球资源的续写故事。

· 环节二　问题导入

提出问题：如果以后的地球真的如续写故事中一样，我们该怎么办？请思考 1 分钟，大胆想象列举出几种解决办法。

· 环节三　交流分享

和全班进行方案分享，并与其他同学进行探讨和提问。

· 环节四　驱动性问题

最终确定一个方向：当地球的资源濒临匮乏时，如果你在太阳系里发现了一颗有可用资源的新行星，它会是什么样子的？接下来的这一周将一起解决这一问题，为观众更加直观地呈现我们的星球方案！

· 环节五　组队活动

通过了解组队条件，进行四人分组活动。

· 环节六　预备分组

六大全球化能力（其中四种）：品格、协作、创造力、沟通力。

（1）学生判断自己的优点，自行选择两项以上技能。

（2）将自己的名字写在雪糕棍上，放入讲台对应的四个技能桶中。

（3）由教师或者学生进行盲选组成一队，最好确保每个小组四人分别是不同的技能。

· 环节七　分组注意事项

支架：全球化能力的含义。

（1）品格能力：对生活和学习的积极态度；勇气、韧性、毅力和修复力；行动中的同理心、同情心和正直感。

（2）协作：团队成员相互依存和协同努力；人际关系和与团队相关的技能；社交、情感和跨文化技能；管理团队动态和挑战。

（3）沟通：针对不同受众进行交流；信息传递有主张目标并能产生影响；反思，以进一步发展和改善沟通；表达身份认同，发出促进人类进步的声音。

（4）创造力：经济和社会的创业精神；提出合适的探究问题；追求和表达新

颖的想法和解决方案;将想法变为行动的领导力。

第六至十三课时　我们在宇宙中的家

- **环节一　回顾**

和学生一起回顾项目的驱动性问题以及 NTK 的问题。

方法:四人讨论回忆,并回答。

- **环节二　导入**

你知道我们在宇宙中的家在哪里吗？你知道我们的邻居有谁吗？通过一个视频简单认识太阳系中各部分的关系。

视频资源:太阳系视频。

- **环节三　提出问题**

清单任务:请你担任一名小小讲解员,用直观的方式讲述太阳系,其中需要包括知识的掌握以及模型的展示。

演示支架:如何让学生更好地了解什么是公转,什么是自转？直接讲述会比较枯燥,你能否设计一个小实验或演示——滚盘或人工演示？

- **环节四　头脑风暴**

如何能够将太阳系的情况和家族成员更直接、更好地介绍给其他人？和小组成员进行头脑风暴,提出讲述方案。

注:教师可以边说边写在黑板上。(需要模型、直观的行星介绍图等)

注:因为模型比较直观但没有数据,家谱有数据但只是绘画,所以最终确定以"家谱＋模型"的方式呈现太阳系家谱。

- **环节五　引导方式**

(1)准备怎么呈现太阳系家谱？(图表、绘制、模型等)

(2)家谱中应该有哪些内容？(包括家谱中的成员名称、大小、距离、位置等)通过头脑风暴的形式呈现在学习单中,教师记录展现在黑板上。

- **环节六　知识建构**

(1)教师推荐网站让学生学习网络检索信息的方法。

支架:获取新知识的途径有哪些？(学生头脑风暴,回答记在黑板上)

书本、教材、网络(区分资源的有效性,要有自己的判断力)等资源视频。

(2)小组合作共同查找有关太阳系的科学知识内容,进行筛选、整理和学习。

• 环节七　设计

根据所了解的信息知识完成太阳系家谱的设计。

• 环节八　制作

小组合作共同完成太阳系家谱的绘制和太阳系模型的制作。(在白纸上完成,模型可以直接呈现在家谱上或者单独制作)

注:注意进度的把控;制作过程中确保信息的准确。

• 环节九　STEAM 设计

太阳系中除了行星和恒星之外还有非常美丽的星云和星座,你看到过吗? 关于星云和星座的知识你又知道多少呢? 简单查阅了解星云和星座资料并制作星座灯。

• 环节十　彩排

• 环节十一　小组讲解

第十四至十七课时　我们的地球

• 环节一　回顾

(1)回顾前一天的内容。

游戏:头戴太阳系知识内容的卡片,玩你来描述我来猜的游戏。(可以是行星的名字、公转、自转等,两人一组,一人描述一人猜)

(2)再次强调项目的驱动性问题,可以利用项目墙和学生一起回顾驱动性问题和 NTK 的问题以及已经解决的问题(太阳系的科学知识内容)。

• 环节二　提出问题

我们所创作的星球需要为地球提供必要的资源,那你知道地球有哪些维持生命的资源吗? 先请学生现场随意回答,教师将其答案以思维导图的方式记录在黑板上,引导学生观察发现资源的分类和记录都是比较凌乱的,因此引出我们要系统地了解地球的资源,就需要为我们的地球建立一份清楚明了的资源清单。

- 环节三　实践

尝试简单地用思维导图或表格的形式梳理一下小组一天的学习内容及安排，讨论如何更清晰地呈现内容。

- 环节四　设计

引导学生利用网络、图书等资源，利用思维导图或表格的方式梳理一份地球资源图。

第十八至二十五课时　我们的星球是什么样的？

- 环节一　回顾

回顾前两天共同解决的 NTK 问题有哪些。（太阳系的知识、地球资源的梳理）

游戏：每组选择一位同学参加，玩逛三园的游戏。（说明：十个同学，教师提问太阳系里有什么，地球资源有什么，学生回答）重新强调和回忆驱动性问题。（创造一个新的星球，为地球提供必要的资源）

- 环节二　头脑风暴

想要创造一颗星球，它可能是什么样子的呢？要想让它能够加入你的"太阳系家谱"，它必须要有哪些参数？请你先将你们星球需要的参数（如星球的大小、与地球间的距离、大致外形）列举在学习单的表格中，并和小组成员简单讨论大致的参数信息。

- 环节三　提出问题

为你的星球制作一本星球档案手册，让其他星球的同学更好地了解你的星球，通过小组讨论共同创建星球信息学习手册。

（1）你已经开始要为你的星球选择地点了，可以把它缩小到两个选择。写下两个你想要的地方。然后，对它与太阳的距离以及它是由什么组成的开展研究。（外层空间位置学习单）

（2）一旦确定了星球位置，引导学生采用表格的形式归纳星球信息，包括星球名称、温度、颜色、资源存在的形式等。（星球细节学习单）

（3）关于你的星球，最有趣的事是什么？使用上一环节的头脑风暴学习单指南来帮助你决定想让人们知道的关于你的新星球的三个事实，一定要使用完整的句子进行重要的细节描述。（行星事件学习单）

（4）你的星球一周的天气可能是什么样子？一周中的每天会怎么称呼呢？利用你的想象力，填写对你的星球的预测。（行星天气预报学习单）

（5）因为这是一个全新的行星，科学家们会希望你带回样本来检查和进行实验。你会在你的星球上发现什么东西呢？列出你发现的三个物品，并解释为什么会有此发现。

分析你选择的物品。（提示：可以跟你星球的资源产生联系哦！——空间收集学习单）

· **环节四　设计**

因为我们最终要为他人介绍你的星球，所以要将你的星球档案制成手册，方便他人观看，根据之前多个学习单中你对星球的描述讨论，请你完成你的星球画像。（学习单或更大一些的白纸都可以，在空白的纸上，小组合作绘制你的新行星图。一定要在你的星球上绘制出颜色和部分细节。设计了你的星球后，在空白处描述你的星球。你可以使用已完成的学习单中的详细信息来帮助完成写作）

· **环节五　行星手册**

将你的星球资料装订成一本行星档案手册，其中包括平面图等信息。

· **环节六　创造星球模型**

你的任务几乎要完成了！现在你已经完成了一张你的星球画像，已经确定了所有的细节，如果能够配上这个星球的模型那会展现得更直观！使用下面的一些材料来最终确定你的行星模型细节。一定要让你的星球模型整洁、有创意，让你的星球可以摆放在桌面上供人观赏。

· **环节七　分享**

向其他同学分享你的星球画像和模型，接受建议进行更新迭代。

第二十六至二十八课时　展示你的星球

·环节一　回顾

回顾整个项目过程中问题单以及整个项目的驱动性问题。

·环节二　准备讲解稿

（1）小组讨论，作为一个星球推荐官，为你的星球准备一个简单的讲解，结合星球手册和模型的解说来分享。

（2）大致介绍项目过程：组员、分工、困难、解决方法、收获、最满意的地方。

·环节三　彩排

分享小组的星球并解说整个项目的过程。

·环节四　行动计划

回顾整个项目，反思项目启动的背景。地球的资源在不断地减少，回看我们现在的生存状态，我们可以做哪些力所能及的事情为保障地球的资源贡献自己的一份力量？请小组讨论出具一份简易的行动清单。

·环节五　布置展览现场

如果可以的话，进行集中场所的全年级分享或者在班级内做展览。教师将学生的作品分开摆放，包括太阳系族谱、太阳系模型、星球手册、星球模型等。

·环节六　展览参观

▶ **任务观察**

从探究活动伊始，学生能够独立思考，参与到这个项目当中，他们对待活动有端正以及认真的态度。同时在解决第一部分问题时，对于了解项目的背景，思考怎样解决地球资源不足的问题，大家都能够积极活跃地说出自己的疑问，并为此做了很多必要的准备。在第二部分中，学生流利地讲述地球与太阳系之间的关系，可以看出他们在课下对于资料的搜索、整合以及汇总这方面的能力是足够的。通过小组之间的合作探究，学生能够合理地阐述这些内容，表达能力非常强。在第三部分当中，找寻维持地球生命的资源有哪些，学生通过信息查找以及思维导图，用分工合作等方式很快地解决了问题且有了很大的收获。在第四部分中，当教师问到想要创造什么样的星球时，学生发挥各自的想象力，通过小组合作设计出了一个比较合理且和地球不一样的星球，可以看出，学生的动手能力和思考能力非常强。在第五部分中，小组通过合作共同展示小组成员制作的星球,相互学习借鉴。

▶ 学生自发的探究行为

在了解项目背景过程中,学生积极寻找背景资料,并且能够积极地加入自己的思考与见解。当小组共同分享地球与太阳的关系的时候,学生能够有条不紊地进行合作探究,让问题迎刃而解,事半功倍。在制作一个新的星球时,学生通过精准的数据测算出与其他行星等比例的行星,从而制作了一个新的行星。在这个过程当中可以看到学生对于问题的解决是有思辨能力的,他们通过精准测量数据以及动手绘制等,将这个新的星球展示给更多的学生观赏。在每个环节中,学生从不同的角度进行思考,由此可以看出学生在思考问题的时候,其实是完全有能力从多个角度出发看待问题的。

▶ 项目展示

在这次项目式学习当中,学生通过自我展示、小组代表展示以及小组合作共同展示向大家介绍成果。首先,拆解驱动性问题,制定 NTK 清单,组内合作制定一个完整的清单,一个小组派出一个代表进行展示。接下来在信息收集、筛选、共享文档中,学生尝试"小小讲解员的角色",将收集、筛选的信息进行讲述。这一过程需要发挥团队的合作能力,每一个小组可以进行合理的分工,向大家介绍他们小组查找的相关信息。在设计太阳系家谱以及星球模型时,需要发挥团队的合力,可以让每个人介绍一个行星,让所有人都参与进来,体现团队合作的重要性。

1分项目复盘

▶ 复盘与反思

1. 教师反思

通过此次教学,教师深刻地知道了学生确实是有潜力的,是有无限的潜能去探索,去憧憬美好的未来的。当他们把自己内心所想的世界用一个真实的思维导图以及创造的星球展现出来的时候,教师可以看到他们的童心是那样的美好、善良、真实。学生通过小组合作以及课后资料查找等多方面展现了独立自主的学习能力。这次学习不仅融合了语文、美术、科学等学科,更让学生知道这些学科有一个共性,就是都需要学会思考以及动手操作。另外,在此次教学过程中,教师需要明白,课堂就应该交给学生,当引导性的问题提出后,要让学生学会去发现问题、解决问题。通过教学可以让学生知道,地球上的资源并不是取之不尽、用之不竭的,节约资源其实就是在保护我们的家园,保护我们的地球。

2. 学生反馈

在这次学习中,我们了解了地球资源并不是取之不尽、用之不竭的,学会了如何去保护我们的地球。在实际操作过程当中虽然遇到了许多的困难,但是通过小组合作,每个人负责不同的区域,合理地分工,最后我们在有限的时间内完成了的既定目标。比如说做行星手册,我们一个人负责绘图,一个人负责记录,一个人负责总结和汇报,在制作行星的时候,也是采用现有的工具进行涂色、填充等等。在过程当中其实遇到了困难,但是都一一克服了。通过这次项目式学习,我们发现小组合作是一件非常有意义的事情,在生活和学习中需要大家共同去努力,合作完成一件事情,这样效率也会更高。

第四节　场馆课程项目

一、场馆课程的相关概述

"场馆"作为广义的概念,包括与科学、历史、艺术等教育有关的公共机构,如博物馆、科技馆、美术馆、动物园。目前,关于"场馆课程"的界定,国内外学者有如下理解:场馆课程是一种公共课程,是潜在的课程或隐性的课,是非正式的学习课程,真实学习和项目式学习在场馆课程中都能得以展现。由此可以说,"场馆课程"是一种综合的、开放的、为学生提供真实学习环境、创建自主探究学习空间的非正式学习课程。

学校将其分为校外场馆和校内场馆两个方面进行打造。"学科整合式场馆课程"以主题教学为导向,在特定主题的引领下,将各学科知识串联起来,帮助学生构建一个完整的主题式知识结构。学校正在开设的"场馆课程"在空间上强调多个场馆的有机配合,将"场馆课程"落实到四个周次的不同学科的拓展学习和综合实践中。我校定位的"学科整合式场馆课程"是一种主题式的、力求"学科高度整合,空间高度开放,过程高质推进"的创新课程模式。

二、场馆课程的开发意义

在教育中，教材只是教育的一部分。除了教材上的理论知识外，还应重视实践教学。实践教学能让学生间接地接收课堂上没有的教学内容，给学生带来全新的学习体验，这种学习方法能有效地实现学生的个体发展。教室内部的学习和教室外部的学习是一个整体，两者缺一不可。所以，学校很重视在教学过程中场馆课程的开发和利用，整合当前校园内外的场馆资源，充分发挥场馆资源的作用和价值。在场馆课程建设发展过程中，教师对学生整体的学习内容进行分析，用自主探究的形式引导学生建立完整的知识体系；有效地将课上的理论知识和课外的实践知识联系在一起，给学生带来更明确的发展方向和学习目标，提升学生探究实践能力的同时，也能促使学生成为思考者、交流者、有原则的人、胸襟开阔的人、富有同情心的人、勇于冒险的人、全面发展的人，并成为一名反思者。在小学阶段的学习中，各学科之间有着密切的联系，所以学校开展综合性较强的场馆课程教学。场馆课程可以充分发挥场馆的作用，实现多元化的发展模式，为教师与学生之间搭建探究桥梁；促进学生精神成长，提高教师的课程领导力，推进学校课程体系优化，联结学校教育与社会教育。

三、"学科整合式场馆课程"在我校开发的基本策略

（一）建设课程规划"强团队"

"学科整合式场馆课程"与传统"场馆课程"最大的不同在于它打破了专科研究的视野，通过一个主题的连接将学科里过于分化、窄化的观点打通，为学生建构起了一个个丰富而完整的知识体系。

（二）构建主题课程"三部曲"

学校创造性地构建起主题统帅、纵横结合的课程结构。课程的设计符合学生的认知发展规律。在实践活动中，教师充分发挥自身的引导作用，使学生完成间接经验与直接经验的完美对接，进而使学生潜移默化地完成 PYP 的培养目标。

（三）开拓场馆课程"全时空"

以"月"为大单位，"周"为小单位，遵循学生的认知发展规律，把各活动内容有顺序地分布在日常教学的各个时间段里，让学生边学习边消化，极大地提高"学科整合式场馆课程"的教学效果。

（四）通盘考虑课程实施，完善整体设计

学校通篇谋划，确保学生在校的六年时间里能在校内各场馆拥有深刻的学习体验，能在校外场馆的学习中涵养深厚的学习素养，学校站在整体育人的高度对主题模块进行设计、开发、定位与科学实施。学校的艺术坊、音乐教室等学校自建场馆和专有教室，除了作为常态课堂教学的补充进行开放，每学期还有主题学习活动，学生通过实验、操作等自主活动，实现学科知识与实践能力提升的目标，以及各项活动技能与探究合作能力、创新能力提升的目标。通过对青岛美术馆、超市、戏剧社、青岛科技馆、植物园、kakazoo动物园等十几个封闭或开放的校外自然场馆、社会场馆、文化场馆的观察、操作、体验、研究、服务，学生了解了不同类型的场馆，积累了自然知识和文化知识，提高了学习能力，涵养了人文情感。遵循适切性原则，校内场馆课程在各年级的实施主题不尽相同，在课程目标、学习内容和学习方式上均有所侧重，如美术馆的课程，一、二年级学生以体验式学习为主，三、四年级学生以创新实践操作学习为主，五、六年级学生则以创新项目研究为主。校外场馆课程的实施年级大多不交叉重叠，但也不是零散无序地呈现，顺序相对固定，个别适当调整。

四、实施模式

学生学习的发生并不只是在教室，更在真实的生活场景中。青岛超银小学除校内教学，还会根据主题学习的要求把课堂搬到各种场馆中，通过给学生提供真实而又身临其境的学习环境，打造有生命力的课堂。这样的学习突破了教材，走进了生活，让学生在实践中、在行走中增长知识，获得感悟。（见图4-2）

图4-2　场馆课程实施模式图

项目实例

——艺术馆课程——超抓马频道

基本信息

▶ **项目由来**

戏剧与教育历来有着不可分割的关系,随着"戏剧进校园""美育中考""双减"等政策和《义务教育课程方案和课程标准(2022 年版)》的出台,儿童戏剧作为素质教育课程的一个重要组成部分,势必会迅速发展。戏剧教育是以戏剧为载体,引领学生在戏剧情境中深度思考、体验情感、表达自我的教育形式,而这与我校"点亮生命、人人闪光"的标志性概念不谋而合。我校的戏剧场馆课程与青岛话剧院合作,让学生以戏剧之名逐梦,让所有的天马行空变成脚踏实地的行动。

▶ **项目名称** 超抓马频道

▶ **实施年级** 三年级

▶ **涉及学科** 音乐、语文、科学、英语、美术

▶ **项目描述**

儿童戏剧教育是以"戏剧艺术素养启蒙"为核心,运用戏剧符号,培养儿童观察能力、模仿能力、思考能力、表达能力、表现能力、合作能力、创作能力的教育。儿童戏剧教育通过戏剧的形式,使学生掌握各种相关知识,发展各方面能力,激发学生对艺术活动的兴趣,使他们通过角色体验产生情感的共鸣和表达。

根据本年段学生的知识结构和学习特点及青岛市话剧院在排剧目,教师围绕剧目《天鹅湖》,设计了丰富多彩的教学内容。在这个剧目中,学生通过连续八课时的时间完成这个项目。这个项目整合了多个学科的知识内容,聚焦于学生的感性认知,引导学生真听、真看、真感受,用戏剧教育的方法进行探究,表达情感。

▶ **学习情境创设**

一位美丽善良的小姑娘误入神秘的天鹅湖,被邪恶的山妖老鹰变成了一只

白天鹅,只有在深夜才能恢复原形。要解救小姑娘,必须要有一位勇敢的王子再加上森林女皇送给小姑娘的宝石,才能打破山妖老鹰的咒语,善良的小姑娘和勇敢的王子经过一场激烈的战斗后能否战胜邪恶的山妖老鹰呢?我们又能给予他们怎样的帮助呢?

5分项目谋划

▷ 确定知识技能素养目标

知识目标:了解戏剧的形式,了解戏剧产生的过程。

技能目标:通过整班主题戏剧展演、剧本创作等展开戏剧教育。运用戏剧符号,培养学生观察能力、模仿能力、思考能力、表达能力、表现能力、合作能力、创作能力。

核心素养:以"戏剧艺术素养启蒙"为核心,聚焦学生的感性认知,引导学生真听、真看、真感受,用戏剧教育的方法进行探究,表达情感。

▷ 设计驱动性问题

(1)如果你是导演,你将如何指导一个戏剧?

(2)如果你是演员,你将如何诠释你的角色?

▷ 设计核心任务

走进戏剧,实现自我,富于创意,充满爱。

▷ 教学策略

1. 预习:前置性学习单

教师在讲授新课内容之前给学生设定前置性学习单,让学生对于新课内容开展前置性学习。以青岛市话剧院排演的儿童剧目《天鹅湖》为依托,观看动画片或电影了解故事内容。展开想象:如果将这一切搬到舞台上会产生什么样的化学反应?你认为什么是戏剧?你认为舞台是什么样的?鼓励学生提出一系列奇思妙想。

创设前置性学习清单可以诱发丰富的想象,从而激发学生的学习欲望,使学生全神贯注地主动参与学习,为接下来进入剧场内的课程做好铺垫。

2. 新授:超抓马的一切从此刻开始

走进青岛市话剧院,揭开台前幕后的神秘面纱。以班级为单位进行参观体验。

演出前：揭秘服装（参观）、道具、场景、灯光（视频形式展示）神秘之处。

演出中：欣赏演出。（现场）

演出后：学习观剧礼仪、谢幕礼仪。

对照前置性学习单进行复盘。

3. 排演过程中的"言语"激励

在课堂教学过程中，教师的每一句话都能带给学生很大的影响。排演过程中的评价将建立在学生学习客观事实的基础上，试图找出学生在处理学习问题时遇到的困难及其原因，了解每位学生学习中的需要，及时给予针对性的肯定、指导、示范，突出评价的整体性和综合性。对学生在学习过程中习惯的养成、学习态度的培养给予充分的肯定和鼓励，同时激励学生敢分享、敢表达、敢演绎、敢想象、敢创作、敢发现。

4. 小组分工合作实现人人闪光

戏剧是集体的艺术，有利于师生间、学生间的情感沟通和信息交流，有利于思想的撞击和智慧火花的迸发，能够强化学生的主体意识，激发学生潜在的创造力，鼓励学生从不同的角度去观察、思考问题，发展思维的发散性、求异性。学生通过动手操作、探索交流进行学习，真正成为教学活动的主导者。平时的课程班级人数较多，每节课有机会发言的同学是有限的，好多学生都成了"观众"。在分工合作中，每个学生都有了展示自己的机会，充分体现了学生主体。本次项目式学习的一大关键内容是解锁戏剧盲盒——以班级为单位设置不同的戏剧主题，学生将参与剧本创作、服装设计、道具制作、海报设计、门票设计等，分工合作，进行前期准备工作。

5. 建立民主平等的师生关系

在课堂上与学生建立民主平等的师生关系，营造民主和谐的氛围是十分重要的，这能使学生通过积极的课堂学习感受到教师的爱、同学之间的爱。情感、态度与价值观的实现并不是通过每一节课加上一个环节来达到的，而是靠教师的一种教学意向，把对学生能力的培养与情感、态度与价值观的关注，当成一种内在的教学品质和自觉的教学行为，利用课程资源去熏陶，通过师生交往、生生交往，让学生在获得知识和技能的同时，得到情感的体验。

▶ 确定评价标准

对于整个探究过程，教师会从 5 大方面来进行评估。

（1）探究：完成前置性学习单。

（2）知识：了解舞台上各处灯光名称及用途、剧场礼仪、谢幕礼仪。

（3）过程：解锁 4 个不同的戏剧盲盒。

（4）表达：分享学习成果，讲述作品创作的灵感来源与创作时的趣闻，并进行有创新性、有自信、有逻辑的表达。

（5）展示：展示回顾和自我评价。

最终设置最佳原创剧本奖、最佳舞台创意奖、最佳男主角、最佳女主角、最佳女配角、最佳男配角、优秀演出团队奖、最佳海报设计奖等多项奖项。

4 分项目实施

▶ 实施过程——学生进行持续性探究

第一课时　前期采风

前置学习（1 课时）

活动一：仔细阅读并签署 iPad 使用承诺书。

活动二：前置学习、剧目预设、填写前置学习单。

活动三：分组活动与团队建设。

青岛超银小学戏剧项目式课程——"超抓马频道"前置学习单

班级：　　　　　　姓名：

1. 你最喜欢的电影是什么？
2. 你最喜欢的"角色"是什么？
3. 你进过剧场观看现场剧目吗？
4. 你认为什么是"戏剧"？
5. 你理想中的"舞台"是什么样子的？
6. 观看《天鹅湖》感想。
7. 《天鹅湖》中印象最深刻的角色是什么？为什么？
8. 如果有机会成为戏剧工作者，你会选择台前演员还是幕后工作者？
9. 你的优势是什么？

第二、三课时　前期采风　演员入口

上午 8∶30 从学校出发，抵达青岛市话剧院。

上午课时内容：走进青岛市话剧院，初步感知了解剧场。

揭开台前幕后的神秘面纱，以班级为单位进行参观体验。

演出前：由青岛市话剧院专业演员揭秘服装、道具、场景、灯光（视频形式展示）神秘之处。学生对照学习清单进行提问。

下午课时内容：欣赏演出。

演出结束后学习观剧礼仪、谢幕礼仪并分享感受。

第四课时　剧组成立　人人闪光

1. 普及戏剧基本理论知识

2. 以班级为单位设置不同的戏剧主题

（1）我最喜爱的电影电视剧系列。

（2）童话大王系列。

（3）经典音乐剧系列。

（4）传统文化与课本剧。

3. 传达剧目要求

（1）鼓励原创，主题鲜明，内容健康向上，贴近新时代生活，反映小学生激情睿智、昂扬向上的精神风貌，富有当代教育意义。

（2）作品完整，创作、导演、编排、表演、音乐、舞美等有特色。

（3）感情饱满真挚，表演自然大方，配合默契，表现连贯，把握准确；体态得体，台风端正；富有感染力，有较强的角色塑造能力和戏剧效果，能引起观众共鸣，气氛烘托得当。

（4）节奏把握准确，舞台调度得当，舞台道具、音效和服装使用恰到好处。

4. 根据本班戏剧主题组建演职人员队伍

学生可根据兴趣选择参与剧本创作、服装设计、道具制作、海报设计、门票设计等前期准备工作。

人员要求:参演队伍以一个行政班级为单位;总人数少于 30 人的班级参演人数不少于该行政班级总人数的 70%;总人数在 30 人以上的班级参演人数不少于该行政班级总人数的 60%,其余学生负责剧务工作(播放音乐、上下台道具摆放、灯光控制等)。

第五、六、七课时　解锁戏剧盲盒　开启二度创作

青岛市话剧院演员根据各班情况给予排练指导,推动排练进度。

学生在专业演员的带领下有针对性地开展解放天性、信念感练习等专业戏剧练习。

第八课时　戏剧理想　茂盛疯长

1. 剧目展演,组委会进行观察综合打分

2. 颁奖仪式

设最佳原创剧本奖、最佳舞台创意奖、最佳男主角奖、最佳女主角奖、最佳女配角奖、最佳男配角奖、优秀演出团队奖、最佳海报设计奖等奖项。

3. 学生分享感受与收获

▶ **任务观察**

教师在任务中的角色为观察者,在每一个评测项目中根据学生的项目完成度进行每一个项目的评估与量化,并给予实时记录与指导。

(1)学生完成前置性学习单。

(2)学生了解舞台上各处灯光名称及用途、剧场礼仪、谢幕礼仪。

(3)学生解锁四个不同的戏剧盲盒完成度。

(4)学生能够分享学习成果,讲述作品创作的灵感来源与创作时的趣闻,并进行有创新性、有自信、有逻辑的表达。

(5)展示回顾和自我评价环节,教师通过作品的完整度、学生过程性的回顾内容收获度与整个评估过程是否为我所用度进行评价。

▶ **学生自发的探究行为**

在本次项目式学习过程中，学生利用 iPad 搜集归纳资料的能力极强。在听演员讲解的过程中，学生的问题及时生成、表达、解决，整个过程像是层层揭秘，火花四射又不失规则。

在戏剧练习中，教师不评判学生的对错，更多的是观察学生的表现力、创造力、适应力、信念感等。

最后的剧目展示环节中，学生可以看到台前的精彩演出，各个角色粉墨登场，幕后人员充分展示出自己最擅长的部分，人人闪光，洒向舞台的都是热爱。

▶ **项目展示**

动态展示：以班级为单位进行主题剧目展演，展演过程中台前幕后人人参与。

静态留痕：以班级为单位将前置学习单、剧照、舞美手绘图、剧本等内容装订成册。

1 分项目复盘

▶ **复盘与反思**

1. 教师反思

在校外实施的艺术场馆课程"超抓马频道"，以戏剧为载体，充分转变教育观念，其教学过程是一个开放的、民主的、科学的探索过程，在教学实践中尝试转变学生的学习方式。本次艺术场馆课程为师生开拓了"戏剧思维"，在教学过程中教师只做指导并反馈。整个过程在做中学，学生获取知识的能力有较大的提升。

2. 学生反馈

这个项目在拆戏剧盲盒、完成学习单、剧目排演等活动中进行，我们在愉悦的氛围中尽情地表现自我，不为自己设限，这也是我们认识自我的过程。戏剧让我们更好地成长，我们不仅提高了审美能力，还体验了演员的诞生！

第五节　德育课程项目

　　德育课程是基于人生实践的生命价值课程,从这个意义上来讲,德育应该是一门引领人生走向幸福的科学。中小学德育课程一体化的实施势在必行。学校德育活动一体化实施,学科活动常态化开展。各学科在聚焦学科素养、全面开展学科活动的基础上,建设并推进体系化、有深度的学科活动,除每天2分钟演讲、数学思维训练、发声练习外,每月还进行学生最喜欢的作业评选,以此促动教师精心设计聚焦学科素养、学生感兴趣的作业;每天全校固定练字10分钟,帮助学生养成提笔即练字的习惯。各类德育活动课程化实施,强调课程的主题化、生活化和序列化,突出拓展德育空间,丰富德育形式。

　　在学科与德育活动中,学校坚持让每一个学生获得态度提升体验,首先依托五自德育体系下的12种育人态度,重点打造德育活动过程中"自信""热忱""合作"行知三态度。与课堂"二力•三态度"交相辉映,行知三态度聚焦活动中学生的自信力锻造、热忱度提升以及合作感体验,有助于学生的为社会化实践、研究性学习及交友、社群发展奠定交流共创的基础。全员参与且以学生为主体的德育活动,从实施前的课程化构思课程目标、过程路径、效果达成、反思纠偏,到实施中的行知三态度的养成,最终力争达到学生情商、意商的提升,实现了德育活动的育人有效性,为体系化德育课程奠基。

项目实例

——值周班——让学生成为学校的主人

基本信息

▶ **项目由来**

苏霍姆林斯基说,只有能够激发学生进行自我教育的教育,才是真正的教育。所谓自我教育，是指教育客体在其主体意识的基础之上以自我意识为前提，通过主客体的分化把自身作为教育对象，以社会主义教育主体的规范和自身发展的需要作为客体，以主体的自主性通过自我选择、自我内化、自我控制等过程，有意识地改造和提高个体认识的主体性，使自己成为社会所需要的人的高度内省自律的教育活动。小学阶段的学生，生理和心理都不太成熟，对是非问题的辨别力还不强，在生活自理、行为自律、学习自觉方面都存在不足。因此，对学生进行自我教育能力的培养尤为必要，开展值周班活动项目就尤为重要。

▶ **项目名称** 值周班——让学生成为学校的主人

▶ **实施年级** 一到六年级

▶ **涉及学科** 道德与法治

▶ **项目描述**

在日常的学生管理工作中，值周班级制度是一种行之有效的管理制度，在提升学校管理质量的同时也为学生提供了管理和自我管理的机会。该项目提升了学生的管理能力，是学校对学生进行养成教育和实践教育的有效途径。我校设立值周班是为了在管理工作中达到自主教育的目的，逐渐培养学生养成良好的行为习惯，增强学生的主人翁意识，让学生成为学校真正的主人。

5 分项目谋划

▶ **确定知识技能素养目标**

核心知识：明确中小学生日常行为规范，了解学校管理的规章制度和要求。

技能目标：及时记录值周情况，学会处理事件和矛盾，学会沟通。

情感态度价值观：养成良好的行为习惯和磨炼坚强意志，增强自身主人翁意识、团队精神和集体意识。

▶ **设计驱动性问题**

如何公平公正地对学生的日常行为规范进行有效奖惩，从而起到督促作用？

▶ **设计核心任务**

完成班级值周任务。

▶ **教学策略**

1. 准备策略

设置明确具体的值周岗位,岗位的分工要明确;分析学情,了解值周班级的学生工作能力、性格特点,真正落实到个人;建立完善的考核制度;对当周表现优秀的班级和优秀的值周同学及时表扬;选择恰当有效的教师巡视督导制度;准备袖章、量化加/减分条、记录表格等。

2. 实施策略

导入:教师布置值周任务,明确岗位和职责分工。

周中:在值周开展时,学生根据要求做好值周工作,对全校同学的行为进行监督,及时进行相应的加分、减分,对不良行为及时制止,营造学生自治的良好风气。

结束:汇总本周的量化条,对全校每个班级的得分情况进行总结,评选出优胜班级。在下周的升旗仪式上,教师进行上周值周工作总结,并对表现好的班级颁发流动红旗。

3. 有效评价策略

每周评选出工作积极认真负责的学生为优秀值周生,以此激发学生的积极性、主动性,达到自我教育的目的;让学生实现自我要求,自我控制,提高自觉性,从而促进良好班风、学风和校风的形成。

▶ **确定评价标准**

在班级值周的评价上,坚持从多个方面对值周生进行评价。评价过程中教师对学生将从责任感、文明礼貌、公平公正、团队合作、安全意识等方面进行评价;在学生自评和互评环节中,利用评分表从多方面进行学生之间的互评,评选出优秀值周生。

4 分项目实施

▶ **实施过程**

1. 民主举荐,组建队伍

班级值周的第一件事就是建立完善的值周队伍。在组建自主性管理队伍时,要根据学校提供的岗位设置情况,由班主任指导组建。值岗人员分为四个小组：卫生检查组、纪律检查组、两操检查组、文明礼仪组。在班会课上，全班同学通过民主的方式推荐或自荐，让每一个学生担任合适的角色。为了保证责任到人，采取分级管理方式，即确定了值周班长后，再由值周班长通过民主形式确定每个岗位的负责人组长，这些组长直接对值周班长负责；每个岗位组长可用同样的方法确定自己这一组的组员，而这些组员则对本组的组长直接负责，从而形成一个层层落实的管理系统。经过自荐、推举和全班同学的一致同意，班级组建了一支值周团队，岗位分工如表 4-5-1 所示。

表 4-5-1　值周团队岗位分工

值周班长：曹彦啸	卫生检查组 组长：刘颖萱	组员：徐涵熙，巨子莹，姚雅轩，王啸宇
	纪律检查组 组长：王奕霖	组员：孙语涵，李炳熹，朱子鸣，叶博涛
	两操检查组 组长：赵佳睿	组员：贾毅文，吕卓然，丁浩哲，刘柏岩
	文明礼仪组 组长：吴可心	组员：邱子茹，姜雨辰，张瑞峰，兰晰竣

2. 唤醒责任感，明确职责

值周队伍组建好后，要进行上岗前的动员。首先，班主任发动全体学生就班级值周的意义和作用展开讨论，让学生自由发言，畅谈对班级值周工作的看法及自己的打算，提出一些好的建议。在这次讨论会上，班主任要注意引导正确舆论，形成良好的氛围，使学生产生对成果的渴求和价值的认识，唤醒学生的责任感，加强学生对完成值周任务的内心要求，调动每个学生的积极性，挖掘每个学生参与学校管理的潜能。学生的热情一经点燃，就会不断有智慧的火花闪现，许多过去教师们十分头痛、无法解决的问题都因学生的出谋划策和积极参与迎刃而解了。

明确了值周的责任后，教师引导学生学习和领会岗位职责，确保值周工作的顺利展开。卫生检查组主要检查早晨和中午的室内、室外卫生，按照学校制定的卫生检查标准进行评比，对乱扔、乱丢垃圾现象及时制止并做好记录，对主动捡起垃圾的行为及时表扬加分。纪律检查组主要检查课间活动纪律。两操检查组主要检查课间操质量和眼保健操质量。文明礼仪组主要负责早晚校门口值岗,检查校园文明礼仪和各班早晨读书情况,以及师生在校内佩戴口罩的情况,对校园内一切不文明行为立即予以制止,若制止无效,有权记下该生的班级、姓名。四个大组各由一个组长负责,在检查的时候和组员一起检查。

3. 学生上岗,教师放手

到了学生按时佩戴袖标上岗阶段,就要充分相信学生,放手让学生自己去做,这个阶段是值周工作的关键。校领导、护导教师和值周班主任要深入到每个岗位了解学生的工作,指导和帮助学生解决实际困难。同时也要充分发挥岗位责任人的职能,真正让学生充分发挥自己的主观能动性。在放手让学生锻炼阶段,还要注重用科学的管理来指导工作,从而提高学生班级值周工作的质量水平。学校、班级及班级内部各部分之间构成一个自上而下的立体系统,系统内部通过各级信息反馈,实现对值周班级各岗位的调控。

从值周情况中,教师能够发现学生很多的优点,学生能够做到认真负责,大多数能够做到按时到岗,认真值岗,敢于负责任,及时发现问题、纠正问题,发挥很大的作用。因为他们是值岗人员,要监督管理别的学生,自己要率先垂范,起表率作用。比如值周时发现有的同学戴口罩不规范,露出了鼻子,就会上前进行提醒,与此同时,他们自己口罩的佩戴一定是符合标准的。看到校园中的垃圾能主动拾起来扔到垃圾箱中。他们严格要求自己,不做违反学校纪律的事。再就是能及时发现问题,对于校内不文明现象,敢于制止,检查发现卫生纪律有不符合要求的地方能及时地通知责任人并及时纠正,能够做到认真填写检查记录表并给各班量化得分,让同学们及时发现各班的优点和不足。

学生值周促使全校学生自觉地遵守校规校纪,我们发现楼道内跑跳的现象没有了,大声喧哗的现象没有了,学生见到同学、老师能主动地问好,乱扔乱丢垃圾的现象明显减少了,卫生状况相比过去变化最为明显,课间纪律大有好转,中午变得安静了,学习的氛围浓厚了,课间操能够做到快、静、齐,并且能够做得很认真。这些变化说明我们的学生已经能够做到"教育从规范做起",已养成了一种良好的行为习惯,发挥了自我教育的功能。

4. 及时反馈,总结评价

在班级值周过程中要适时运用评价手段,才能真正发挥出自主性管理的育人功能。每一个值周学生的岗位都有其量化的检查标准。他们按照要求完成任务,并做出自我评定和组内成员的互评,随时改正自己的错误行为。在值周结束后，班级要及时召开总结性质的主题班会，巩固育人成果。值周班长组织全体同学进行班级值周的自评、量化评分，并向学校推荐一周来班内涌现的先进事迹。四位小组长要进行一周总结，或谈经验，或谈体会。各小组成员都要谈一件一周来感受最深的事，大家的交流和总结力求反映出学生在思想、工作、成长等方面的表现情况。班主任在主题班会上也要将一周观察和了解的情况向全体学生通报，坚持以表扬和鼓励为主，对一周来班级值周情况的优点和创新做法进行肯定和表扬，对存在的问题也要诚恳地指出和分析，让全体学生都能感受到自己的进步和存在的不足。

▶ 任务观察

教师在班级值周工作中应注意引导学生处理好自主性管理和文化课学习的关系：学生自主性管理过程本身就是学习和成长的一个方面，文化课学习是学生主要任务之一。在进行学生自主性管理中，教师要妥善处理好两者之间的关系，确保能力、品质、学业全面发展。这样就要求学生学会科学地安排时间，学习时间抓紧学习，值岗时集中精力。同时，要区分轻重缓急，确定自己的工作和学习重点，全面统筹规划自己的时间。

▶ 学生自发的探究行为

班级值周充分发挥学生的主体能动性，使学生在"自我教育、自我管理、自我服务"过程中迅速得到锻炼，健康成长。在值周过程中，他们既是学生，也是管理者，既是教育者，也是受教育者。角色的转换使学生认识到他们就是学校的主人，从而产生积极的动力。

▶ 项目展示

在新一周的升旗仪式上对全校每个班级的得分情况进行总结，公布获得流动红旗的班级名单，表扬优点并提出新的要求，起到鼓舞激励学生的作用，让学生在庄严的国旗下感受到自治的魅力。

1分项目复盘

▶ 复盘与反思

在值周的过程中，班主任容易有过度的"包办管理"和"撒手不管"两种倾向。在实施过程中班主任要充分信任学生，不能一切给学生安排好，学生到各自的岗位上被动地应付,形成"包办管理"的局面。当然放手并不是一概不闻不问,而是要给他们任务,给他们一定的压力,同时帮助他们建立责任制,帮助他们不断总结、不断做好检查督促工作。在班级值周中,充分发挥学生的主体性,放手让学生自己管,避免"包办管理"和"撒手不管"两种错误倾向。

学生自主性管理的目的是帮助学生将行为规范和道德品质内化为自己的自律行为,而不是只在有纪律卫生检查时才规范自己的行为。道德品质的形成是一个长期的过程,实行自主性管理要注意到学生在学校、家庭、社会等不同环境中的言行,切忌抓一头,放一头。这就要求我们不断激发学生的内在需求,真正让学生形成严肃的自律行为,做到表里如一。

第六节 研学实践项目

著名教育家陶行知曾说过:"行是知之始,知是行之成。"生活即教育,研学旅行作为素质教育的重要载体,就是将课堂所学、生活所观进行有机整合,打破旧有的填鸭式教育、死记硬背式学习,使学生在观察中学,在参与中学,在行动中学,在反思中学,让学习在真实生活中发生,提高学生在真实生活中的思辨能力、独立精神、解决问题能力、团队协作能力。

青岛超银小学每个学期都会为学生安排课程周的学习及各具班级特色的研学实践活动。课程周的课程由专家团队引领指导,组内八大学科老师集体筹备。由一个概念问题入手,让学生头脑风暴,展开无限想象,培养其解决实际问题的能力。教师会创设丰富有趣的情境,采取多元化的教学策略,鼓励学生在学习中质疑,在质疑中思考,真正做到思辨结合。学生的语言表达能力在一次次精彩的汇报展示中不仅得到了锻炼与提升,更是增强了自信心与成就感。

项目实例

——城市挑战者——义卖旅行

基本信息

▶ **项目由来**

德国哲学家费希特曾说过，教育必须培养人的自我决定能力。换言之，只有当学生进行真实的学习时，才能克服自身的困境，勇敢向前，持续追求并坚持学习。学习素养的本质是心智的灵活转换，即学习者在情境中运用所学解决问题，创造出新意义与新知识。面对纷繁复杂的社会局面，每个学生都可以成为心智自由的学习者。因此我们打算开展一场关于激发学生在问题情境中灵活转换心智能力的学习，一场城市挑战者活动——义卖旅行。

▶ **项目名称**　城市挑战者——义卖旅行

▶ **实施年级**　二年级

▶ **涉及学科**　语文、数学、道德与法治、社会实践、美术、音乐

▶ **项目描述**

本项目基于二年级上册语文课本中的口语交际"学会请求"模块，学生应学会运用"请""请问""谢谢"等基本礼貌用语。教师引导学生在社会实践中正确使用礼貌用语。运用数学思维，在旅行中结合 100 以内的加减法、方位、时间计算等知识点，小组合作规划最优旅行路线。以小组为单位独立完成地铁、公交车两种绿色出行交通工具的搭配使用。学生借助以上知识、技能，在实践活动中增强责任意识，践行社会担当。

▶ **学习情境创设**

一路公益，一路前行，小小少年化身一束暖阳，用爱心照亮城市探索的道路。小小城市挑战者们今日将会借助自己的义卖成果，完成城市旅行者的活动，学习青岛的文化，做城市的小小代言人。

5分项目谋划

▶ **确定知识技能素养目标**

1. 知识技能目标

（1）模拟可能会遇见的义卖场景，学会使用"请""请问""谢谢"等基本礼貌用语，引导学生在社会实践中正确使用这些用语。

（2）运用数学思维，在旅行中结合100以内的加减法、方位、时间计算的知识点规划最优路线，独立完成地铁、公交车两种绿色出行交通工具的搭配使用。

2. 素养目标

帮助学生构建语言思维模式、逻辑数形思维，增强学生的责任意识，践行社会担当。

▶ **设计驱动性问题**

（1）如何卖出手中的环保袋？

（2）如何用最节能减排的方式到达青岛市博物馆，完成义卖旅行？

（3）在参观过后，作为城市代言人应如何宣传自己所居住的城市？

▶ **设计核心任务**

与陌生人破冰交流，准确表示自己的诉求，完成城市旅行的活动；用自己的方式做城市宣传介绍。

▶ **教学策略**

1. 情境式教学

创建城市挑战者任务，让学生迅速进入角色，化身城市挑战者；通过接收任务卡片，根据要求与提示，完成本次的任务挑战。

2. 活动操作法

学生根据任务卡的要求与提示，通过自己的探索与实践，按要求完成指定的任务。

3. 发现法

学生积极思考，独立探究，自行发现义卖中的语言表达规律，在旅行实践中发现不同的交通工具与乘坐时间长短的关系；在介绍自己所居住的城市时，会采取哪种形式，介绍哪一方面感兴趣的内容。

◉ 确定评价标准

1. 知识性标准

（1）语文：学会关于请求的礼貌用语。

（2）数学：100 以内的加减法、方位、时间的计算与使用。

（3）道德与法治：拥有社会责任感与使命感，做有担当的好少年。

2. 探究过程标准

通过交流、探索与实践等活动，培养学生的自主探究意识及观察能力，提高学生与陌生人交流的能力。小组合作成果标准如下。

（1）在规定时间内完成任务挑战：卖出小组内的环保袋，到达青岛市博物馆。

（2）以小组为单位，介绍自己所居住的城市——青岛。

4 分项目实施

◉ 实施过程——学生进行持续性探究

第一课时　项目启动

· 环节一　讲述感悟

（1）教师播放公益性视频，学生欣赏。

（2）视频过后，请学生说说自己观看的感受。学生自由发表观点。

（3）教师将"责任"写到黑板上，引起学生共鸣。

（4）请家长代表上台做公益性演讲，介绍自己的公益行为。

· 环节二　展开讨论

（1）学生相互说说自己做过哪些好人好事。全班交流。

（2）以小组为单位，动脑筋思考：作为小学生，我们能做哪些好人好事，并绘制思维导图。

（3）以小组为单位，上台展示本组讨论的成果。

· 环节三　引出活动

（1）与同桌进行小组讨论，结合之前的义卖经验进行交流。

（2）以讨论小组为单位进行全班的"义卖情境预设"交流。

• 环节四　项目启动

1. 教师进行"义卖旅行"任务介绍

（1）通过卖出环保袋，筹集旅行路费。

（2）组内成员自行选择交通工具，在规定时间到达青岛市博物馆。

（3）根据义卖款的数量（占总评60％）、到达时间的先后（占总评40％）评选优胜挑战小组。

（4）参观青岛市博物馆。

（5）以小组为单位准备本次城市挑战成果展示。

（6）全班交流分享。

（7）"城市挑战者——义卖旅行"总结复盘。

2. 班级成员自行分成2个小组做实践活动前的准备

（1）每组20人，每人2个环保袋。

（2）制定本组的路线图。

（3）预设会遇到的问题并提出解决方案。

第二至五课时　项目实施

• 环节一　进行分组

每个组员各分发2个环保袋，在集合地点进行义卖。

（1）上午9点，2组成员准时集合。

（2）家长志愿者到位。

（3）小组成员在集合点开始进行环保袋的义卖活动。

（4）家长志愿者及时将每组进度及成果发至项目群中，跟进工作。

• 环节二　进行规划

（1）期间可以借助青岛市地图、青岛市地铁路线图、手机软件等工具进行查询。

（2）每组各有3位家长面戴"我不想说话"口罩进行安全监管，其中一位家长自义卖开始进行任务计时。

（3）为使得小组义卖款项占优势，小组成员可以在旅行的沿途从家长志愿者处补货环保袋。

· **环节三　成员汇合**

（1）统计义卖所得及路费开销，评选出余额最高的小组，该小组获得本次城市旅行者挑战的胜利。

（2）现场进行结果宣布与奖章授予。

· **环节四　搜集资料**

（1）小组成员可以分工合作，1人拍照，1人记录参观内容。

（2）以小组为单位进行资料汇总。

第六、七课时　项目展示编排

学生在参观过后，回到教室，以小组为单位分组准备汇报展示。小组合作，准备展示的内容，展示的形式不限，可录制音频、绘制海报、文艺表演等，展示时长15分钟。教师提供问题咨询帮助。

（1）组内讨论20分钟。

（2）准备汇报展示60分钟。

第八课时　项目展示及总结

（1）小组上台进行展示汇报，小组长总结本组收获及感悟。每组15分钟。

（2）学生代表进行复盘演讲（演讲限时8分钟）

本次活动中我的优势是什么？

在活动中，我需要提升的方面有哪些？

如果下次参加类似的活动，我会怎么做？

（3）教师做最后的实践方法及展示总结。（2分钟）

▶ **任务观察**

家长在任务中的角色为观察者，在每一个项目环节中根据孩子的表现进行评估加星，并实时记录。教师在整个项目中是方法的启发者、实践过程中的引导者。

1. 能力型任务观察

知识层面:学生是否能够良好掌握课堂所学的沟通技能与算数技能。

能力层面:学生能否将所学的知识技能灵活地运用到生活实践中去,是否能够借助知识处理好现实生活中的问题。

2. 情感态度任务观察

观察学生能否全情投入到创设的城市挑战者活动的情境,是否能体会到探索实践的乐趣;学生是否能够在本次活动中体会到被社会认可的自豪感;学生能否产生对所居住城市的归属感。

▶ 学生自发的探究行为

1. 对路线的规划探索

学生对两个小组采取不同公交工具到达目的地时长的不同提出疑问:为什么乘坐地铁会比乘坐公交车快? 快的原因是什么? 学生聚在一起,进行了一场自发的头脑风暴,收获颇多。

2. 汇报成果的形式探索

对于如何将本组的成果进行精彩的展示,小组内部展开了激烈的争论,小组成员各抒己见,在本组内再次进行合作分工,将汇报的形式做的丰富有趣,有滋有味。

3. 对"责任"的探索

对于二年级的学生来讲,理解"责任"一词是比较困难的。通过在实践中的探索,学生在组内的合作中,明白了完成自身的任务就是一种负责任的体现。在挑战中,一个个环保袋被售出,一位位陌生人为学生的勇敢点赞,每一个学生都能感受到个体在社会中价值的体现也是一种责任。

▶ 项目展示

两个小组分别进行成果展示汇报,整个项目活动的过程性资料由家长志愿者进行整理及发布。

1分项目复盘

▶ 复盘与反思

1. 教师反思

在本次实践活动中，无论是学生、家长，还是教师，都感受颇多。学生在一次次尝试中实现自我突破，家长在过程中感受到孩子的成长，教师在引导项目实施中得到了许多经验与启示。与此同时，学生可以将在学校所学习的知识，通过真实的场景实践，进行沉浸式学习。这样不仅达到真实学习的目的，也开发了学生的各项基本能力，培养了学生多种素养的形成。

在本次活动中，学生实现了独立，在口语表达与人际沟通中做了沉浸式的实践与体验；在团队中，初步感知"整体与部分"的辩证关系；在较低的年龄段学着团结、合作，共同完成一项任务；在义卖旅行的实践中，树立了环保意识，培养了社会责任感与使命感。对于每一个学生而言，本次实践活动让他们得到了被认可、被尊重的自信。这实现了我们项目式学习的初衷：培养学生在问题情境中灵活转换心智的能力。

2. 学生反馈

通过本次项目式学习，我被自己的勇敢所打动。从不敢与陌生人交流，到成功卖出环保袋，这个进步令我欣喜。在实践活动中，我发现课本上学习的知识是非常有用的，这些知识可以帮助我们处理现实生活中的问题，提高我们的生活效率。最后就是我们对青岛的了解更多了，对身在外地的亲人可以更好地介绍青岛这座城市的特色了。

第七节　节日项目

节日项目通过开展丰富多彩的校园文化活动，整合现有的校园文化活动内容，打造新的文化活动品牌，为学生全面发展服务，创造有利于学生健康成长的校园氛围，引导学生加强文化道德修养、提高综合素质，促进其德智体美的全面发展。

　　一叶而知秋,一木而知森林。节日项目是学校精神文明建设的亮丽风景线,是学校实施美育的殿堂,是对师生艺术素养的提升,是学校校园文化的浓缩,更是全体师生魅力展示的平台。节日项目在结合学生课外文化需求的基础上,精心策划了一系列富有特色的精品活动,为广大学子提供了一个观察美、欣赏美、体验美、表达美、创造美的广阔舞台,让每一个人都能参与其中,充分发挥自身的特长;学生在多姿多彩的文化艺术舞台上不断提高人文和艺术精神,传承文明、展示个性、放大亮点,充分展示出当代小学生朝气蓬勃、健康向上的精神面貌。

　　百年树人,全面发展。艺体美劳全方位塑造,践行"十个一"强素养。学校从思维品质和行为习惯出发,打造活动育人中的"行知三态度",凸显学生全面发展的"十个一"行动策略。(见图4-3)

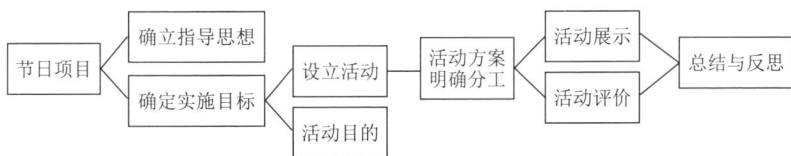

图4-3　节日项目流程图

一、读书节带来行万里路的文化底蕴

　　在以"做个幸福读书人"为主题的第一届读书节活动中,为了加强各班级的读书文化建设,让班级文化充满浓郁的书香,每个班级都对黑板报和墙报进行了装饰,完善了班级读书角和班级借阅制度,班级中教师和学生共同制作了精美的书签,每句读书名言都由学生自己创作,学生积极性很高。在本届读书节中,超银学子畅游书海阅读,第一次与每一名超银读书人度过了一段美好时光。

　　在以"爱读润心灵,善思育智慧"为主题的第三届读书节启动仪式上,各年级学生进行了"颂春"主题诗歌背诵。学生有韵味的齐诵让在场的每一个人都感受到了春天的美好气息。在为期一个月的活动中,学校为学生量身定制了丰富多彩的比赛内容,学生洒下滴滴汗水,收获了累累硕果:在"百家讲坛"活动中,学生个个化身好书推介官,用清晰、流畅的表达,将自己最爱读的图书推荐给同学们。在"奇葩说"活动中,学生能够及时关注时事政治,有较强的新闻敏锐度，根据不同事件做即兴演讲，好评一片。有趣而美丽的故事犹如缕缕春风。在"故事大赛"中，学生在老师的指导下，把故事讲得声情并茂、绘声绘色，赢得阵阵掌声。讲故事激发了学生的读书兴趣，提高了他们的口语表达能力和演讲能力。在"诗词大会"活动中，学生能够通过诗词朗读、国学知识抢答、诗词接龙等形式多样的比拼，温读经典诗词，感悟中华文化的博大精深，体会生活之美。热爱阅读的学生在本届读书节中进行了班级阅读播主、年级阅读播主、校园阅读播主的新一轮比拼，激烈的角逐极大地激发了学生热爱书籍、博览群书的热情。不仅如此，学校还邀请了中国作家协会会员、山东省作家协会儿童文学创作委员会委员、青岛市小作家协会主席张吉宙走进校园，与学生进行了一场阅读与写作的深度交流，现场答疑、赠书，让学生收获颇丰。

二、体育节带来塑造人格、强健体魄的滋养

理想的人是品德、健康、才能三位一体的人，健康的体魄来源于运动，运动是生活中一抹温暖的阳光，让我们的身体与精神走得更远。青岛超银小学举办的体育节不仅是对学生综合素养的一次锻炼和检阅，更是为学生展示个性特长及运动风采提供了平台。每年的体育节开幕式表演是最引人注目的高光时刻，各校区学生将巧妙的创意、丰富的才艺、昂扬的风貌融入一个个精心准备的节目中，赢得了师生的阵阵喝彩，完美诠释出超银精神的要义。活动中红色的跑道、绿色的草坪、黄色的沙地与一个个矫健的身影交织成最美的风景线。每一次成绩的取得都是对身体素质和顽强毅力的双重考验，展现的是拼搏，是坚持，更是青春。

三、艺术节给予亲近经典、提升修养的舞台

自古到今，艺术始终伴随着人们的生活，见证着社会的进步，记录着人类的历史，打动着人们的心灵。一年一度的艺术节已经成为青岛超银小学校园一道靓丽的风景线，成为师生最心仪的欢快节日。作为校园文化的一种外在表现形式和有效载体，艺术节不仅发挥了很好的育人功能，而且为学生提供了一个发现自我、充实自我、展示自我的舞台。在第三届艺术节活动中，每个班级根据自己的喜好与特长，精心准备了精彩的活动展示，比赛过程精彩纷呈。通过举办艺术节打造了浓厚的艺术校园文化，建设了积极向上、健康文明的校园生活，

培养了健康的审美情趣和艺术修养,让学生拥有了更加丰富精彩的人生。

项目实例

——"'悦'读滋养心灵,'言'思丰实表达"读书节

基本信息

▶ **项目由来**

联合国教科文组织选择 4 月 23 日为世界读书日,4 月 23 日是加泰罗尼亚地区的大众节日——"圣乔治节"。实际上,同一天也是塞万提斯和莎士比亚的辞世纪念日,又是美国作家纳博科夫、法国作家莫里斯•德鲁昂、冰岛诺贝尔文学奖得主拉克斯内斯等多位文学家的生日。

联合国教科文组织在 1972 年向全世界发出"走向阅读社会"的召唤,要求社会成员人人读书,让图书成为生活的必需品,让读书成为每个人日常生活不可或缺的一部分。1995 年,联合国教科文组织宣布 4 月 23 日为"世界读书日",以此向全世界推广阅读、出版和对知识产权的保护。

乘着世界读书日的春风,我校特定每年四月为我校"读书月"。春天是迷人的季节,阳光灿烂,风儿清凉,花草芬芳,到处都是萌动的生命,催人奋起。书籍是历史的浓缩,是人类文明的精华。读书是人们重要的学习方式,是人类文化传承的通道。在春天阅读,更能让我们有回归大自然的感觉,更能让我们产生天马行空般的想象力,更能让我们在享受美好春天的同时,体验读书的乐趣。

▶ **项目名称**　"'悦'读滋养心灵,'言'思丰实表达"青岛超银小学第四届读书节活动

▶ **实施年级**　一至六年级

▶ **涉及学科**　语文、英语、美术、音乐

▶ **项目描述**

为了营造浓郁书香家庭学习氛围,浸润学生心灵,全方位展现学校师生有效利用课后学习的时间沉浸阅读获得的成果,让每一位师生爱阅读的热情转变为善于表达的技能、乐于分享的愉悦,学校特开展"'悦'读滋养心灵,'言'思

丰实表达"读书节活动。

▶ 学习情境创设

在当前快节奏的生活方式中，品一杯香茗，阅一卷图书，已经成为许多人的"奢望"。

一项调查研究表明，成年国民人均每天接触手机时间为 80.43 分钟。在这样的背景下，很多有声阅读软件也应运而生。很多人认为听完了约 20 分钟的图书解读，就算看完了一本书。但事实上，阅读不仅讲究数量，还要求质量，这种走马观花、蜻蜓点水的方式看似听了很多书，但从实际效果上看，远不如沉下心来认认真真品味一本书收获多。况且，读书的收获主要取决于深度阅读后引发的思考，而不是看读书的数量。也就是说，阅读的目的不仅仅是为了实用，更是在静静地欣赏中，让书中的精髓潜移默化地充实我们的精神世界，提升我们的生活质量。也只有这样的阅读，才能让我们的快生活更加有意义。

要想营造人人阅读的浓厚氛围，还需要建立起长效引导机制，定期开展全民阅读活动，坚持每天阅读，让阅读成为一种生活习惯，成为生活中的一部分，在快节奏的生活中体会慢阅读的诗情画意。

5 分项目谋划

▶ 确定知识技能素养目标

1. 知识目标

（1）语文学科：学生在阅读的过程中能够将自己与众不同的想法表达出来，能够发现问题，带着思考质疑，能审视自己以及他人的思考过程，并生发新的感悟，在阅读过程中积极与他人沟通，互通有无，在思维的碰撞中绽放出新的火花。

（2）美术学科：学会合理搭配色彩，能够借助画笔展示出自己在阅读中的所思所感。

2. 技能目标

（1）语文学科：掌握阅读方法，提升阅读能力。在阅读中，教师要想方设法多给学生创造阅读的机会，提高阅读效率；有目的地教给学生阅读方法，让学生主动阅读。

（2）美术学科：运用形色、肌理和空间等美术语言，以描绘和立体造的方法，选择适合自己的工具、材料，记录与表现所见所闻、所感所想，发展美术构思与创作的能力，传递自己的思想和情感。

3. **核心素养目标**

注重情感体验，发展学生个性。培养学生的良好品德及素养，教会学生独立学习，积极倡导自主、合作、探究的学习方式，鼓励自主阅读、自由表达，注重听说读写的相互联系，注重阅读与生活的联系，注重知识与能力、过程与方法、情感态度与价值观的整体发展。

▶ **设计驱动性问题**

（1）什么样的阅读方法是高效的，可以推荐给其他人的？

（2）在阅读中，你有什么感悟或发现愿意与我们分享？

▶ **设计核心任务**

学生能够每日坚持阅读，并在各项活动中得以展示。

▶ **教学策略**

1. **情境教学策略**

世界上有一种东西，它能让你欢欣鼓舞，也能让你泪流满面；它能让你拍案而起，也能让你抚腮沉思；它能让你收获真知，也能让你收获智慧。它就是——书。在这个春意盎然的四月，我们又迎来了读书月活动。如果你是一名传递知识的使者，你愿意与我们分享怎样精彩的故事，以此来激发学生学习的兴趣和探究动机呢？

2. **讨论式教学策略**

"真理愈辩愈明"，本次读书节开设辩论环节，面向五、六年级全体学生。通过辩论，学生对于不理解的或者模棱两可的知识有了一个清楚的了解。同时，在就某一个问题交换意见或者进行辩论时，也培养了学生的交流意识、表达能力和合作精神，可谓一举多得。

3. **探究学习教学策略**

探究学习教学策略是本次活动过程中贯穿始终的一种教学策略，是学生在教师指导下通过自主、独立地阅读，搜集与处理信息，表达与交流等探索活动，从而获得知识、技能、情感与态度发展的学习方式和学习过程。

▶ **确定评价标准**

（1）演讲（朗诵）比赛思想内容是否能够紧紧围绕主题，观点是否正确、鲜明，见解是否独到，内容是否充实具体、生动感人。

（2）语言技巧是否处理得当，语速是否恰当，语气、语调、音量、节奏张弛是否符合思想感情的起伏变化，是否能够熟练表达所演讲的内容。

（3）参赛者是否精神饱满，着装是否朴素端庄大方，举止是否自然得体，是否富有艺术感染力，是否能够较好地运用姿态、动作、手势、表情表达对演讲稿（朗诵稿）的理解。

（4）参赛者是否具有较强的感染力、吸引力和号召力；是否能够较好地与听众的感情融合在一起，营造出良好的演讲效果；演讲的时间是否控制在 2～3 分钟。

4 分项目实施

▶ **实施过程——学生进行持续性探究**

1. 启动阶段

（1）营造书香浓郁的读书氛围。开展读书节主题班会，结合语文课程安排，通过黑板报、广播宣传等形式，做好读书环境的布置，布置好校园和教室，让整个校园都充满浓烈的书香味，做到人人皆知，人人参与。

（2）调查学生拥有图书和阅读的情况，完善班级图书角建设，推选好图书管理员。

（3）举办读书节开幕式。

2. 活动阶段

（1）以年级为单位开展读书活动。阅读形式不限，有独立阅读、同伴互读、师生共读等。

（2）在教师的指导下各班做好推荐书目工作，每名学生根据班级推荐书目确定好 1～2 本书。

（3）学生参加读书节活动。

① 朗诵比赛。学生根据学校的推荐书目自选朗诵主题，文稿自编自写，朗诵形式可自行创新，鼓励学生自备服装或背景音乐以创造良好的氛围，获取更好的艺术效果。

② 演讲比赛。学生根据学校的推荐书目自选主题参赛,参赛作品题材不限,切合主题、积极向上,具有时代气息或者贴合我们的生活。演讲时要求参赛者感情丰富,清晰表达。四、五、六年级学生一、二等奖获得者进行线上即兴演讲,最终评选出 5 名"优秀演说家",颁发荣誉证书。

③ 阅读擂主 PK 赛活动。能够坚持每天阅读的学生,除必读书目外,将个性化阅读的书目及时记录于《携书静读　乐享求真——阅读积累手册》中,并做好阅读总字数的统计。每班将选出阅读擂主(1 人)录制视频上交学校参评,视频中展示汇报学生阅读总字数,分享自己的阅读心得感悟以及经验做法。

④ 辩论赛。辩论赛以班级对抗赛的形式展开,正、反双方各由 4 名辩手参加辩论,五、六年级各班抽签决定辩题,辩论对抗的双方进行辩论。学生可根据自身优势自行报名参加。

3. 闭幕式

按获奖名单进行颁奖并宣布读书节活动圆满结束。

▶ **任务观察**

从读书节活动伊始,在阅读中学生就能够独立思考、参与其中,他们对待活动有端正以及认真的态度。读书节活动初步培养了学生良好的读书阅读习惯,提升了学生的个人修养,促进了和谐的校园文化建设,在学生中形成了爱读书、读好书的浓厚氛围。在演讲过程中,学生的阅读能力、表达能力都有了很大的提高。同时,学生的写作能力、口语交际能力也得到了极大改善。学生的思想得到了净化,形成了积极向上的学风、班风、校风。

▶ **学生自发的探究行为**

在本次读书节活动中,学生能够积极阅读,并且在阅读中能够积极地加入自己的思考与见解,对于每项比赛活动都能够做好充足的准备。而这种好胜心和好学心也会驱使他们进一步进行自主探索活动。"最是书香能致远",校园里因为有学生的精心布置而书香弥漫。班级里的图书角成了教室里一道亮丽的风景线。有的班级使用图书登记册,粘贴标签,规范管理,建立了较完整的流动机制。主题班会上,学生的好书推荐、书签制作评比等,记录了学生因为读书而收获的快乐。各个班级出好了一期全新的黑板报,布置着学生在读书活动中的作品。大家都在活动中忙碌着、快乐着、收获着。

▶ 项目展示

1. 朗诵比赛

朗诵主题、文稿自选。语言清晰准确、抑扬顿挫、情感丰富。形式可自行创新，可以自备服装或背景音乐以创造良好的氛围，获取更好的艺术效果。

2. 演讲比赛

参赛作品题材不限，切合主题、积极向上，具有时代气息或者贴合我们的生活。参赛者感情丰富，表达清晰。

3. 阅读擂主 PK 赛

评选出班级阅读擂主(1 人)录制视频上交学校参评，视频中汇报自己阅读总字数(单位：万字)，分享自己的阅读心得感悟以及经验做法，要求分享内容积极向上。

4. 辩论赛

辩论赛以班级对抗赛的形式展开，正、反双方各由 4 名辩手参加辩论，五、六年级各班抽签决定辩题，辩论对抗的双方进行辩论。

5. "大手拉小手，最美书香家庭"评选活动

参赛家庭要求有良好的读书氛围，有书房或者书橱等，有一定数量的适合孩子阅读的各种读物。家长和孩子能共同拟订读书计划，按计划读书。家长能教育并引导孩子多读书，读好书，读整本的书。在日常生活中能够经常进行亲子共读，孩子每天的阅读时间不少于半小时。家中经常有读书交流，家长与孩子共同讨论交流读书心得、读书方法。家长能鼓励并督促孩子写读书笔记，引导孩子在读书中思考人生，认识世界，发表自己独到的见解，并帮助孩子养成记日记、勤练笔的好习惯。

1分项目复盘

▶ 复盘与反思

1. 教师反思

学校多年来一向坚持开展读书节活动，以进一步丰富校园文化生活，努力营造积极向上、健康礼貌的校园文化氛围，展现学生的个性风采和精神面貌，丰富学生的学识，拓展学生的视野。学校以读书节活动为载体，从学生、班级、学

校三个层面设计开展各种生动有趣的活动,引导学生展示自己的阅读成果,从而形成激励机制,推动阅读活动的深入开展。本次活动让教师深刻地意识到读书不仅可以使人开阔视野、增长知识,还可以使人明理,为人导航。

2. 学生反馈

养成良好的读书习惯,对我们现在和将来的学习和生活都会带来很大的益处。读书节活动让我们能够更亲近书本,喜爱读书,学会读书,形成班级、年级、学校读书的热潮,使校园充满浓浓的书香之气,也让家庭中爸爸妈妈放下了手机和我一起尽享阅读之趣。

第五章
项目式学习在教学管理中的实施

第一节　概述

项目式学习是一个值得尝试更值得推广的学习模式，它既能激发学生的学习兴趣，让学生更好地理解一些概念和知识内涵，又能锻炼和培养学生面对未来的关键能力，如团队协作能力、领导力、创造力和适应力。青岛超银小学所进行的每一次项目式学习都希望能帮助学生通过项目，找到不同学科之间的内在联系，让他们在玩的过程中真正学习到一些东西。

在青岛超银小学，人人都是项目式学习的参与者。从学生社团的发展，到班级承办的一次升旗仪式、一次社会实践活动，班主任对一个班级的综合管理，教研组内每一次教研，乃至校长管理一个学校，都是一个个项目，师生都可以通过独立完成一个项目，获取相关知识，锻炼相关能力。

在青岛超银小学的管理中，项目式管理也将管理的权力下移，让学校的管理者从大量的临时性工作中抽身出来，建立若干项目组，由项目组负责人具体落实各件事，聚集教师的个体智慧，实现管理的抱团发展。学校设置科教研创中心、教师成长中心、学生成长中心、教务管理中心、后勤保障中心等六大中心，将所有工作项目化，在项目式实施中实现管理的最优化。在教师管理中，学校则实行"年级制"管理，按年级分为六个级部，由年级分管领导和年级组长协调管理。六年年级组和教研组组成了学校的核心管理机构,实现了学校管理的扁平化,极大地提高了管理效能。

扁平化管理体系和年级制管理机制形成了项目式管理方法,铺开了学校工作的新局面,开创了"人人有事做,事事有人做"的工作新生态。

美国的纳德说,领导的功能是创造更多的领导者,而不是更多的追随者。一个个领导者便是项目开展中的领头雁,他们可以是学校的中层干部,可以是年级组长,也可以是班主任,甚至还可以是学生群体中的佼佼者⋯⋯他们都是学校发展中的主体,他们和校长(书记)是一种联盟关系,不是上下级,而是学校发展中的合伙人;他们具有了自我发展的动力,变成一个身份独立、思想独立、教学风格独立的生产力群体,变成了一个个具有自主管理能力、组织能力的项目式带头人,服务于学校,服务于学生。

第二节　教学管理项目

教学管理是运用管理科学和教学论的原理与方法,充分发挥计划、组织、协调、控制等管理职能,对教学过程各要素加以统筹,使之有序运行,提高效能的过程。教师是教学过程的主导因素,学生是教学过程的主体因素,教学内容和手段是教学过程的客观因素。教师教学的过程是由备课、上课、课外辅导、作业批改、考评五个基本环节构成。学生学的过程是由课前预习、听课、复习巩固、考查、掌握和运用五个基本环节构成的。教学管理也就是如何按照教学过程的规律来决定教学工作的顺序,建立相应的方法,通过计划、招待、检查和总结等措施来实现教学目标的活动过程。

因此,青岛超银小学针对教学管理项目,也使用了项目式"541"模式,5分项目规划重心放在教师备课统筹管理与学生预习指导上,4分项目实施重点放在课堂教学中师生展现上,1分项目复盘旨在根据学生考察反馈,教师与学生分别进行教与学的反思复盘。

教学管理不仅包括课程设置、教学过程管理、教师的管理、考务等方面,还包括处理好各种矛盾和人事关系。现实中,常常会出现这样的情况:工作尽心尽力，有序，但无大成。从更科学的角度看，教学管理是有缺失的。教学管理应包括教学内容管理、教学组织管理、教学过程管理。教学内容管理中我们更多的还是侧重国家课程、地方课程的设置与管理，对于这些课程国家、市、区有明确的要求、规范和评价，但校本课程的设置和管理是不充分的，课程开设的目的、评价、成绩体现等等没有形成科学有序的管理机制。

我们要明确这样的观点：第一，教学质量的高低，主要取决于教师的专业素质和技能技巧，教学管理可以促进教师专业素质和教学技能的提高；第二，教学质量与整个教师集体所发挥的能量大小有关，只有合理的组合才能发挥最大的能量；第三，教学过程不是单向的知识传授过程，而是全面促进学生全体发展的过程；第四，教学管理不仅是一种组织性、协调性的工作，也是一项具有思想领导的工作，良好的教学管理有助于引导教师全面认识教学工作，正确处理教与学的关系。

在实践管理中最现实的问题就是教师的合力不足，年级组、教研组、备课组大都如此，有些做得不错的组和教师没有形成更大的正确影响力。一些教师各自为政，封闭开展自我教研，不共享智慧。教师也更多地就知识而教知识，忽视非智力因素的作用，总是会有学生学不会的困扰，却忽略反思自己是否真正告诉学生如何去学。

因此，青岛超银小学针对性地开设了课题研究项目、集备教研管理项目、课堂教学管理项目与作业管理项目四大项目式学习。

项目实例

——课题研究项目

基本信息

课题研究是教育科学研究最常见、最基本的方式。课题不仅仅是研究问题的名称或题目，它还体现研究的对象、内容、范围以及目的和任务。新教师对课题的申请往往没有抓手。青岛超银小学项目式学习"541"模式将课题申请通过十个不同环节，从项目谋划、项目实施到最终的反思进行了细致的梳理，为申报课题的教师提供了非常好的参考。

5 分项目谋划

▶ 确定研究方向

通过阅读文献、观察思考教育教学中存在的问题和困惑、与同事交流等方式,教师发现课题研究线索,确定研究方向。

▶ 提出初选课题

对课题研究的若干线索加以整理,作为备选。

课题选择的基本原则有以下几点。

1. 价值性原则

选题有无研究价值,是一条最基本的原则,可从三个方面来衡量。

第一,方向性。选题要符合教育教学的基本规律和发展方向。

第二,针对性。选择的课题要切合实际情况,针对教育教学发展过程中的不良倾向、薄弱环节和突出矛盾。

第三,普遍性。选择的课题要考虑其研究成果是否具有客观规律性和推广的普遍性。普遍性愈强,课题的社会价值就愈大。

价值原则要求选题做到"三戒"。一戒"空泛大题",二戒"过时旧题",三戒"大作小题"。

2. 创造性原则

教育科研的目的是要认识前人没有认识或没有充分认识的教育规律,解决他人虽然认识但还没有解决或没有完全解决的教育问题。由于实际情况不同,课题的创新要求一般可分三个层次。

第一,独创性。这是高层次的创新课题,它要求提出没有人提过的新问题,开辟无人涉及过的研究领域,创立新的理论体系、教学流派和教学模式等。

第二,再创性。这是中层次的创新课题,其中,有的是将别人的研究课题加以组装、分解和改造后再生出的新课题;有的是将已有的研究课题运用到新的领域、情境、学科等实践中,又在某方面有所创新。

第三,自创性。这是低层次的创新课题,它只要求对自己是前所未有的,对自我发展是有利的,但并不要求对社会、对别人有什么创新价值。

3. 需要性原则

选题应瞄准急需解决的问题，以适应教育教学的迫切需要。在各科教学中如何培养学生的创造能力，怎样指导学生进行研究性学习，这些既是"热点"，也是值得我们探讨的新课题。在教育教学工作中，自己遇到过哪些困难，发生过哪些问题，存在哪些迷惑，都可以定为选题，深入研究，探求解决的办法，上升到理论高度来认识，这也不失为提高自身素质需要的好选题。在了解掌握学情中，在对课标、教材、教参的研究中，自己有何发现，有什么心得，也不妨定为选题，以适应促进学科建设的需要。改革课堂教学，提高教学效率，自己有什么好的做法，有什么系统的实践，执教某一课有什么别出心裁的设计，等等，都可定为选题，以适应教学改革的需要。

4. 可行性原则

选题的可行性原则就是要选择具备一定条件通过主观努力可以进行研究，并有成功可能的合适课题。这里要看两方面情况。

第一，看研究者是否具备主客观条件。主观条件是指研究者的知识结构、智力层次、研究能力、思想水平、科学品格、心理素质、专业特长和兴趣爱好等。客观条件是指课题研究所必需的资金设备、文献资料、研究基地、协作条件及领导的关注、家庭成员的支持、相关学科的影响和社会环境等等。

第二，看课题的难易、大小是否合适。小而容易的课题研究顺利，成功率高；反之，大而难的课题遇阻受挫机会多，成功率低。就一般规律而言，选题应从易到难，从小到大。

▶ 进行文献研究

通过对已有线索的梳理，进一步明确课题研究的目的、意义、任务、方法。分析课题研究的主客观条件并对条件进行评估，在价值性、创造性、需要性和可行性上进行对比。通过查阅资料，了解国内外同类课题的研究成果，借鉴别人的经验，确立自己的特色。阅读文献资料的途径与工具主要有图书馆、在各种电子信息资源中检索、通过网络搜索引擎查找、通过论坛和新闻组查找等。

查阅文献资料的方法主要有以下几种。

1. 检索法

关键词检索：全篇文献中所有有实义的词均可作为检索词。

主题词检索：通过严格规定的主题词或叙词进行检索。

题名检索：只在文献的标题中进行主题词或关键词的检索。

责任者检索：通过编著者索引进行检索。

时间检索：根据文献的出版年代进行检索。

2. 直接法

直接法指直接利用检索工具（系统）检索文献信息的方法，这是文献检索中最常用一种方法。它又分为顺查法、倒查法和抽查法。

（1）顺查法

顺查法是指按照时间的顺序，由远及近地利用检索系统进行文献信息检索的方法。这种方法能收集到某一课题的系统文献，适用于较大课题的文献检索。例如，已知某课题的起始年代，现在需要了解其发展的全过程，就可以用顺查法从最初的年代开始，逐渐向近期查找。

（2）倒查法

倒查法是由近及远，从新到旧，逆着时间的顺序利用检索工具进行文献检索的方法。此法的重点放在近期文献上，使用这种方法可以最快地获得最新资料。

（3）抽查法

抽查法是指针对项目的特点，选择有关该项目的文献信息最可能出现或最多出现的时间段，利用检索工具进行重点检索的方法。

3. 追溯法

追溯法是指不利用一般的检索工具，而是利用已经掌握的文献末尾所列的参考文献，逐一地追溯查找"引文"的、最简便的扩大文献资料来源的方法。它还可以从查到的"引文"中再追溯查找"引文"，像滚雪球一样，依据文献间的引用关系，获得越来越多的有关内容相关文献。

4. 综合法

综合法又称为循环法，它是把上述两种方法加以综合运用的方法。综合法既要利用检索工具进行常规检索，又要利用文献后所附参考文献进行追溯检索，分期分段地交替使用这两种方法，即先利用检索工具（系统）检索到一批文献，再以这些文献末尾的参考目录为线索进行查找，如此循环进行，直到满足要求时为止。

综合法兼有常规检索和追溯法的优点，可以查得较为全面而准确的文献，是实际中采用较多的方法。

5. 运筹法

由于科学技术的进步，科技信息增长迅猛，在这知识爆炸的时代里查阅文献资料必须注意运筹法，以节省时间和精力，提高查阅文献的效率。查阅文献一般应做到"四先四后"，即先近后远，先内后外，先专业后广泛，先综述后单篇。

▶ **确立最终课题**

通过课题梳理、资料查询及经验借鉴等，进一步分析、论证课题研究的可行性，最终确立研究课题。

▶ **撰写课题立项申报书**

确立最终研究课题之后，撰写课题立项申报书。

4 分项目实施

▶ **撰写课题开题报告**

1. 课题立项

2. 设计研究方案和撰写实施计划

3. 写开题报告

开题报告注意事项：

（1）题目要准确。题目就是文章的眼睛，要明亮而有神，是论文研究内容的高度概括，是整篇论文的研讨中心，题目就是告诉别人你要干什么或解决什么问题。因此，论文题目要注意以下几方面：题目应当精练并完整表达文章的本意，但切忌简单地罗列现象或者陈述事实；文章题目不宜使用公文式的标题；文章题目要体现研究的侧重点，要呈现研究对象以及要解决的问题（也就是研究对象和研究内容一定要在题目中呈现）；文章题目要新颖、简洁，字数最好不超过 20 个字，如果确因研究需要，就采用主副标题。

（2）框架要完整。开题报告框架主体部分包含的内容主要有选题缘由、文献综述、研究的理论基础、研究的主要内容、研究的目的和意义、研究的思路和方法、研究的步骤、论文提纲。

（3）主体要完美

① 选题缘由。

选题缘由就是要说清楚为什么选这项研究。首先,要阐明研究人员的整体素质;第二,选题对今后的工作和学习以及后续研究具有哪些代表性、典型性、新颖性的优势;第三,该选题的时代背景和实现背景的意义如何。

② 文献综述。

在论文的写作过程中,文献是文章的理论基础和实践支撑,在理论和实践上都具有一定的价值。文献综述很容易犯两方面的错误,一是只是高度地概括和总结,三言两语就结束了;二是把所有的文章和书本都一一罗列上去。文献综述的目的在于帮助我们理清思路,看前人是如何研究的,已有哪些方面的研究成果;文献综述是我们现有研究的依据。文献综述的梳理不能马虎或潦草地完成,文献资料查询一定要结合论文的关键词,对大量文献资料进行观点提炼,并在归纳总结中思考自己研究的亮点。

③ 概念界定。

概念界定就是要对论文的关键词下操作性定义,借鉴前人已有的经验和经历在自己的研究领域提出自己的新观点,尤其是要解释清楚自己研究中的相关概念的实际含义。

④ 研究的理论基础。

研究的理论基础要基于自己的研究内容进行选择,我们常常所说的理论基础有哲学、心理学、教育学、社会学等各类学科的权威的教育教学观点和理论。

研究对象:根据自己的选题,确定研究对象。首先,一定要介绍清楚研究对象来源于哪些地区;其次,介绍这些研究对象是如何选取的;第三,介绍研究对象主要是哪个年龄段、哪个学历层次等等;第四,介绍研究对象一共有多少人、男女各多少人等,也可根据研究的需要对研究对象进行分类。

（4）内容要要点化,注意术语的选用。

研究内容一般是两至三点,当然也可以更多,但是如果只是一点是绝对不够的。在研究内容中,首先提一下自己的研究内容,然后对研究内容进行一些简单的解释。这一部分一般有半页到一页足矣。研究内容是要和将来的毕业设计结合起来的。所以在决定研究内容的时候要注意工作量和涉及的内容。首先,工作量一定要够;其次,涉及的面不能太散乱。因为在后面的研究生毕业论文中,自己的研究内容也就两章,所以要把自己的工作做得相对集中一些,这样更有利于将来写毕业论文。写研究内容时的术语一般可以选择的有"改进⋯⋯的方法,提出⋯⋯的方法",切忌写"实现⋯⋯的方法,研究⋯⋯的方法"。在写自己的研究内容的时候,一定是要可行的、有科学依据的,切忌自己凭空想象。

（5）召开开题报告会,启动课题研究。

（6）如课题申请失败,直接进入复盘与反思。

▶ **按方案和计划开展课题研究活动**

按方案和计划开展研究活动。

活动中认真做好情况记录和资料收集。资料主要包括以下内容。

（1）围绕课题展开的调查报告、方案论证、开题报告、阶段报告等。

（2）围绕课题的学习材料、学习体会。

（3）围绕课题的研究课实录或教学设计、说课、评课、教者自我反思、课堂评价表、光盘、图片、影像资料。

（4）教育教学效果测查情况,检测评价试卷、问卷及检测所得的一些数据资料。

（5）研究过程中对研究对象的全部观察记录、调查材料、测验统计等。

（6）课题组成员所写的课题小结、随笔、案例分析、课题组成员所获得的荣誉。课题组成员撰写的经验总结、发表的与课题有关的文章（刊物封面、目录、文章级别、文章）、获奖论文（注明级别、等次）、撰写的专著。

（7）课题整个研究过程的大事记,主要成果推广应用情况、效果、效益。

▶ **做中期报告**

做好阶段性总结,写出课题中期报告。

1. 课题中期报告的功能和结构

课题中期报告是科研课题的执行人在科研过程中向科研主管部门汇报课题研究工作进度的情况及阶段性成果的书面材料。

课题中期报告的主要功能有以下几点。

（1）课题执行人总结前一段研究工作的成绩和经验。

（2）向主管部和协作单位通报信息,以便检查研究进度,安排进一步的研究工作。

2. 课题中期报告的写作

（1）课题概述。

（2）本阶段研究工作的内容、情况和存在问题。

写法上应按工作计划上规定本阶段任务条款或按上一次进度报"下一阶段工作的计划"的内容，逐条检查落实，注意写明完成情况，同时写明存在的问题，分析问题的原因，如果不具备研究条件而未完成任务应做出说明。这部分写得如何是衡量进度报告的质量关键所在。

（3）下阶段研究工作计划。

这部分写作既要参照课题工作计划写出下一阶段将进行的研究，又要针对上阶段工作的经验和存在的问题，将未完成的任务移至下一阶段去完成。如果研究工作计划有变动，应写明变动原因并做出新的安排。

（4）课题中期报告的编写方法。

对单一课题，可采用时序式编写，按任务完成时间的先后顺序写，但重点要放在本阶段研究工作的进展和结果上，避免写流水账。对项目比较多的课题，如分有多个子课题，可采用任务分项式编写，一项一项地写。也可把时序或任务分项式结合起来编写。

（5）内容真实，把握分寸。

课题中期报告写作的重点应放在"研究计划完成情况"和"未能按计划完成的工作"两部分上。写作中应如实反映研究的客观实际，正确估价取得的成果；写成绩不要过分夸大，同时要写明存在的困难和问题。

▶ **结题**

1. 研究任务完成，收集整理有关资料，撰写课题总结报告

课题结题报告基本结构大致包括以下 10 个部分。

（1）课题提出的背景。

（2）课题研究的意义（包括理论意义和现实意义，这个部分也可以合并归入"课题提出的背景"部分）。

这两个部分着重回答"为什么要选择这项课题进行研究"。

（3）课题研究的理论依据。

（4）课题研究的目标。

（5）课题研究的主要内容。

（6）课题研究的方法。

（7）课题研究的步骤。

（8）课题研究的主要过程。

3—8 部分是回答"这项课题是怎样进行研究"的。

结题报告的这 8 个部分，从第 1 到第 7 部分在课题立项申报表、课题研究方案、开题报告中都有要求，内容基本相同。到了撰写结题报告时，只需照抄或做适当修改就可以了。而第 8 部分，则需要通过对课题研究过程进行回顾、梳理、归纳、提炼。

（9）课题研究成果。

这个部分是回答"课题研究取得哪些研究成果"的。

（10）课题研究存在的主要问题及今后的设想。

2. 写课题结题评审申请书，申请结题

3. 向评审机关递交材料参加结题评审

递交材料包括结题评审申请书、课题立项申请书、课题研究总结报告以及作为已实现预定目标、完成既定课题研究任务的佐证材料的会议情况记录、图片资料、案例、课例、课件、调查表、实验报告、工作总结、心得体会、论文、获奖证书及有关文件等。

1 分项目复盘

▶ 复盘与反思

如课题申报失败，则可以从选题、开题报告撰写等方面进行复盘与反思，寻找自身不足，完善课题方案，为下次申报课题总结经验。

如课题申报成功，在课题结题后进行复盘，复盘请牢记四个出：跳出思维定式、找出可复制亮点、拿出可改进办法、指出思想症结。反思每个环节，找出成功之处与可以进步的地方，发扬优势，改进不足！

通过"5 分项目谋划"，在申报课题之前，做好充足的准备，工作做在前面；通过"4 分项目实施"，将 5 分规划应用到实施中来，在实施过程中继续探究，解决问题，并最终完成课题；通过"1 分项目复盘"，总结经验教训，提升自身教科研的能力。借助项目式学习"541"模式，课题研究的过程变得更有条理、更流畅,也更加完整了。

项目实例

——集备教研管理项目

基本信息

教学工作是学校的中心工作,课堂教学是教学工作的核心。为进一步提升学校教学质量,发挥好集备组的团队研究优势,强化和规范备课,实现智慧和资源共享,促使教师增加效率,保证教学质量,学校提出项目式学习"541"模式(即无论做什么工作,如想获得 10 分的成果,就都要投入 10 分的精力,其中 5 分精力用于筹划,4 分精力用于实施,1 分精力用于反思)。信息科技教研组深入领会其丰富的内涵,并结合信息科技学科本身的特点,力求在教研活动与组内管理中能够有效地运用这一模式。

▶ **项目名称** 集备教研管理项目

▶ **实施年级** 全年级

▶ **涉及学科** 信息科技

▶ **项目描述** 教研组长在信息科技组教研活动的日常管理中,努力实践项目式学习"541"模式,在事前、事中、事后做到统筹安排,充分调动大家的积极性,以一系列的要求来保证教研组工作有条不紊地有效开展,最终获得良好的效果,让学生受益、家长满意、领导放心。

▶ **学习情境创设** 青岛超银小学历来非常重视教研工作,每周都举行学科教研会,定期组织教研组长会,通过教研活动学习先进的教育教学理念、改进教学方法、研究教学内容,老师之间相互学习、互通有无、取长补短,通过不停地磨课、探索、研究、讨论持续改进教学质量,促进了学校整体教学水平的提高。

5分项目谋划

▶ 确定教研目标

"凡事预则立,不预则废",计划是提高工作效率的有效手段,好的计划是成功的一半,各教研组都应根据本学科的实际情况,制订出切实可行的计划。计划对工作既有指导作用,又有比照和反思作用。在每学期初,信息科技教研组都会根据学校工作大计划以及学生的实际情况,筹划好一学期的教研组工作计划,确定本学期的教研活动要达到什么样的目标。计划要根据目标而定,以目标为终止,包含以下主要内容。

扎实做好常态课筹备(备课)工作,发挥课堂育人主阵地作用,构建自主能动型课堂,培养学生"两力三态度"的养成。

首先,关于教研组在备课阶段的机构设置方面,教研组长会采取扁平化模式,减少管理层级,提升管理效率。新学期开始后,先根据市北区信息科技教研室对教学内容的总体要求,将组内的信息科技老师根据所教的年级不同,分设成几个备课小组:由教研组长居中统筹协调,把控备课方向;各备课小组负责具体细节,每个小组都选定一个比较有经验的老师作为主备老师,由其来带动新老师一起备课。

其次,关于教研组备课活动的方式方法,教研组提倡"以目标为导向",有的放矢地来开展工作。为了更好地打造信息科技课的生本智慧课堂,信息科技组的教师坚持从备课标、备教材、备学生、备教学方法、备练习(作业)五部分入手备好每一节常态课。根据教学要求本学期需要教授学生学习某个计算机软件,先组织教师一起学习,把这个软件学懂学透,能够熟练掌握运用;接着站在项目统筹安排的高度,让每一个教师能够明确该项目的教学目标和教学内容,再把一个大项目拆分成若干小项目,即大目标分解成一个个小目标,引导教师对每一节课的目标、知识点有一个清晰的认识与整体的把握。教师对课标和教材(教学内容)有了深入学习后,还要摸清学生特点,因为学生才是学习的主体,只有摸清了学生知识储备、对本节课授课内容的已知程度、学习方法、思维习惯,才能够做到因材施教、分层次教学。信息科技课的常用方法就是教练法、任务驱动法、合作探究法、案例法。教师要先提前规划好每节课的教学方法,敲定每一个细节,比如紧扣知识点的、难度逐级加深的、有效的探究任务,引导学生进行探究学习,针对探究学习的过程中学生可能会出现的问题,做充分的备课,不断打磨、推敲,每一个教学智慧背后都是教师充分备课的成果。

▶ 设计驱动性教研问题

如何在教研组管理中培养学习型教师?

▶ 设计核心教研任务

通过培养出的学习型教师,在常态课程的基础上,大面积组织社团课、学科竞赛等多维课程活动,最终达到提升学生学科素养的目的。

▶ 教研教学策略

1. 推进校级公开课研究、课题研究,以教研促教师专业化成长,培养研究型教师

为了能让每位教师在教学实践中走向成熟,不断进步和提高,我校开展了"标杆课—推进课—展示课"优课展课活动。教研组教师认真准备,对课程精细打磨,通常包括以下几个基本程序:选定磨课课题——开展备课分析,编制教学方案——在备课组说课,集体讨论修改——组织同伴观课、议课,二次修改教学方案——二次执教,录像回放,三次改教学方案——如此反复,直到满意为止,形成终结教案——撰写磨课体会——磨课教案结集共享。通过大家的集体努力,我们总结平时积累的教学经验,集中组员的智慧,不厌其烦地反复推敲试讲,以求达到精益求精的效果。

研究型教师的成长与发展需要内在素质的提升,更要仰仗于学校能够提供一个互动、共享的学习型平台,这就不得不提到我校组织的独具特色的校本培训。校本培训最大的特点是培训需要产生于教育实践,能够充分调动教师的积极性,而且能够理论联系实际,最大限度地为学校服务,为教师服务,为教师专业成长提供良好的动力支持。

随着全世界范围内第四次工业革命浪潮的蓬勃兴起,《中共中央关于制定国民经济和社会发展第十四个五年规划和二〇三五年远景目标的建议》中提道,"要坚持创新驱动发展,全面塑造发展新优势""打好关键核心技术攻坚战,提高创新链整体效能""瞄准人工智能、量子信息、集成电路、生命健康、脑科学、生物育种、空天科技、深地深海等前沿领域,实施一批具有前瞻性、战略性的国家重大科技项目"。由此可见,科技创新将在未来的时代发展中发挥重要作用,而信息科技学科本身又具有创新水平高、更新换代快、实操性强的特点,所以信息科技教师必须紧跟时代潮流,学习最新的信息学、技术学技术,与时俱进,这样才能不被飞速发展的时代淘汰。

2. 通过社团课、学科竞赛等多维课程活动,提升学生学科素养

青岛超银小学多年以来在校领导的鼓励和支持下,根据小学生的智力发展阶段情况,充分利用各种外部和内部条件,发掘学生的好奇心,拓展知识视野,启迪创新思维,提高科技创新能力,鼓励他们实施创造发明;同时,也注意根据学生的个性特点、爱好特长因材施教,使每一个学生都有机会展现自己某一方面的创新才能。近年来,为推进学校信息技术创新与实践活动的开展,信息科技教研组充分利用校内外各种优质资源与条件,实施了一系列的科创教育与实践活动,从各年级中遴选、招募有潜力的学生,成立了 C++ 社团、计算思维社团、创客实验室社团、创意编程社团、创客梦工厂社团,组织他们利用课余时间接受系统培训,积极参加比赛,在本学期各级、各部门组织的比赛中屡获佳绩。特别是 C++ 社团,在为青岛超银小学赢得 2020 年全国信息学奥赛(山东赛区)优秀参赛学校称号的基础上,在 2021 年再创新高,获得了全国信息学奥赛山东赛区金牌学校称号。学生不仅收获了荣誉,更重要的是培养了自信和刻苦耐劳的拼搏精神,激发了思维的敏捷度和灵活性。

比赛的成绩喜人,经验更需要总结。信息科技教研组按照项目式学习"541"模式,重点做好比赛准备阶段工作。首先,按照以往的经验,预判在这个学期上级部门将会举办的比赛种类以及具体的举办时间,做系统性的梳理,让每一个教师找到自己的拳头项目。然后在学生中广撒网,尽可能多地选拔到有这样参赛经验的学生,或者是在平日的教学过程中关注表现突出的学生,制订有针对性的前期培养计划,对比赛提前着手准备。只有尽可能早、尽可能充分地做好准备工作,在比赛文件正式下发之后才能够快速进入备战状态,才能高质量、高效率地进行相应项目训练。有的教师甚至当年比赛结束之后,紧接着就开始培养第二年的学生,以起到事半功倍的效果。

关于社团的筹划工作,学校在学期初便要求教师以拳头项目及当下社会热门的比赛项目为抓手,提前规划本学期计划开设的社团类别。通过比赛来提高学生的信息技术素养,使各自的信息方面特长得以发挥,教师需提前与学生进行沟通,了解学生的愿望,因材施教。俗话讲:"千里马常有,而伯乐不常有。"

教师在组建社团选拔学生时,就要努力成为一个能够慧眼识千里马的伯乐,让更多的可塑之才参与到丰富多彩的竞赛活动中。

3. 加强对青年老师的培养,师徒结对,共同提高业务水平

"雏凤清于老凤声",现在的青年教师群体普遍学历与文化素质高,学习能力强,仅仅在教学经验上有所欠缺,所以学校一向坚持新老教师结对子,以师傅带徒弟的形式,发挥传帮带的作用。所谓师徒,同"教学相长"一样,更多的是互相学习,互相成长。青年教师专业发展首先是"自然生长",是其自身有着向上的动力和努力,这样老教师的"助力"才会事半功倍。在教研管理中,应当重点从以下几方面组好师徒结对工作。

首先,要把备课指导做细致。备课工作是教学的第一步,老教师指导徒弟从备教材——解读文本、备学生——了解学情、备教法与学法——规范过程、备习题——测量评价等多个角度入手,做好课堂教学的第一步,指导学习我校课堂教学模式及要点,以尽快入手,走过适应期,并站稳讲台。

其次,把课堂指导做实。听课是推动教师成长的重要途径,经过听课以及课后反馈,老教师从教学思路、学生管理、学生主体地位发挥等角度予以宏观的指导,同时对教学语言、教态、及时评价等教学细节给出提议,不吝啬表扬,不讳言意见,在坦诚交流中沟通、指导。

再次,将教研活动做活。老教师经过课题研究课、同课异构等活动指导徒弟以及本组青年教师树立学习意识、问题意识、反思意识、课题意识,在把握常规教学技巧、教学管理技巧的基础上,学会和学生沟通,学会以科研的视角看待教育教学活动,从而让教学生涯有较高的站位。

▶ 确定评价标准

组内各位教师能够充分备课,结合学情设立可观测、可评价的教学目标,立足以学生为主体,设计有针对性、层次性的练习,科学教学,打造真实、高效的课堂,从而培养学生的核心素养能力,提升学生的结构化思维。

4 分项目实施

1. 合理安排、自研初备

集备组长为集备活动召集人和主持人,负责主持活动的进程。集备组长提

前一周进行分工安排，确定主发言人，主发言人由教师轮流担任。主备人确定集体备课课题，并告知集备组长。每个教师根据课题通览相关教材，进行初备。

2. 教学回顾、课程标准学习

（1）组内全体教师围绕上周学情进行分析，对教学任务完成情况自我评价等方面进行回顾，依次发言讨论。

（2）课程标准学习环节，安排 1—2 人结合本周或下周教材内容对标课程标准进行分析阐述。

3. 分课时集备

（1）主备人准备教学设计纸质稿，提前打印，集备时发放，参加教师人手一份。

（2）分课时集备，主备人的发言主要包括以下内容：教材内容分析、教学目标设置、重难点突破、主要环节、教法、学法、检测练习、板书设计、分层作业设计等。

（3）集体研讨：分课时集备，主备人发言后，组内其他教师需要提出疑问或修改意见，经研讨进行完善修改。

（4）记录人 1 名，由教师轮流担任。负责记录活动过程、主要内容。主持人和记录人均需参与发言、讨论。

4. 下周集备分工，如图 5-1 所示

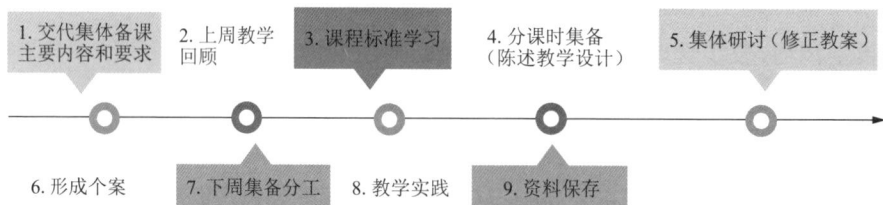

图 5-1　集体备课基本操作流程

（1）主持人交代本次集体备课活动的内容和要求。

（2）上周教学回顾，教师依次发言讨论。

（3）课程标准学习：结合本周或下周教材内容对标课程标准进行分析阐述。

（4）分课时集备，主备人陈述教学设计。

　　陈述的基本顺序为教材内容分析、教学目标设置、重难点突破、教法、学法、主要环节、检测练习、板书设计、分层作业设计。

　　主备人陈述时，其他教师看主备人的教学设计，结合自己的思考，适时圈画。

　　（5）集体研讨：分课时集备，主备人发言后，组内其他教师需要提出疑问或修改意见，经研讨进行完善修改。

　　（6）集备后组内教师在此基础上形成个案。各人可依据本班实际情况适当调整，进行二次备课，教案上要有圈点、修改、补充、拓展、反思等记录。

　　（7）就下周集备进行分工，确定主发言人。

　　（8）教学实践：备课组成员之间可互相听课、取长补短。

　　（9）资料保存：保存资料，供以后研究和参考。

1分项目复盘

　　项目式学习"541"模式的落笔在于事后1分的反思。反思是提升教师专业素质的一种有效途径，而且是教师成为研究者的一种重要方式。教师借助行动研究不断地对自己的教学、活动开展、个人发展进行思考、自我评价，不断地努力使自己成为一个终身学习者。正如考文德•希德所言，成功的有效率的教师，倾向于主动地、创造性地反思。他们事业中的重要事情，包括他们的教育目的、课堂环境以及他们自己的职业能力。如果一个教师仅仅满足于获得经验而不对经验进行深入思考，那么即使具有20年的教学经验，也许只是1年工作的20次重复，除非他善于从经验反思中吸取教益，否则就不可能有什么改进。

　　那么在我们信息科技教研组内，我是如何通过反思型教学来完善教学任务实践中出现的问题，从而引领自己以及组员们逐步蜕变成反思型从业者的呢？

　　我采用课堂反思来引导咨询研究并应用解决方案，以解决学生的各种需求，例如与不同的学生交流，特别是在信息技术实操和认识中比较后进的学生。反思性过程和后续行动为我提供了有关教育教学的各种新知识，这些知识已被我应用于未来的教学工作中，这些学生具有多样化的需求。

　　在行动反思中涉及"在事物的深处"进行批判性思考，这导致我使用了更高层次的思维技能，例如分析教学情况、学生遇到的困难，从而能够找到解决方案。这个过程能够加强教师对学习各个方面的认识。

与组内教师进行的反思式练习进一步增强了与他人合作以实现特定目标所需的知识。例如，在每一次听课结束后与同组老师第一时间进行共同磋商，反复推敲演练，查漏补缺，及时跟进后续整改情况，实现了课堂教学质量的持续提高。

项目式学习"541"模式既体现出一种预——立——思的工作流程，也是一种思想体系理论，可以更好地指导我们的教学教研实践。成事 10 分，5 分筹划，4 分执行，1 分复盘，方可在项目的规范中走向精细。自从运用了项目式学习"541"模式，即使在疫情期间由线下实体课堂转为线上居家教学与学习，我们信息科技教研组的各位教师也能够实现快速地转换，最大限度地降低了转变过程中的不适应感，在保证了教学质量和课堂的精彩性的同时，获得了学生、家长以及校领导的共同认可。

一个人能走多远，要看他有谁同行；一个人有多优秀，要看他有谁指点；一个人有多成功，要看他有谁相伴。教研组教师互相切磋、携手合作，不断进行合作式教研的研究！

项目实例

——作业管理项目

5 分项目谋划

▶ 确定作业目标

学习目标是教学活动中的风向标，所以确定好学习目标是教育教学过程中的关键项目。

第一，从作业设计与实施来说，每一次设计作业，要确定该次作业的目标和内容，既要注重学生应掌握的知识目标，也要关注学生达到的能力目标。对于布置作业来说，教师不仅要有明确的目的，而且要把完成作业的目的、要求向学生交代清楚，并规定作业的完成时间；对学生完成作业可能产生的疑难点要做适当的启发引导。

第二,确定作业的重点及难易程度。作业设计要突出重点,结合教学内容相应的要求和深度,不能过难,也不能太容易。这就要求教师在设计作业时要充分考虑学生已有的知识储备和能力水平,使作业内容让大部分学生"跳一跳就能摘到",从而不断促进学生思维、智力、兴趣等方面的健康发展。

第三,确定形式、种类和数量。作业形式、种类和数量的确定,要依据该次作业的目标、内容、重点、难易程度而定,要选择与之相适应的、能发挥学生个性特长、学生又乐于去做的形式。作业总量要严格控制,力求少而精,着力提高作业的质量。

▶ 设计核心作业任务

学习的目的在于掌握并运用于实际生活中,设计学生生活中会遇到的任务,使学生能够真正理解并运用。

以低年级数学的特色作业实施为例。教师在班级中实施了数字宝宝知多少的作业,让学生用数学的眼睛观察生活,找到身边隐藏的数字宝宝,比如藏在路牌中的数字、躲在包装袋里的数字,并拍下这些可爱的数字宝宝用于引导学生思考。这样的作业可以使学生养成留心观察生活的习惯,用数学眼光看待身边的事物,也让学生感受到数学就在我们身边,只要有一双善于发现的眼睛,就能看到很多数字。真正在生活中找数字,让学生感受到数字给生活带来的便捷和高效,明白学好数学的意义。

▶ 确定作业形式

作业实施除了常规的学习模式外,还可以根据作业形式和作业层次,对教学策略分类。

1. 游戏式作业

游戏式作业将所学的知识蕴涵于游戏中,是学生最喜欢的作业模式。比如在语文的识字教学过程中,教师会要求学生到"识字王国"去交朋友,然后将认识的朋友介绍给大家,帮它制作名片。课后让学生和爸爸妈妈、小伙伴们一起玩"打字牌说组词"的游戏,在游戏中轻松愉快地巩固识字。鼓励学生周末与家长进行亲子阅读,在阅读中将自己认识的生字也制作成字卡。在班上进行"字词大王"和"写字特长生"评选活动,看看哪个学生"打字牌"最厉害,认识的字最多,就评他为"字词大王";哪个同学制作的字卡写得最漂亮规范,就评他为"写字特长生"等。这些都能激发学生的学习兴趣,促使知识更好地吸收。

2. 情境式作业

新课标倡导激发和培养学生的学习兴趣，使他们树立学习的自信心。小学生不同于成人，他们喜欢玩，喜欢唱歌，喜欢表演与游戏，喜欢动手操作，喜欢想象。因此，教师在布置作业时要充分考虑小学生的兴趣、爱好、愿望等特性，尽量使作业类型多样化，内容新颖，生动有趣。以英语为例，在学习了每个模块的课文后，如果给学生布置背诵课文的作业，大部分学生在心理上是抗拒的。鉴于此，我们采取循序渐进的方法来布置作业：看着课本表演——离开课本表演——模仿课本表演。这样一套模式下来，英语课文在不知不觉中背熟了，而且又培养了学生团结合作的精神、交际和创新的能力。

3. 生活性作业

在学习二年级数学"分类列举"一课时，信息窗的引入是关于水果的搭配，于是教师布置了水果拼盘的作业，让学生亲身体验多种不同的搭配方法，进一步积累活动经验，增强解决问题的策略意识，并获得解决问题的成功体验，激发学生学习数学的兴趣。这就是"生活性作业"。

再如低年级认识人民币，中年级认识小数，高年级学习小数计算、百分数时，教师会根据学生年段习得的数学知识，鼓励他们到商店运用所学进行购物体验；或者在学生学习了分段计费、储蓄问题后，组织他们进行社会小调查，学用结合，感悟数学与生活的密切联系。

4. 自主设计作业

以部编版二年级下册识字"中国美食"为例，学生在学习本课之后，会依据自己的兴趣点自主设计作业，有的同学设计家庭一周菜谱，有的同学做一道菜，并记录烹饪方法，还有的同学主动了解中国的菜系、南北方口味差异，完成自己的调查报告。

▶ **确定作业层次**

对于基础较弱的学生，教师可以设计一些模仿性的习题，让他们通过套用公式来尽快巩固学过的知识；对于基础一般的学生，除了进行基础知识的训练外，还可以让他们做一些学习能力的训练，进行发展性学习；最后就是基础好的学生，让他们进行综合性练习，把学过的知识综合起来，真正做到融会贯通，同时适当加一些有难度的拓展性练习。

例如教师在设计小学英语课外作业时考虑小学生个体差异，设计适合小学生的难度不同的作业,引导他们去自主选择。如在教完 Happy New Year 时,给学生以下几种选择性作业。

(1)流利读出课文。

(2)图文结合,做一张中西方节日对比手抄报。

(3)创编一首关于节日的英文歌。

(4)能力强的学生试着写一篇相关的小短文,朗读给同学听。

这样,喜欢画画的同学便会选择第二项作业,过后教师组织学生互相评赏和交谈活动,在画、写、谈的过程中,便将本单元的知识熟识了,而喜欢唱歌的同学则可选第三项,用自己爱唱的歌曲换入合适的单词或句子,上口而又优美地表达出来,使学与唱融为一体,大大激发了兴趣,又不会使他们产生有作业的压力感。

对于这些作业,教师要及时收检或抽查,不时给学生提供展示作业的舞台,如举办英语角等丰富第二课堂的活动。很多学生会把自己平时说、唱、演的作业拿到活动中展示。再如同样是布置表演对话这个项目,可以设计以下不同等级的作业内容。

一级作业要求:小组成员能熟练地朗读对话。

二级作业要求:小组成员能够脱离书本表演对话。

三级作业要求:小组成员合作自编对话进行表演。

四级作业要求:小组成员能创设场景,自主合作表演对话。

这样,不仅挖掘、发挥学生的智力因素和非智力因素,而且有效地调动了学生的积极性,每个学生都摘到了属于自己的"果子"。对于学有余力的学生,他们有了拓展和运用语言知识的空间;对于学力暂弱的学生,他们减轻了心理压力,有了"跳一跳也能摘果子"的机会,能够天天按时完成作业,增强了学习信心。总之,每个学生都有收获。

▶ 确定作业评价标准

1. 激励性原则

教师要善于在作业中发现学生的点滴进步,并不失时机地给予表扬和鼓励,帮助他们增强学习的兴趣和勇气,使学生对自己充满信心。

2. 反馈性原则

作业批改可以及时反馈学生对新知识、新事物的认识程度和接受能力,教师应根据批改情况对教学做出适度调整，从而达到最佳教学效果。

3. 准确性原则

教师是学生心目中的知识权威，尤其是对缺少语言环境的英语学习来说，教师的言行对学生会产生不可估量的影响。因此，教师在批改过程中要确保准确无误。

教师在批改作业时应该注意以下几点。

1. 宜批不宜改

批改的过程应由师生互动完成。批改时，教师需将学生的错误一一指出，但不必逐个订正，否则得到锻炼的永远只是教师本人，学生会因为教师的"勤劳"变得会偷懒。

2. 写好批语

在作业批改的过程中，教师应针对不同层次的学生、不同类型的作业写一些批语，这是对学生进行激励的好方式，有助于密切师生关系，激发学生学习的兴趣。

3. 坚持做好记录

教师在批改作业时，应把学生最容易错的题目按语音、词汇、句法、语法、理解等方面编入错题库。在教完某一模块内容后，可以把这些平时作业中易错的题目印发给学生再做一遍，然后逐一讲评。这样有利于学生对错题加深印象，摆脱困境。

4 分项目实施

▶ 实施过程——学生进行对作业的持续性探究

探究学习的过程包括课前预习与课后复习拓展。

课前预习作为数学学习的第一环节，决定着数学学习的后续进展。课前预习作业既要与课堂知识息息相关，又要充分调动起学生的学习积极性，从而让学生更好地投入正课的学习。

例如，在学习三年级数学"克与千克的认识"一课时，需要课前了解天平的使用方法，教师提供支架布置了了解天平的预习作业，学生在课上汇报预习成果的环节侃侃而谈，表达清晰，使自己更加自信积极地投入新课的学习中。

如在教学"一块奶酪"时,教师设计了这样一道题目:将全班分成两组,让学生通过话剧表演的形式去体会"蚂蚁队长""蚂蚁队员"这两者不同的心理,进而总结并感悟出蚂蚁队长的精神。通过这样的作业布置,学生不仅掌握了课本中的知识,而且也提高了合作能力和演讲演示能力。再如在教学"秋天的水泥道"时,设计了这样的题目:让学生在校外捡拾掉落的树叶带到教室里。学生观察叶子,并尝试用学过的修辞手法及四字词语来形容自己看到的叶子。最后再把这些叶子都铺在教室过道里,让学生理解课文中"凌乱""熨帖"等词汇的意思,并欢迎他们在这条"铺上彩色地毯的水泥道"上走一走、蹦一蹦。通过这样的作业布置,学生不仅掌握了课本中的词义,而且也提高了他们对比喻、拟人修辞手法的切身感悟。

▶ 确保作业的有效性

确保布置作业的有效性:学生独立完成作业,学生在作业中有所提升。

提高作业的批改与评价的有效性:优化批改作业时间的策略,确保批改作业的基本程序与规范。

提高作业情况反馈的有效性:通过反馈让学生明白得与失,建立并提高反馈流程。

▶ 尊重学生的作业行动和选择

对于作业的形式与探究性内容,应当依据学生的能力及爱好在知识范围内进行自主选择、自主设计。例如学习"中国美食"一课时,学生可依据课堂内容进行探究性学习,如设计每周菜谱、研究烹饪方式方法、对各地美食进行探究记录、研究外国人对中国菜的评价。基于课本内容,学生进行自主设计,依感兴趣的内容进行探究。要尊重学生的探究行为与选择。

▶ 作业公开展示

常规作业展示。教师、学生一起对学科作业、教辅进行细致、全面、认真的观看。教师将观看记录翔实记录在表格中,并将存在的问题梳理归类。领导对工作扎实的教师给予肯定和表扬,对工作中存在的问题提出中肯建议,以促使教师及时改进。

特色作业展示。特色作业不仅展示了学生的学习成果,也体现了学科教师设计作业的精心。学生欣赏着这些优秀作业,在相互交流中得到了成长和提升。

优秀作业展示。优秀作业呈现了学生自主选择、夯实基础、发展特长的学习体验,也承载着全体教师的刻苦钻研和辛勤付出。

1分项目复盘

▶ 复盘与反思

对于作业实施的复盘反思:课后学生的作业批改应打破一些常规的做法,这样更有利于提高课堂教学的实效性。目前,有的教师习惯于在学生完成作业后,花很大力气讲评作业,然而教师会发现,学生经常是同一问题屡次出错。如果我们把这个传统的方法稍加改动,就会有事半功倍之效,所以在作业的讲评方面我有一些个人的见解。

作业本发下后暂缓讲评时间。学生拿到作业本后按惯例总是急于看看自己的红"勾""叉",或许还要看看周围同学的,然后才会看自己错在哪里,为什么错了。此时,学生的注意力最集中,热情最高,求知欲最强。这时学生对于作业中的简单错误能够自主订正,对于一些稍难的题目也会看书或看旁人的作业进行订正,对于一些大家都错的题目,学生会更加好奇,大部分学生就会立即进行思考,集中智慧进行研究,寻求结果,这是学生自我提升的好机会。这时候的学生根本没心思听教师喋喋不休地讲解。所以教师要改变一下发下作业本就讲评,或是先讲评后发作业本给学生订正的做法,改为作业本改好后及时发给学生,给学生充足的时间来自由订正,获得自我提升。

再次,把机械的作业讲评变为灵活的课堂探讨。教师不要独霸讲台"一言堂",要让学生积极交流"群言堂"。对于错误率较高的题目,教师不能直接把答案告诉学生,而是应鼓励答对的学生做小老师介绍自己的答题思路,鼓励答错的学生说出自己的困惑,引导学生经过共同的探讨形成共识。这样既能调动学生的积极性,又能发展学生的能力,更能提高讲评的效果。

教师在讲评课上没有必要对每道题都进行讲解,更不能把讲评作业停留在对答案泛泛而谈的层面上。教师应该对学生的答题情况进行分析,找出主要问题并进行有机组合,再拓展到课外,由作业中的问题联系到若干相关或相通的问题,最终把这些问题归结为知识点,引导学生共同探讨。这样才能使作业讲评课重点突出,才能使学生做到举一反三、融会贯通。

最后,给学生一点消化吸收、巩固反思的时间。很多教师认为讲评完作业,学生改好答案就没事了。其实还有一件重要的事,那就是给学生消化吸收和巩固反思的时间。作业订正了，只能代表学生暂时知道了，并不能持久地记忆，所以要及时巩固，如写错的字要多写几遍，不会背的内容再背一背，一些较难的题目再想一想、练一练，还没有完全理解的再问一问，这样才能将作业中的知识和教师补充的知识全部吸收。教师不仅要给学生足够的时间，还要教给学生一些方法，帮助学生养成一个良好的学习习惯。

每次讲评作业后，教师还要指导学生根据作业的情况进行反思：在作业中错了哪些题目？是什么原因错的？以后要注意什么？要从细微处做起，小改变，大收益。

第三节　家校社共育项目

2021年，中国共产党迎来了百岁生日，教育领域迎来了"五项管理""双减"政策的出台，青岛超银小学也迎来了建校的第十二年。依托"和衡"模式，学校以德育、体育、美育、劳动教育为抓手，做好学校育人及常规管理，形成扎实有效的家校社互动。

一、双减多赢，以学生成长革新教育样态

2021年7月，"双减"政策出台，一减校外学科辅导，二减校内过重的课业负担。其核心是在保证学生学业质量的前提下，减轻学生过重的课业负担。"双减"之下，超银的目标是，学生更健康，老师更专业，家长更理性，社会更给力。

根据国家"十四五"规划和"双减"理念，青岛超银小学重塑了家校社育人目标，即培养"身心丰盈、好奇乐学、思辨创新、主动笃行"的具有终身学习能力的社会小公民。

为了实现育人目标，青岛超银小学重点推进在做中学、玩中学的项目式学习和"十个一"活动。每个年级的课程周体验，既有学科内的单元统整课程，也有为期1周30课时打破学科壁垒的融学科主题课程、研学课程，让真正的学习悄然发生。在"双减"政策下，青岛超银小学从思维品质和行为习惯出发，打造活动育人中的"行知三态度"，凸显学生全面发展的"十个一"行动策略。以读

书节赋予学生行万里路的文化底蕴，构建书香家庭；以特色研学与志愿服务赋予学生体察社会脉动的机会，营造家庭与社会联动互通的大课堂模式；以体育节赋予学生塑造人格、强健体魄的滋养，鼓励家庭体育与健康亲子运动场；以艺术节赋予学生亲近经典、提升修养的舞台，营造有国学味和美育使命的家风氛围；以劳动技能大赛、科技节赋予学生动手动脑、提升劳动技能的契机，用好"回家六必做"和"十四条微习惯"让家庭成为学生习得劳动技能的另一课堂。在一次次家校社协同的项目化承办过程中，青岛超银小学师生、家长充分展示了自身的优势：从活动中感悟成长，向外探索世界，向内探寻内心，赋能素质教育新内涵，奠基全面高质量发展。

二、同频共振，以家校携手涂好共育底色

学校是美好事物的中心，家长和孩子要共同成长，把全社会作为育人的资源，从找准定位、形成补位、促成归位三方面精准定位角色。青岛超银小学家校关系新理念：三位一体，三人成众，三人行必有我师。学校的家校工作以项目化"33267模型"为孩子成长在安全感与归属感满满的环境方面探索了新路径。

第一个3：指用3条路径全面开启学生"5+2"课后服务工作，促进学生个性发展的同时，满足学生和家长的不同需求。

第二个3：指用3场激发孩子内驱力的专题讲座分层疏导各学段家长焦虑，拓宽家长大课堂的多样化形式，以生动的亲子案例为孩子的内驱力激发涂好了家的底色。

2：指用2个"爸爸读书坊"工作坊小组，从《正面管教》出发，开启了"爸气"十足的家校社共育新模式的探索，揭秘"温和而坚定"的正面管教家庭文化的魅力，让学习型家庭的构建又丰实了一步。

6：指用6次家长驻校办公与"校长'友'约"座谈深层推进，在共商携手的开放模式中体验家校共育全过程。

7：指用每位干部每周7次电话随访的有效沟通，第一时间了解家长心声。

多元的家校合作和拓宽的公开象限让家长在对学校教育教学高满意度达成的同时，减轻了教育焦虑。结合新出台的《中华人民共和国家庭教育促进法》中对家长经常性参与孩子成长、科学育子、关注身心健康提出的要求，学校对家长队伍的建设给予更切实的指导，希望家长对学校、教师保持专业的信任。怀

疑越多,焦虑越多;信任越多,尊重越多,安全感、归属感越足。对的做法必须坚持,这就是教育人的定力;温和而坚定的管教和沟通模式,助力家长更好地安放情绪和处理问题。

育人本是育心的修行。悦人悦己,与这世界的温暖相拥;悦心悦意,与天地自然的奇妙相遇。一座家校共育的养成桥梁,激发家校社协同配合的百心期许、百倍努力。校园里的一砖一瓦、一草一木,寄托着青岛超银小学学生的期待,更承载着青岛超银小学师生、家长及每一个家庭的梦想。育心的路上,有如履薄冰的严谨和敬畏护航,有温柔而坚定的鼓励和陪伴在旁,有最给力的同盟者——前瞻积极的超银家长,相信鲜花依旧在前方。

项目实例

——年级管理项目

在年级组管理中,学校项目式学习"541"教学模式是预-立-思的过程,也就是进行筹划-执行-复盘三个步骤。成事10分,5分筹划,4分执行,1分复盘,方可在项目的规范中走向精细。"项目式"管理方法铺开了学校工作的新局面,开创了"人人有事做,事事有人做"的工作新生态。年级组是学校德育的重要组成部分之一,科学的年级组管理模式有助于教师的共同成长,更有利于全员德育制度的实施,让年级组文化更有魅力。年级组是学生德育工作的主阵地,也是教师的主要工作阵地。因此,学校需要加强年级组管理,形成分线与分块相结合的管理模式,使决策更科学,目标更切实际,管理更到位,责任更具体,从而进一步提高学校的管理效能。

5分管理谋划

▶ 确定管理目标

(1)抓好班级管理,强化年级组建设,团结协作,凝聚集体智慧,务实苦干,工作到位。

(2)落实德育目标"人人有事做,事事有人做",培养自我管理、自主学习能力。

（3）整体稳步推进，落实措施，布置年级工作，使教学和管理走上良性发展。

▶ **管理策略**

（1）统一思想，同心协力。年级组心态管理，首先要求教师要明确年级的管理是一个不可分割的整体，要有荣辱与共的意识，要有团队协作意识，要有竞争比拼能者多劳的意识，要有奉献精神，要有睿智的眼光、豁达的胸怀。每个年级组都是一个集体，集体需要有共同的思想和奋斗目标，在刚开始的年级组教研中，同组教师就一起统一了思想和行动目标，只有同心协力，才能推进我们年级组的发展，同时提高每位教师的团队意识和协作意识，不断提升年级组每位教师的综合能力。

（2）赋权教师，不断创新。教师不应只是执行学校管理的工具，而应该在推进学校发展中扮演更为重要的角色。学校的各项活动，年级组中的教师都团结一心，积极参与。教师，一个有独立人格、独立思想和独立教学风格的群体，他们有自己的目标、清晰的价值导向，有能力，有资源，有空间，能够使自己长大。因此，学校管理可以赋权教师群体，下放行政权力，让教师群体中的先行者大胆承担责任，大胆赋予自己的思想，大胆开展相关的工作；让先行者带动"跃跃欲试"者，从而影响后发者。这样，当个体之间增加相互交流、相互施加更大影响时，会创造出新的趋向一致的模式——"教师责任主体"。我们年级组的教师不断尝试创新，八大学科不断学习实践项目式学习方法，并应用到自己的课堂中，通过不断实践与反思。我们在年级组教研中，不断交流和学习，将"541"教学模式不断渗透到课堂中，从而不断提升教师的综合能力。

（3）"541"走向精细。在教师管理中，学校项目式学习"541"管理模式是预－立－思的过程，也就是进行筹划－执行－复盘三个步骤。成事 10 分，5 分筹划，4 分执行，1 分复盘，方可在项目的规范中走向精细。学校的所有活动，本年级组老师都会加大提前量，把时间提前，把工作提前，争取高效完成学校的各项任务，同时我们也会利用课余时间一起讨论年级组阶段性的成果，及时复盘，找出现有不足，从而不断提升年级组每个老师的均衡发展，不断提升年级组的综合发展。

4 分管理实施

1. 做好新生入学教育的准备工作

俗话说,好的开端是成功的一半。一年级组教师信心十足,同心协力,把准备工作做得有条不紊。新生入学之前那几天,教师就开始做大量的准备工作。那几天一年级组教师坐在一起出谋献策,出板报,搞卫生,连中午都没休息过。

由于教师们的努力,那天的入学教育工作进行得非常顺利,给了家长第一个好印象,看着学生开心的笑脸、家长满意的神情,教师们对自己的工作也更有信心。

2. 抓队形的训练

新生刚入学,为了不影响学校升旗、做操的整体情况,一开始,级组教师就聚在一起想办法,训练学生的队形队列。教师们试着按座位顺序排、按男女排、按学号排,结果还是不尽如人意。原因一是学生之间不认识,二是要排的队太多。有中餐队、体育课队、放学队,但是这些年轻教师不厌其烦,反复训练。所以在学校升旗和早操时,新生能同其他年级一样基本上做到快、静、齐。由于级组教师反复宣传动员,一年级学生虽然年龄小,但是他们在学校运动会上全力拼搏,个个想为班级出力,有着浓厚的集体荣誉感。

3. 抓好养成教育

好的习惯将让人终身受益。教师把抓好学生的养成教育作为重点,结合学校每周的"流动红旗"评比,向学生进行常规教育。利用晨会课学习学校规章制度,提醒学生做好上课准备工作,并且在课后注意观察学生的行为,根据学生的表现在学生中树立榜样。在日常学习中,时刻注意调动学生的积极性,逐渐培养认真听课、一笔一画认真写字、下课好好休息、讲文明、讲礼貌的好习惯,结合学校的"十二种态度""十四条微习惯"和"六必做",不断渗透德育,全面提升学生的综合素养。

同时每周从升旗仪式的排队、行礼做起,教会学生升旗时基本站姿、注目礼等,有计划、有步骤地对学生进行常规训练,为保证养成教育的实效性,真正做到严抓实管、反复组织学生学习《小学生日常行为规范》,要求学生记清记牢,教师做到谆谆教导,坚持不懈。

4. 做好与家长的沟通工作

教师在新生入学教育当天，诚请家长配合教师做好一些学前准备工作，向家长发放了一年级的作息时间表、温馨提示、各班主任和科任教师的联系电话等资料。教师精心准备一年级的家长会，向家长汇报学生开学以来的学习、生活情况。

不仅如此，教师们还利用线上线下家访，七个班级都超额完成了任务，让家长及时了解学生在学校时表现和教师的常规要求，积极配合学校共同抓好养成教育。教师工作做得细、做得好，赢得了家长的支持配合和好评。

5. 努力提高学生的综合成绩

首先，努力树立学生学习的自信心。为此，教师想了很多的办法，比如设计学生竞争表格、及时表扬在各方面有进步的学生，比如朗读、书写"珍惜时间"标语等，做到每周更换，形成竞争的学习风气；教师给予学习、纪律进步的学生物质和精神奖励。

其次，树立严谨治学的精神风貌。教师认真备课，用心上课，认真批改作业；严格要求，不断总结反思改进自己的课堂教学，提高教学质量。

1分管理复盘

▶ 复盘与反思

项目式学习过程中目标明确，指导思想端正，一个组的教师不论人数多少，都是做好工作的基本力量。组长应该充分尊重和爱护大家的积极性，关心大家的疾苦，在学校条件许可的情况下，尽力帮助解决好每位教师在工作和生活中遇到的实际困难。只有这样才能充分调动全组人员的工作积极性，使他们自觉服从安排，积极主动地完成工作任务。而组内的教师也要理解和支持组长的工作，发挥主观能动性，积极工作，圆满完成任务。

年级组教师团结一心，相互信任，相互配合，遇事协商一致地处理问题，是实行民主化、科学化决策的一个重要环节。年级组长和教师之间真正做到相互尊重、相互理解、相互支持、相互关心、精诚团结、合作共事。这个关系处理好，组长带领组里一班人顺利开展工作就有了良好的基础。成事10分，5分筹划，4分执行，1分复盘，方可在项目的规范中走向精细。

项目实例

——家校沟通项目

苏霍姆林斯基曾说,儿童只有在这样的条件下才能实现和谐的全面发展,就是两个教育者,即学校和家庭,不仅要有一致行动,要向儿童提出同样的要求,而且要志同道合,抱着一致的信念。由此可见,家校合作共育对学生成长具有十分重要的意义和作用,能否与家长进行真诚有效的沟通,决定了能否对学生进行科学有效的教育引导,而能否与家长进行专业冷静的沟通,也能体现一名教育工作者专业素养的高低。而在实际的家校沟通过程中,家长和教师之间常常因理念不一致、方法不一致、信息不对称而产生各种矛盾。因此如何进行有效的家校沟通就成为教师必须面对的一个问题,在这里我想结合学校提出的"541"模式进行简单分析。

5分项目谋划

"541"模式简单来说,就是将5分的精力用在沟通前的准备,将4分的精力用于沟通中,最后用1分的精力进行沟通的复盘和反思。例如当教师接手一个班级时,需要在班级群或者家长会上,引导家长与教师达成共识:教师和家长始终有一个共同的目标,那就是不断引导孩子成长和进步,教师希望看到学生不断进步、不断成长。达成这样的共识后,家长对于教师工作的配合度就会大大增加,家校沟通也会变得更加顺畅。同时,在和家长沟通之前要做到知己知彼、有备无患。比如提前了解好家长的脾气性格、对孩子的教育方式、对孩子的学习要求和目标等。在进行集体沟通交流时,要提前规划好自己想涉及的内容,提前搜集各种素材,这样教师在和家长进行沟通时就有了充分的准备,比如王老师每周都坚持在做的,也是她的班家长每周非常期待的一件事就是每周总结。在进行每周总结的时候,王老师会根据这一周学生的学习情况和进度、学校的各种活动、本周着力培养学生的好习惯、日常注意事项、周末温馨提示等方面,将一周的情况进行汇总和整理,发到家长群,家长就可以很好了解孩子这一周在校的情况了,这件事情的顺利完成就依赖于这一周教师每天的素材累积,只有素材积累得充分和翔实,每周总结才会有趣且实用。这些就是"541"模式中的"5"——将5分的精力用于事前的充分准备。

4 分项目执行

在和家长进行沟通的时候,教师需要始终坚持真诚的原则,对待学生的情况只描述现象,不定性、不戴帽,同时还需要注意在和家长进行这种交流时要先报喜、后报忧,多报喜、少报忧,一定要先说说学生最近表现好的地方,然后再说学生最近在哪出了问题,有问题的地方少说或是捡重点的说。最后,也是最重要的,在说完学生的问题之后,一定要给到家长他们能够在家里采取的有效的解决办法,只有这样才能减轻他们的焦虑,家校共同配合好,帮助学生不断进步。比如王老师班的 s 同学,上课发言特别积极,她立刻就和家长大力表扬他了,最后再和家长说提醒孩子课堂上注意不要随便讲话,家长便可以欣然接受,并回家好好纠正纪律问题了。再比如王老师班的 y 同学,在家休息了 11 天后,不想来上学了,站在校门口哭着不进来,家长一生气就把他领回家了,并吓唬孩子要送回老家上学。了解到情况后,王老师先安慰家长,引导家长用同理心考虑一下孩子的感受,然后再去安慰孩子,并告诉他老师和同学都想他了,在教室里等着他呢。几句话下来,家长和孩子的情绪都稳定了,问题也都解决了,学生信任老师,家长也会特别认可老师,这就是"541"模式中的"4"——将4分的精力用于事中的沟通。

1 分项目反思

最后教师还需要在沟通后认真反思、复盘,反思、复盘的内容可以包括以下方面:和家长沟通的语言方式上还有没有可以改进的地方?对待家长提出的这个问题,王老师的沟通有没有帮他缓解焦虑、解决问题?如何避免其他家长也出现类似的问题?这就是"541"模式中的"1"——将1分的精力用于事后的复盘和反思,这样的复盘和反思会让教师更好地总结经验,不断提高自身的家校沟通能力。

作为一名小学班主任,教师只有努力提高自己的专业素养和教育研究能力,才能有效应对班级工作中出现的各种状况。"541"模式使得教师可以更好地表现自己的真诚与善意、爱心与智慧，与家长坦诚沟通、倾心交流，实现家校合作共育，助力学生不断成长。

第四节　教师培训项目

在青岛超银小学的教学理念中，学生的学习成长是通过项目式学习引领的，对于教师的成长而言，也是通过教师培训项目进行指引。学校通过对教师进行项目培训，深化教师的项目意识，提升教师的教育教学水平。

针对教师的项目培训，我们提出了青岛超银小学特有的教师项目学习模式——教师培训"541"模式，即培训模式为 5 分项目谋划，4 分项目实施，1 分项目复盘。

5 分项目谋划，即用 50% 的时间和精力做好 5 件事：针对目标培养群体进行岗位所需能力分析；设计学习目标；根据学习目标匹配并整合学习主题、内容、方式、资源；确定评估标准和评估方式；做好学习环境、物料准备。凡事预则立，强调事前筹备规划、全盘思考和情况分析，充分保留提前量，充分考虑细节，充分进行批判预估。智者避险于无形，明者远见于未萌，大处着眼，小处着手，做胸有成竹的有备无患者。

4 分项目实施，即用 40% 的时间和精力做好 4 件事：开展培训学习并根据教师的现场反应随时调整实施方式，记录学习过程，进行学习成果展示，进行学习评估。项目通过前期的项目谋划，做到统筹全局，按照既定计划开展实施项目。

1 分项目复盘，即用 10% 的时间和精力做好 1 件事：复盘反思，评估培训实际和培训实施过程中的优势与不足，并进行优化。教师通过对项目中自己的教学观念、教学方法、教学过程、教学效果等方面进行反思，才能正确地认识和把握教学活动中的种种本质特征，成为一名清醒的、理智的教学实践者，成为有经验的教师。

项目实例

——项目式学习培训

基本信息

2019 年春季学期伊始，学校立足当下，放眼未来，以改变、创新为手段，助力学生成长发展为核心目标，通过社会资源的链接和教师团队的专业培训，为学生提供更为广阔的智慧课堂，打造适合学生未来发展需要的教育生态环境。邀专业团队莅临学校对教师进行培训和指导，教师热情高涨、积极参与，为 PBL 项目式学习走出了完美的第一步。

5 分项目谋划

▶ 需求分析

一提到培训，首先映入脑海的肯定是"一言堂"模式，培训人员在台上滔滔不绝，聆听学习者在台下昏昏欲睡。这种乏味的培训模式使得教师无法融入其中，毫无体验感和参与感可言，更谈不上接收到多少讯息了。然而对于项目式学习来说，正是改变了所谓"一言堂"的培训方式，让与会人员全部参与其中，学习效果得到了直线提升。

本次培训是青岛超银小学首次组织的项目式学习培训，参训教师均为学校中教学成绩优异且希望在创新学习领域中深耕的教师，通过进行项目式培训学习，初步了解该学习模式并有所感悟。

▶ 确定目标

教师在项目培训中了解项目式学习是什么，在实践中对项目式学习进行认知，初步了解项目式学习的实施流程。

▶ 整合学习主题、学习内容、学习方式和学习资源

本次培训项目以"未来学校"为主题设计心目中理想的学校，通过教师的想象力，提出对未来学校的构想，最终以作品的方式展示项目成果，其中作品要体现两种元素，一是要使用无毒无害的废弃物品制作手工艺术，二是作品要带

有声光电传感器的发明创造。

▶ **环境与物料准备**

环境准备：以小组围坐的方式进行交流探讨，每个小组 6 位教师，共分为 6 个小组。

物料准备：硬纸壳、彩色卡纸、A4 彩纸、A4 白纸、彩笔、长短不同的木棍、泡沫、棉花、纽扣、扭扭棒、颜料、各类传感器等。

▶ **确定评价标准**

（1）教师互评。

（2）培训人员从教师的互评评审表、作品展示幻灯片、作品材料使用明细等方面进行评估及反馈。

4 分项目实施

▶ **实施过程——根据教师学习情况实施并调整**

第一天下午：

（1）初步了解项目式学习是什么。

（2）对本次项目的任务和要求进行明确，同时对参与培训教师的特长进行了解以配置分工。设计项目总目标，并对任务目标进行拆分，对各个环节进行步骤规划，确定最终分工。

（3）组内讨论，构思项目主体，对未来学校的构想进行头脑风暴，初步确立未来学校的设计目标。

（4）整合现有资源，确定设计的方式方法，对未来学校的图纸进行设计。

（5）做好环境及物料准备，初步对未来学校作品进行制作。

第二天上午：

（1）组内继续完成对未来学校作品的制作，根据现场现有条件及任务完成进度，合理进行目标调整，预估目标进程。

（2）在原有材料的基础上，通过自带材料丰富作品，使得作品体现出项目所要求的各种元素及特色。

第二天下午：

（1）设计完善收尾，重新评估目标进程，对细节进行调整。

（2）制作展示 PPT 进行项目学习汇报，进行成果展示。

（3）各小组进行作品展示及项目介绍。

（4）作品评价，评估项目完成情况。

（5）复盘反思，各小组评估实践过程中的优势与不足之处，进行反思总结。

▶ **记录过程**

经过一天半的项目学习，教师完成了对未来学校项目的展望学习，热情洋溢地开启了项目展示：有智能环保的天空之城智慧学校、可上天入地的悟空智慧移动学校、能任意穿越的格兰芬多智能学院、悬浮在外太空的空间站智慧校园、装置"知识之源"智能处理器的智能校园、拥有隐形飞行器的 ET 智慧校园……

教师有深度、有广度的思维，精妙构思、精彩纷呈的创意，高质量、高效率的合作成果得到了专业团队的赞赏。参与了本次培训的青岛超银小学戚燕冰校长说："这次的培训是身心灵三方合一的一次修炼。老师们的表现及最终作品带给大家的惊艳、震撼和智慧，感动了在场的每一个人，我们的老师太棒了！"

培训进行全程录像，留存了影像资源以供后期学习。

▶ **成果展示**

六组教师分别就自己组的未来学校进行了分享介绍，阐述设计理念以及特色之处。

▶ **项目评估**

（1）教师互评，选出"你最想去哪一组设计的学校"。

（2）培训师根据教师填写制作的评审表、PPT、材料明细进行评估并反馈。

1 分项目复盘

▶ **反思与迭代**

1. 教师感受与反思

李晓梅老师：我想用四个词来概括 PBL 项目式学习：自由开放、团结一致、尊重欣赏、敢想敢做。它打破传统教学方法，通过主题任务，让学生在真实的情境中，进行自我探究和合作学习来解决问题，在此过程中，学生的学习主动性和积极性得到大大的提高,完成了从"要我学"到"我要学"的转变。

秦斐斐老师:一堂课中,学生能否主动学习,究竟用多少时间主动学习,直接关系到学习的效果。而 PBL 项目式学习方式让学生最大限度地在动态中去自主、合作、探究学习,真正实现以学生为主体,构建了自主能动性的课堂,从而让学生形成解决问题的能力、自主学习的能力、团队合作能力以及逻辑思维等各方面的能力。

宁云斐老师:在 PBL 项目式学习过程中,学生不再是被动接受者和被灌输事实性知识的对象,而是学习和信息获取的主体,是项目的参与者、协调者和责任人,教师成为引导者、倾听者。这种开放的、创造性的以学生自主学习为特色的教学方式,大大提高了学生的学习主动性和灵活性,让学习变成了一场有趣的旅程。

李园园老师:想象力是学生发展的翅膀,而扇动翅膀的力量就来源于学生的综合素养。这不是单一学科知识,而是艺术、科学、建筑学、电学、工程学等多学科素养的融合运用。这种跨学科的学习方式会让学生在未来的发展中灵活应变和解决各种问题,成为改变这个世界的中坚力量。

2. 培训迭代

本次培训是青岛超银小学进行的第一次项目式学习培训。本次项目式学习培训以体验为主,教师在两天的培训中收获了积极的学习体验。下一次对其他老师进行项目式学习初体验培训的时候,将继续沿用本次培训的方式,同时对部分细节进行调整。如根据教师教育背景及学科进行分组,保证每组教师的学科比例是相对均衡的;本次设计的未来学校为想象的学校,旨在打开教师思路,发挥创意,接下来的项目将与实际生活相连接、与学科知识相连接。

·展望篇·

第六章
青岛超银小学项目式学习 成效与未来规划

学习的内容不限于教科书上的知识,真实世界里的各种事物都可以作为学习的素材和对象。过去,教材是我们的全部世界,今天,全部世界都可以是我们的教材。世界越来越小,我们几乎每天都在和陌生人打交道,都在熟悉各种第一次。学生身处的世界,已经成了一个大家庭,知识的海洋越来越浩瀚,我们只有不断地去改变、去更迭、去完善,才能带着我们的学生傲立于知识的浪潮之巅。青岛超银小学作为较早进行项目式学习教学的先行者之一,拥有项目式学习教学经验丰富的师资团队。我们希望将自身积累的经验传播出去,让我们的思道 FD 课程走出去。

第一节 项目式学习研究与实践的成效

青岛超银小学自开展项目式学习以来,经历了"理念形成""蓄力发展""内涵深化"三个时期。在近三年的实践研究中,同样是作为在传统教育模式下成长起来的教师,面对这一创新式的教育方式和教育评价,有人依然瞻前顾后,趑趄不前,质疑它的教学效率和教学效果;有人却已经实现了蝶变式跨越成长,真正从项目式学习中获益。

一、项目式学习为教师搭建了终身学习的平台

项目式教学是指教师作为引导者,以建构主义理论为指导,引导学生选择某一特定项目任务,自主选择和利用学习资源,在真实问题情境中通过实践体验来探究学习的一种教学方式。我校开展的项目式教学实践与研究工作,为教师的专业化成长提供平台,取得了令人满意的成果。

我校的项目式教学研究是以国家课程项目式校本化整合重构的方式进行的。教师依据国家课程标准和要求,紧密联系现实生活,对学科教学内容与知识点进行整合,指导学生进行项目设计、实施与评价反思。我校的项目式教学最初是从"大项目"设计起步的,完成涉及知识点较多、实施时间较长的"大项目"教学设计,要求每个教师都采用项目式教学的方式组织教学,每个教研组都推出项目式教学的展示课。实施一段时间后,我们渐渐体会到项目式教学的好处,喜欢上这种教学方式。从"大项目"到"小项目",再到"微项目",教师自下而上争相展示自己的项目式教学设计。

项目式教学的组织实施,让教学过程不再"简单"。有的项目需要用到跨学科知识,甚至需要用到学校课程之外的知识。信息化时代知识更新的速度不断加快,教师需要不断拓展自己的知识面。项目式的推广让教师的专业能力不断提升。项目式教学促进教师教育教学能力不断增强,体现在备课、授课、课后指导等各教学环节中。观念转变促使教师在备课环节的工作更具有针对性;组织管理方式的改变使得教师在授课环节的驾驭课堂能力得到提升,课后指导自然更加深入、更有针对性。项目式的推广让教学变得更加可持续。项目式教学促进教师自我反思能力不断增强。学校经常开展项目式培训,我们针对每一节项目式教学课例,都会写出自己的教学反思、视频材料、同行听课记录、专家反馈意见等,这些不仅是学习的过程,更是教师反思能力提升的有力证据。

项目式教学有助于教师掌握教学的整体性,改善师生关系,提高教学效率。面对项目式学习,有些教师很积极,而有些教师认为这种方式很难,担心和学业水平测试之间有冲突。但是事实上,在开展了两年的项目式学习实践之后,教师们普遍反映,项目式学习带来的积极体验多于担心和怀疑。开展项目式学习有助于教师掌握教学的整体性,在传统教学当中,由于受到传统教学模式单一性的影响,教师往往对于把握教学缺乏一定的整体性认知。而

"541"模式引领下的项目式学习案例设计,有助于提高教师对于教学整体性的掌握能力,让教师改善自身的教学模式,通过创新教学方法让学生能够更好地适应学习,让自身的教学质量得以提高,并且保障了自身的教学进程得以顺利开展;在项目开展前就能形成项目画像,对学科知识和项目任务都有整体性把握。

不同于讲授式、填鸭式、一言堂的教育,项目式学习中的教师更像是导师、教练,师生关系也从教与学的关系走向一起学的关系。教师看见学生积极投入地探究、学习,学生看见老师平易近人、和风细雨。这种关系的转变,可以增加双方的积极学习体验,学生学习的主体地位得到增强,积极情绪记忆增加,相对应的学习效果也会提升,教师的成就感也会得到提升。这样的良性循环对教学效果产生积极作用。

项目式教学有助于学校课程优化,形成核心竞争力,促进家校社联合。项目式学习的核心在于教与学的变革,而"541"教学模式给教师提供了抓手,打破了科研理论与课堂之间的壁垒,突破了纸上谈兵无法落地实施的困境。同时,项目式学习所呈现的多样化课程,对学校的课程体系是一种极大的丰富与完善,有助于学生形成自身的核心竞争力。项目式学习环境和任务的真实性,将学校、学生、家庭、社区紧密地连接在一起,来自不同行业的家长可以参与到课程中。随着公开象限的不断扩大和参与度的不断加深,家校社之间的连接也会越来越紧密。

二、项目式学习为学生成长加油助力

在项目式学习过程中,学生以小组合作的形式,完整地经历提出问题、规划方案、修订方案、解决问题、形成成果、展示交流、评价改进等各阶段;在持续互动中,经历复杂推理、思辨决策、远端迁移等综合性、复杂性的问题解决过程,创生意义,获得知识与技能,实践应用能力、迁移创新能力、跨领域合作沟通能力等不断发展,学科观念、思维方法逐渐形成。

一是在选择、确定项目的过程中,提高学生观察世界、关联思考、提出问题的能力,这可以改善学生解题多、解决别人的问题多、解决单学科的问题多、解决纸面问题多的现象,还可以提高社会责任感;二是在设计、修订方案的过程中,提高学生跨学科思考、整体设计、选择方法、形成思路和解决方案的能力;

三是在实施、完成项目的过程中,提高学生动手实践、设计产品、制作产品的能力,提高学生承受挫折、寻求多种解决方法的能力,使学生逐步学会时间管理和项目管理;四是在交流、展示的过程中,提高学生总结提炼、学术表达、有效沟通的能力,使学生全过程体验、感受成功带来的愉悦;五是在反思、改进的过程中,提高学生接受反馈、与同伴对话、深入分析、反思改进的能力。

开展项目式学习,提升了学生的学习兴趣和积极性,帮助学生在学习的过程当中充分发挥自身的主观能动性进行自主学习,帮助学生掌握基本知识的同时提高学生的自身综合素养,提升学生的核心素养,并树立起正确的学习态度,坚持以这种态度进行学习,有助于更好地面对今后所遇到的各种问题和挑战。

开展项目式学习,帮助学生形成了完整的学习认知体系。由于在传统的学习生活当中,学生在学习学科知识时并不具备相对完善的学习认知体系,在学习过程当中缺乏正确的学习方法,也由于自身正处于认知思维能力和认知体系发展较弱的年龄阶段,对于许多困难和繁杂的知识不能够充分地吸收,也没办法更好地运用这些知识解决日常生活当中的挑战。而与真实生活联系的项目式学习能让学生在学习的过程当中逐渐形成完整的学习认知体系,并能够通过这样的方式提升学生的学科学习能力,合理运用好自身的学科知识,提高自身的思维能力,并解决日常生活当中的困难。

项目的综合性和真实性使得项目式学习能够促进学生全脑的参与,广泛地激活大脑中的联系,带动学生带有积极情绪的体验和记忆,在思考、决策等时刻能够表现出整体的灵活性。

第二节　对未来教育教学研究的规划

在项目式学习实践研究的过程中,全校教师均参与到实际教学实践中,用实践验证项目式学习"541"模式的可操作性。实践成果具有可操作性和可复制性,具有一定的推广价值。但是在理论研究方面,青岛超银小学仍存在研究不够深入的问题。在未来,我们将继续深耕项目式学习,以项目式学习为依托,促进深度学习的进一步实施与研究,推动核心素养培育的落地。

一、以项目式学习促进深度学习实施

在物质和信息都极其丰富的今天，各种各样的知识随处可见，人们不再担心无书可读，而是拥有读不完的书、学不完的知识。与此同时，"百度一下，你就知道""每天听一本书""X 天打卡，轻松新技能学习群""行业大牛线上课""订阅名家专栏公众号"等又为我们提供了太多可以轻松获取知识的途径，如此这般碎片化的学习方式，让很多人产生了诸多认知错觉，将"我最近参加了一个 XXX 学习论坛"理解为"我最近学习了 XXX"，将"我最近听了一本 XXX 书"理解为"我最近读了一本 XXX 书"。科技和信息在近 20 年的时间里发生了剧烈的变化，而我们大脑的学习模式、我们学校的教学模式还和百年前几乎一模一样。科技和信息的便捷优化了我们的生活，却有伤害我们深度学习能力的风险。而正是因为如此，深度学习成功成为未来教育的主流趋势。

所谓的深度学习原是机器学习（ML, Machine Learning）领域中一个新的研究方向，后来成为教育领域的一个研究方向。富兰在《极富空间》一书中提出，深度学习的目标是使学生获得成为一个具有创造力的、与人关联的、参与合作的终身问题解决者的能力和倾向。因此，深度学习在很大程度上就是要学会知识迁移，即能将所学的知识和技能在真实世界中予以运用。而在教育领域，深度学习知识能力被归纳到最核心的素养上，这充分体现了学科整合、核心知识整合的思想。对学生而言，深度学习是指个体能够将在一个情境中所学运用于新情境的过程，是解决问题层次逐级提高的学习。在教师创设的情境中，学生自己发现问题、找出方法、得出结论，最终转知成智、转识成慧、化凡成圣。学生完成从当前外控学习到内驱力驱动学习的转型，逐步实现从当前同质化整齐划一的学习向个性化选择性学习变革的转型。

在实际的课程开发及教学开展上，要注重教育内容与生活结合，教学中能够将知识转化为真实问题，引导学生在"做中学"、在"真实场景中学"、在"合作中学"，培养学生更高层次的认知，而不仅仅是记忆和理解。学生学习体验的良好感受是激发学习兴趣及积极性，以及保持良好的持久性学习状态的基础。尤其是小学阶段的学生，可以通过改善学习体验，保护好奇心，激发想象力及创造力。

当学生能够进行深度学习，而不是浅表学习乃至虚假学习，并且能够学会将知识运用到真实世界中时，其对知识本身的理解与记忆会更好、更牢、更久，

并可以进行概括和运用到其他新情境中,实现知识的迁移。在科学家看来,学生能够真实地进行深度学习是学校教育成功的关键原因。

深度学习与项目式学习是高度匹配的,因为项目式学习的目标就是取得高品质的学习成果,实现深度学习。因此,在未来青岛超银小学项目式学习研究与实践中,深度学习将成为一个重点研究内容,通过落实项目式学习,培养学生的深度学习能力。

二、以项目式学习推动核心素养落地

1998 年,教育部在《面向 21 世纪教育振兴行动计划》中提到,将实施素质教育作为重要内容之一。2020 年,习近平总书记指出:"创新是引领发展的第一动力""抓创新就是抓发展,谋创新就是谋未来"。2021 年,习近平总书记视察山东时,要求我省"三个走在前",其中一个便是"在增强经济社会发展创新力上走在前"。山东省委书记李干杰指出:"山东经济社会发展正处在关键时期,关键要把创新摆在发展全局的核心位置""增强经济社会发展创新力,必须找准切入点和突破口"。而教育创新的切入点和突破口,就是培养具有创新能力的人才。2022 年,山东省教育厅印发《关于加强新时代学生创新素养培育体系建设的意见》(以下简称《意见》),明确了创新素养培育的要义,即着力于创新人格的形成、创新思维的发展和创新实践的开展。《意见》科学编制创新素养培育地方课程,建设学生创新素养培育课程资源库,设立省级学生创新项目孵化库,遴选一批省级创新素养培育基地和教学改革实验区、实验校。

我们认为关键能力是指一般的、可跨领域的、能对个体能力发展以及未来的进步起到关键作用的必要能力。根据世界经合组织(OECD)的观点,核心素养是指个体全面发展和迎接各种挑战以便适应社会所必需的关键能力,是个体能够胜任学习、工作和生活所需的一系列知识、技能以及态度的集合。联合国教科文组织(UNESCO)指出,核心素养是指个体通过学习知识与技能,实现自己的全面发展、实现自己的人生理想并为社会建设贡献力量所具备的素养。2002 年,美国正式启动 21 世纪核心技能研究项目,建立 21 世纪技能框架,框架的主要内容就是由学习与创新技能、生活与职业技能和信息、媒体与技术技能三部分组成的核心素养;之后对框架内容进行了更新,增加了核心科学及 21 世纪课题。

我们发现近 20 年，尤其是近 10 年，以项目式学习为依托培养学生的核心素养是未来的趋势。青岛超银小学以项目式学习的实践研究作为重要研究内容，通过案例分析、课堂实践，探索出"541"项目式学习模式，以"541"模式在学科内项目式学习和融学科项目式学习中的应用为案例，展示"541"模式的实施方式，为小学教学的改进提供实施路径、实践思路；通过改变传统的教与学的方式，唤醒并激发学生内驱力，学生变被动学习为主动学习，最终学会学习。但是在核心素养培养方面，还不够深入、不够体系。因此，在未来，青岛超银小学将以项目式学习为抓手，培养学生的核心素养，解决教师评价小学生核心素养方式不科学、不体系以及学校培养小学生核心素养效果有待提高的问题。

在未来，学校将开展核心素养、项目式学习、单元统整教学、追求理解的教学设计等理论研究，把握学科整合的思想，为以青岛超银小学项目式学习为引领的思道 FD 课程实施提供理论基础及指导思想；形成核心素养多元评价体系，明确并完善与项目式学习相匹配的学校的育人目标并最终形成青岛超银小学关键能力、核心态度评价指标体系，作为多元评价学生、提升学生核心素养的基础，同时形成评价量表，给一线教师进行核心素养评价的抓手。在青岛超银小学"541"项目式学习教学模式的引领下，学校将探寻各级课程建设的创生点，对原有思道 FD 课程进行优化完善；探索多样化的课程实施形式，通过组织多样化的课程实施形式，锻造灵动活泼的课堂，如借助信息化与人工智能技术，将长期项目与短期项目相结合、长课时与短课时相结合、课内课外相结合、线上线下相结合、校内校外相结合等；通过超学科主题探究课程、场馆课程、STEAM 活动课程等学习形态深化项目式学习，提升学生核心素养。

第七章
对未来学校的展望

互联网改变了信息传播与链接的方式,科技的迅速发展与更新不断颠覆着现有的世界,人工智能开始抢占人类的工作。未来属于能够终身学习的复合型人才,而什么样的教育可以培养适应未来社会发展的复合型人才呢?青岛超银小学认为,项目式学习是一种有效的途径。随着时间的推移,项目式学习的概念逐渐被更多的人所熟悉,最开始国内仅有少部分国际学校进行着项目式学习的教学,而今天我们可以看到,越来越多的学校开始进行项目式学习的探索,几乎涵盖了幼儿园到中学的各个年龄阶段的教育。越来越多的教师开始有意识地实施项目式学习,用自己的微光照亮身边的学生。我们也看到一些学校已经获得了教委的批准,将进行义务教育项目式学习的实验教学。可见,这是项目式学习理念的初步普及,并极有可能是教育发展的一个趋势。对于构建面向未来的学校,我们有这样一些思考。

一、传统学校真的过时了吗?

教育于人类的发展有着重要的意义,教育应当是时代变革的先驱,引领着全领域共同变革。然而事实却是教育的变革总比别的领域来得慢一些,尤其是学校的变革。学校是教育的一个载体,中国最早的学校——私学起源于孔子,秦朝统一六国后,官学逐渐形成体系。在中国古代,教育一直是以为统治阶级培养人才和选拔人才为目标。近代,1902 年的壬寅学制是中国近代教育史上最早制定的学校制度,但虽经正式公布,却并未实现;1903 年的癸卯学制是第一个实行的现代学制；1922 年的壬戌学制，即"六三三"学制，标志着中国近代以来的学制体系建设基本完成。虽然已经距今 100 年，各种制度与理念也发生了诸多变化，但"六三三"的学段分配依然沿用至今。近代以来的教育体制与工业化进程有着密不可分的联系，学生学习统一的科目，经过训练高效完成任务，进而产出一批整齐划一的劳动力。这种教育模式取得了巨大的成功。现代学校教育制度将教育从少数人的特权转变成为所有人都可以享受的权利，这是人类发展历史上有标志性意义的重要变革，而且，这种教育制度也一直沿用至今。但是沿用至今的就一定是最正确、最有效的吗？工业化时代产生的现代学校制度给我们带来了高效的工业化生产，也对人类文明的传承起着重要作用，然而现代学校制度也存在着固有的问题，即用工厂化的生产方式"生产"人才，将生而不同的每一个人用统一的模式、统一的标准、统一的评价来衡量。传统学校里的教师也一直坚信：学校里的学生要根据课程进度一点点取得进步，掌握基础知识和基本技能；标准化考试分数和平时成绩能反映出学生的学习水平；一所学校的考试平均分是衡量其教学质量的唯一数据；学生都要以严格的学术标准为参照展开学习；未来的人生前景和大学文凭直接挂钩，学生就读的大学越有名、越难进，未来的人生就越成功、越幸福。然而，在这样的教育环境下，人的创造性得不到发挥，人的潜能得不到挖掘。在信息化社会，人类需要掌握的技能应该是驾驭机器，而绝非模仿机器。而我们的未来不在庙堂，更在中小学的课堂。

我们相信每一位教育者都是怀着育人育才的美好初心的，我们相信每一位教育人都在竭尽全力帮助学生成长为更优秀的自己。但是我们又不得不承认，不乏优秀的教育者是在努力让教育的明天变得更好，然而，也有不在少数的教育者只是在努力将过时的教育做得更好。如果说未来的世界是终点站，教育是一段旅途的话，传统学校选择的交通工具就是马车，企图靠几匹好马载着一车学生赶上如今这个飞速前进的世界，为了更快地赶路，驾车人会甩开鞭子抽大马，更加频繁地测量马车的行进速度。而面向未来的学校，则能够意识到为了快速到达目的地，需要借助更高效的交通工具，他们选择了搭乘更高速的高铁甚至飞机。

长期以来，在传统学校、在家庭、在社会，我们并没有把个体的发展作为教育的目标。我们总是把教育的终极目标锁定在"成功"上，一切教育活动都围绕"成功"进行。把"人的发展"作为教育的目标和把"成功"作为教育的目标有着本质的差别。指向"成功"的教育难免急功近利。这种功利的教育表现有三:应"试"的教育,只做"题";应"时"的教育,多做"秀";应"景"的教育,常做"假"。其实,不只应试教育,其他如获奖教育、获证教育、超前教育、超常教育,包括一些励志教育,都是功利教育的不同形态。

人的发展,是教育的目的方向;完整,是教育的质量标准。教育的目的不是成功,而是人的发展;教育的质量不是分数,而是人的成长。成功,不一定幸福;而幸福本身,就是成功!完整,是身心脑的全面和谐发展,是学习质量、发展质量和生命质量的整体提升。学习质量是关注学生今天走得快不快;发展质量是关注学生明天走得远不远;生命质量是关注学生每天过得好不好。好的教育,在"今天走得快""明天走得远"和"每天过得好"之间兼顾并达至和谐,任何偏废都不可取。没有学习质量,今天过不了关;没有发展质量,明天过不了关;没有生命质量,则一切都失去了意义。牺牲未来,追求当下的急功近利行为,是"竭泽而渔""杀鸡取卵"。

二、建构未来学校的三个维度

第一维度是有中国特色的全球视野。任何一个学校、任何一种教育,都是为本国的文化传承,包括培养优秀的国民而做努力的。首先在中国,特色指什么?这一维度当中,我们会谈到它一定要有卓越的现代化。立德树人是教育的核心内涵,教育永远是以培养人为核心的。同时,我们现在处于全球化的时代,要培养的是有中国灵魂的世界公民,是有着国际情怀的终身学习者,拥有人类共有的博爱精神,分担守护地球的责任,为开创一个更美好的世界而不断努力。

第二个维度是面向未来。面向未来具有什么样的特点呢?没有技术就没有今天的生活,所以技术不仅会改变我们的生活,它也一定会赋能教育。技术是否会过度,关键看如何运用技术来促进学生的发展。技术永远是一把双刃剑,科技一定会赋能教育实现精准供给,实现学生的个性化学习。

第三个维度是看见人的发展。在行动上我们需要遵守教育的规律和人自身成长的规律。教育要把一个小孩慢慢培养为一个成人,是一个启蒙的过程。所以,从某种意义上来讲,教育的本质就是看见人,让生命敞亮。

三、青岛超银小学的未来之路

未来已来，在"双减"时代，思想进化和科技进步刷新着世界的模样，也刷新着中国教育者的格局。"培养适应未来社会发展的人"鞭策着超银人紧跟时代步伐，遵循教育规律，主动出击思考：在技术进步、群体多元而新旧对峙、"危""机"并存的今天，我们的学校，这个推动世界又被世界所推动的"场"，该去往何方？

（一）和准时代音，用多元化学习践行五育并举的教育主张

当前国家课程改革、教育评价改革渐渐进入深水区，我们要培养的人是"能够控制机器，而不是被机器控制的人"。

一方面，我们要探究如何培养智能时代的"理想新人"，克服"重智、轻德、弱体、少美、缺劳"的问题，对核心素养和关键能力进行整合式表达，用一体化的育人图景规划素养成长。另一方面，我们应回归做好"因材施教"，从单向度、工具化、标准化的培养范式中走出来，以分层教学满足学生多样性、体验性、深度探究的个性化学习需求。

同时，我们要善于激活师生的创造力和领导力，统整"轻负高效"的课堂改革，以人文底蕴、科学精神、学会学习、健康生活、责任担当、实践创新六个维度，推动教学变革沿着"人的全面发展"这一清晰无误的目标前进，明确多元化学习建构方向。

（二）回溯生命观，让终身学习成为每个超银人的自觉

回溯人之本身，并不是一种功能性的"工具"，而是丰富的、全面的、复杂的存在。当我们的教育只短视地关注一个人的"功能"，而忽视了人与世界作为共同体的情感、价值、归属感时，就会为"工具主义"付出短命代价。

我们认为，超银教育的旗帜在于"尊重生命，培养幸福"。由人的生命意义出发，坚持儿童立场，遵从教育规律，才能将学生培养成一名有终身学习习惯的可能主义者。

我们不妨尝试用"三重视角"对焦学生的学习效能：从自然生命角度，让学生与自然和谐共生，夯实学生的自然生命根基；从社会生命角度，培养学生的社会情感能力，打牢社会生命基石；从精神层面角度，锤炼意志完善人格，增强学生的精神生命力量。为此，我们应当努力构建以政府为引导、学校为主体、家

庭为基础、社会为支撑的终生学习体系,在愈渐成熟的数字社会生活方式、学习场景和工作协同中实现育人合力。

(三) 反观秩序感,让学校趋向教育和创新发展空间的新样态

以未来的视角立足当下,民办学校需要超越狭义的"私立学校"概念,建立"大民办教育"的概念,使教育真正成为全社会共同参与的共育事业。这是学习型家庭、学习化社会的应有之意,更是超银教育集团实现突破式发展的新挑战、新契机。

要培养什么样的人,就要给出什么样的教育内容和教育产品。在当今多样、丰富的教育价值之间,首先要明确教育的价值秩序。如何明晰某些价值的重要性、实现顺序,以及出现价值冲突时的选择,都直接关乎我们的教育实践、改革与发展。作为一所高水平民办学校,青岛超银小学对教育的不同价值怎么排序? 哪些是优先考虑,不容动摇的? 我想,以下两点我们应该坚守。

一是兼顾人文关怀和学校管理的相互映衬,发挥资源的有力承载,以更加开放的心态在战略与结构、流程与管理、课程与资源、空间与装备、课堂与评价、关系与成长等多个维度上推进全景式的课堂文化重建、学校文化重构。二是要深刻洞悉学习方式与学习内容的深度变迁,"创建一个森林般的教育生态":在基本规律和基础规则之上,让不同学习者自定义目标,以校园文化促进多元共存和开放共享,接受"慢反馈",也适应"快变量",智慧延展"学校的围墙"。

有勇气和能力坚守,才有抵达的可能。当我们想清楚自己的价值秩序,便可建立带有超银烙印的、特殊的、具体的价值谱系。好的教育之所以好,是因为它让你难以沉溺舒适区,它强迫你不断重新认识自己和周围的世界,从而不断做出改变。教育应当是一条越走越宽的路,一花一叶、一人一事都蕴含着世界运行的深厚哲理。教师的不断学习和自我迭代是学生持续进步的重要源泉。在教育改革这条路上,我们既已出港,便要扬帆起航,乘"双减"之东风,以项目式学习理念为帆,在知识的汪洋大海中不断落实核心素养,乘风破浪,向着光亮放射出无限光芒!

参考文献

1. 巴克教育研究所. 项目学习教师指南——21世纪的中学教学法[M]. 北京：北京教育科学出版社，2007.

2. 侯肖，胡久华. 在常规课堂教学中实施项目式学习——以化学教学为例[J]. 教育学报，2016，12（04）：39-44.

3. 胡春红，李淑梅，胡灵卫，张艳. 现代教育视域下高等师范专业基础课程教育教学改革成效与建议——以人体组织解剖学课程为例[J]. 周口师范学院学报，2021，38（05）：137-140.

4. 黎金丽. 指向学生核心素养发展的课堂深度教学策略[J]. 教育观察，2020，9（35）：82-84.

5. 刘景福，钟志贤. 基于项目的学习（PBL）模式研究[J]. 外国教育研究，2002（11）：18-22.

6. 马宁，郭佳惠，温紫荆，李维扬. 大数据背景下证据导向的项目式学习模式与系统[J]. 中国电化教育，2022（02）：75-82.

7. 迈克尔·富兰，玛丽亚·兰沃希. 极富空间：新教育学如何实现深度学习[M]. 于佳琪，黄雪峰，译. 重庆：西南师范大学出版社，2018.

8. 彭陈，张圆圆. 网络环境下项目式学习评价指标体系研究[J]. 当代教育实践与教学研究，2016（02）：77-78.

9. 彭伟国，杨好利. 基于项目学习的影视制作实训课教学模式研究[J]. 高等职业教育（天津职业大学学报），2013，22（02）：65-69.

10. 任英杰，戴心来. 网络环境下基于项目的协作学习探究[J]. 电化教育研究，2004（12）：57-60.

11. 宋朝霞,俞启定. 基于翻转课堂的项目式教学模式研究[J]. 远程教育杂志,2014,32(01):96-104.

12. 王莉妍. 基于项目式学习的小学低年级识字教学研究[D]. 广州:广州大学,2016.

13. 王林发. 基于"项目学习"的语文综合性学习教学:内涵、实践与反思[J]. 内蒙古师范大学学报(教育科学版),2013,26(08):124-127.

14. 武欣欣,董艳. 信息技术支持下项目学习在小学科学教学中的应用[J]. 数字教育,2017,3(01):50-54.

15. 闫寒冰. 师范生教育技术[M]. 上海:华东师范大学出版社,2014.

16. 杨丽. 国内K12在线教育发展的争议及出路[J]. 中小学电教,2019(Z1):81-84.

17. 杨莉萍,韩光. 基于项目式学习模式的大学英语学术写作教学实证研究[J]. 外语界,2012(05):8-16.

18. 杨林林,冯锐. 网络环境下项目式学习支持平台的设计[J]. 扬州大学学报(高教研究版),2007(01):91-93.

19. 张爽. 初中信息技术课动态分层互动教学设计模式研究[D]. 大连:辽宁师范大学,2006.

20. 赵永恬. 项目学习研究综述[J]. 中小学电教,2019(Z1):84-87.

后记

　　长期以来,青岛超银小学一直在努力寻求扎实的学科基础与灵动的创新能力之间的平衡,在不断实践探索的过程中,我们惊喜地发现项目式学习与我们的追求不谋而合。小学项目式学习的实践研究由此展开。

　　然而,真正要把项目式学习与国家课程相结合进行有效实施并非易事,需要团队的每一个人在"为什么做"上达成共识,并在"怎么做"上明晰操作路径,加以反复实践、持续改进。所以从一开始,我们就在不停地追问:哪些课程目标是长期单一学科教学中难以落实的?该学科内容需要其他哪些学科知识、观点和方法的支持?历经多次头脑风暴,我们依据教材和课程标准,对各学科的核心知识进行梳理,找到它们之间的连接点与整合点,并根据核心概念、驱动问题和主题进行梳理,通过有序组合、有机串接,开发出各种项目,建构科学的学习情境和学习任务,用了三年的时间反复进行课堂内外的实践。此刻,我们试图对一段时间以来的实践研究和成果进行梳理,回望这三年,我们迷茫过,也挣扎过,但从未退缩,尽管来路曲折,但我们逢山开路,遇水搭桥,目标不曾改变。前路未必坦途,但我们步伐依然坚定,因为我们始终相信,我们在做的事情,是真正有益于学生成长的。

　　在项目式学习研究及实践过程中,特别鸣谢蔚来教育(TeachFuture)给予的帮助和指导,蔚来团队与超银团队共同经历的项目设计和教学实践助力青岛超银小学的教师将项目式学习理念成功转化为课程实施,不仅解决了"落地困难"的问题,而且迭代出了许多项目创意和实施方法。衷心感谢中国海洋大学教育系陈凯泉教授,在我们迷茫、困惑、徘徊的时候及时指点迷津,带我们找到方向。还要感谢青岛超银教育集团、青岛超银学校一直在教学改革中做我们的坚强后盾,改革必有阵痛,但当前行中感受到来自集团、总校的信任、鼓励、支持,我们唯有继续前行!也要感谢青岛超银小学教师们的付出,除了编委团队教师,王秀玲、张嘉巍、杨鑫睿、李田、彭伟琼、于洋、徐怡欢、李娜、李翠玉、王艳、陈君贻、王路婷、郭帅、郭亚楠、贺皓然、姜璐璐等老师也参与了供稿。青岛超银小学践行了人人有项目、事事皆项目的项目式学习理念,可以说,这本书,不是写出来的,而是团队中的每一个人实打实做出来的,是全体青岛超银小学教师集体智慧的结晶!当然,更要感谢青岛超银小学的学生,他们的成长和变化让我们感到欣喜与激动,是我们不断前行的动力和希望。

在教育理念和教育技术都在不断完善发展的今天,青岛超银小学的教师将不断探索,积极学习,在实践中积累经验,砥砺前行,永远为浪漫的教育付出真实的努力,也永远为自己是教育者而热泪盈眶!

戚燕冰

2022 年 7 月 15 日